信仰的力量

筑牢共产党人的精神支柱

本书编写组◎编著

中共中央党校出版社

图书在版编目（CIP）数据

信仰的力量：筑牢共产党人的精神支柱/《信仰的力量：筑牢共产党人的精神支柱》编写组编著．--北京：中共中央党校出版社，2020.6（2024.1 重印）

ISBN 978-7-5035-6812-1

Ⅰ.①信… Ⅱ.①信… Ⅲ.①中国共产党-党员-思想政治教育-学习参考资料 Ⅳ.①D261.42

中国版本图书馆 CIP 数据核字（2020）第 088930 号

信仰的力量：筑牢共产党人的精神支柱

XINYANG DE LILIANG：ZHULAO GONGCHANDANGREN DE JINGSHEN ZHIZHU

责任编辑 曾忆梦 边梦飞
版式设计 苏彩红
责任印制 陈梦楠
责任校对 王 微
出版发行 中共中央党校出版社
地　　址 北京市海淀区长春桥路 6 号
电　　话 （010）68922815（总编室） （010）68922233（发行部）
传　　真 （010）68922814
经　　销 全国新华书店
印　　刷 北京盛通印刷股份有限公司
开　　本 700 毫米×1000 毫米 1/16
字　　数 200 千字
印　　张 17.5
版　　次 2020 年 6 月第 1 版 2024 年 1 月第 9 次印刷
定　　价 48.00 元

微 信 ID：中共中央党校出版社 **邮 箱**：zydxcbs2018@163.com

序言 Preface

信仰，是指人们对某种理论、学说、主义或宗教教条的极度尊崇和信服，并把它作为自己的精神寄托和行为准则。简单地说，信仰是人对人生观、价值观和世界观等的选择和持有。

信念，是指人们在一定认识基础上确立的对某种理论主张或思想见解及理想坚信不疑，并努力身体力行的判断、观点和看法。

理想，是对未来的预见和构想，就是要对人生立下一个终生奋斗的目标。只不过这种预见和构想是从现实出发的、有根据的、合理的。

信仰和信念是在人们内心形成的东西，形成以后对人的行为和发展有指导作用，表现在它要产生理想，理想是价值观念的第三种形式，理想是信仰的目标化形象。

信仰是引导人生的航标，对每个人都极为重要。信仰是一套世界观、人生观、价值观，它不仅告诉我们什么是对的，而且告诉我们什么是应该做的，为人确定价值目标，指出追求的方向。人生路长，一个人只有确立了信仰，才会有明确的前进方向，才会有坚定的奋斗目标，人生之舟才能始终沿着正确方向扬帆远航，最终驶向胜利的彼岸。

信仰是人的精神支柱，支撑着人的精神世界。信仰的支柱体现着人生价值的可靠落实，其最根本的意义就是能够赋予短暂人生以永恒的意义。这种支柱作用在日常生活中可以看得出来。有信仰的人目光明亮坚定，精神饱满，仿佛有使不完的劲；而没有信仰的人，则精神萎靡，心神游移，难以始终如一。在遭遇挫折苦难的时候，在面临重大考验甚至生命攸关的时候，信仰的精神支柱作用就更明显突出。

信仰能给人生一种动力，一种推进的力量。这是一种能在危险的情形下支撑人的力量，一种在严重的困难面前帮助人获胜的力量，一种使人高贵与伟大的力量。因为它使人树立起理想目标并对其充满渴望，使人具有了使命感。在人的精神世界里蕴藏着巨大的能量，如果不能把它集中起来并焕发出来，就有等于无。人们只有树立起坚定的信仰，才能把精神世界的力量最大地发挥出来。

信仰决定人生的价值意义。赋予人生什么样的意义，决定了我们渴求做什么样的人，选择走什么样的路，而这一切取决于我们是否拥有信仰，拥有什么样的信仰。有了崇高远大的信仰，我们就拥有正确向上的思想灵魂，就具有了永不枯竭的激情和动力，就寄予了自己人生无限光明的发展前景。

“没有信仰，则没有名副其实的品行和生命；没有信仰，则没有名副其实的国土。”一个人不能没有信仰，没有信仰的人等于没有灵魂；一个民族不能没有信仰，没有信仰的民族如同一盘散沙；一个国家不能没有信仰，没有信仰的国家不会自主强大。正所谓“人民有信仰，民族有希望，国家有力量”。

中国共产党人的信仰是由共产党的本质所规定，是党章所确立的。党章规定："党的最高理想和最终目标是实现共产主义。"共产党之所以叫共产党，就是因为是以马克思主义为根本理论基础、以实现共产主义为最终奋斗目标的。党的信仰就是全体党员的共同信仰。对马克思主义的信仰，对社会主义和共产主义的信念，是共产党人的政治灵魂，是共产党人经受住任何考验的精神支柱。

中国共产党人理想信念中第一位的是对马克思主义的信仰。马克思主义信仰是人类有史以来最先进、最科学的信仰，因为这一信仰建立在马克思主义科学真理的基础之上，建立在马克思主义揭示的人类社会发展规律的基础之上，建立在为最广大人民谋利益的崇高价值的基础之上。无论过去、现在还是将来，马克思主义永远是我们认识世界、把握规律、追求真理、改造世界的强大思想武器。

坚定马克思主义信仰，就要坚持共产主义远大理想和中国特色社会主义共同理想的统一、最高纲领和基本纲领的统一。没有远大理想，就会迷失前进方向；离开现实工作，再远大的理想也是空想。必须把践行共同理想和坚定远大理想统一起来，自觉做共产主义远大理想和中国特色社会主义共同理想的坚定信仰者和忠实实践者。

实现共产主义远大理想，需要一代又一代共产党人的不懈努力，这是历史的接力，也是信念的传递。今天我们所从事的中国特色社会主义伟大事业，就是马克思主义在当代中国的伟大实践，是通向共产主义的必经之路。正是为了共产主义远大理想，我们今天的努力才有目标和方向，我们今天所做的一切才有意义和价值。

坚定信仰，必须做到对党忠诚。看一个党员干部是否有理想信念，关键看他是否对党忠诚。对共产党人而言，忠诚是第一位的政治品格，它不仅是党章明确规定的党员义务和入党宣誓时的庄严承诺，还是一切政治工作的前提。作为党的一分子，就应当在党爱党、在党忧党、在党为党，不忘自己的入党誓言，牢记自己的第一身份是共产党员，第一职责是为党工作，始终对党信赖，始终心中有党，始终听党的话，坚定不移跟党走，一辈子对党忠诚不渝。

坚定信仰，必须坚持人民至上。信仰马克思主义，从本质上说是对人民群众是真正历史英雄的信仰。人民至上是马克思主义的根本特征，是否坚持全心全意为人民服务的根本宗旨，是衡量党员干部是否具有共产主义远大理想的首要标准。共产党人讲理想信念，就要牢记为人民服务这个根本，始终坚持以人民为中心，自觉贯彻党的群众路线，密切联系群众，热情服务群众，着力解决好人民群众最关心最直接最现实的利益问题，为人民过上更加美好的生活矢志奋斗。

坚定信仰，必须知行合一。信仰不能坐而论道、凌空蹈虚，而是需要在体悟践行中慢慢建构。信仰作为人的精神支柱，不仅体现在世界观、人生观、价值观中，也体现在日常工作和具体行动中。古人说，“不体认，便如电光照物，一毫把捉不得；不躬行，便如水行得车、陆行得舟，一毫受用不得。”这就要求坚定信仰必须立足现实，脚踏实地，做到知行合一。

坚定信仰，需要加强理论学习。科学信仰建立在正确认识的基础之上。只有真正认识马克思主义，才能坚定地信仰马克思主义。因此，我们要深入学习马克思主义基本理论，学习中国特色社会主义理论体系，学习习近平新时代中国特色社会主义思想，真学真懂真信真用，不断提高马克思主义思想觉悟和理论水平，坚定“四个自信”，保持对远大理想和奋斗目标的清醒认知和执着追求，确保在任何时候、任何情况下都坚守信仰。

坚定信仰，要靠努力奋斗来实现。对美好事物的向往，从来都不可能唾手可得，从来都离不开筚路蓝缕、手胼足胝的艰苦奋斗。社会主义是干出来的，不干，半点马克思主义也没有。任何伟大事业，都始于理想、成于实干。坚定信仰，最直接的体现就是在胸怀共产主义远大理想的同时，坚定不移地走中国特色社会主义道路，坚定不移地贯彻执行党的路线、方针和政策，坚持爱岗敬业，认真履职尽责，做好当前每一项工作，为实现“中国梦”而不懈努力。

坚定信仰，贵在矢志不渝。志不强者智不达。实现远大的志向，需要超强的毅力。坚定信仰并非一夕之功、不可能一蹴而就，而是一项长期的、艰苦的任务，是一辈子的事情。党员干部要不断加强党性修养，经常审视和反省自己信仰的坚定性，在长期实践中不断磨炼提高，始终追求人生的崇高境界，以淡泊之心对待名利得失，保持泰山压顶不弯腰的精神，无论在前进中出现多少曲折，在征途中遇到多少艰难，都以坚定不移的意志、百折不挠的毅力、勇往直前的精神为崇高的信仰奋斗终生。

本书从理论上对信仰的概念以及与信念、理想、世界观、价值观等相关范畴的内在联系与区别进行了分析，阐述了信仰对党员个人与执政党的意义作用；接着从真理信仰、理想信仰、人民信仰、实践信仰四个维度，对共产主义信仰的科学性、人民性和实践性，对共产主义远大理想与中国特色社会主义共同理想的关系，对坚定信仰与忠诚于党、服务人民的关系进行了深入探析，指出了坚定信仰应当知行合一：坚持党的领导，始终对党忠诚，牢记全心全意为人民服务的根本宗旨，认真学习马克思主义基本理论和中国特色社会主义理论体系，在实干奋斗、履职尽责中彰显信仰。本书还援引了6个坚守信仰的案例故事，附在相关章节的后面，增强了可读性和可学性。本书对于党员干部认识把握信仰的丰富内涵、坚守信仰的重大意义，明确坚定信仰的主要路径，坚定共产主义理想信念，具有较高的启迪意义和参考价值，是党政机关、企事业单位开展理想信念教育活动的必备读本，也是广大党员干部常学常新恪守信仰的案头书。

吴黎宏

目录 Contents

第一章

何 为 信 仰

*

信仰作为人类社会生活、精神生活的一种精神表现，是人的精神支柱和行为指南。失去信仰的人会对生活失去信心，对个人的生存意义产生怀疑。信仰在人们生活中占有如此重要的地位，因此，我们有必要先了解信仰的含义。

一

什么是信仰

何为信仰？一直以来，中西方思想家们都试图给信仰一个权威的界定，但总是众说纷纭、莫衷一是。这里列举几种关于信仰的解释：

1. “信仰”，又作“仰信”。信，是指可信、相信、依赖、信奉；仰，是指仰望、仰慕、崇拜、敬畏。“信仰”源自拉丁文“fides”（信托），包含双重含义：一是通过理性或经验论证所获得的“确信”；二是完全不求诉于逻辑合理性而仅凭情感的托付所生出的“虔信”，唯其不求诉于逻辑。信仰常能赋予人们超越此岸世界的力量，所谓“使命感”，所谓“道德力量”。

2. “信仰”在《现代汉语词典》（第7版）解释为“对某人或某种主张、主义、宗教极度相信和尊敬，拿来作为自己行动的榜样或指南。”《辞源》认为，信仰是“信服尊敬”，如唐译《华严经·十四》：“人无等类，同信仰。”《辞海》认为“信仰是对某种宗教或对某种主义极度信服和尊重，并以之为行为准则。”权威词典对信仰的阐释都着重在极度信服和尊重上，可见信仰不是一般的相信和尊重，而是超出外物上升到一个已经无法超越的高度，指引着人的意志和行动。

3. 把信仰完全等同于宗教信仰。斯宾诺莎认为“信念在于对上帝的了解，无此了解对上帝的顺从是不可能的”。[①] 教父哲学的集大成者奥古斯丁指出，信仰是人类通往上帝之路的起点，也是人类理解的向导。他对信仰下了一个定义：“信仰就是赞同地思考。”“信仰是人心中最高的情感。也许，在每一代中……没有一个人超越它。”[②] 这说明人都需要有信仰，它是人们生存的一种精神需求。

4. 信仰，从哲学的角度来看，是人类历史上一种普遍存在的精神现象，是人类建构自我精神世界的重要方式，是人们对人生观、价值观和世界观的选择和持有。《哲学大辞典》将信仰定义为“对某种理论、思想、学说的心悦诚服，并从内心以此作为自己行动的指南。”对信仰的不同选择，体现了一个人生命的宽度和厚度。

5. 信仰是一种心理状态。从心理学的角度来看，信仰是人类特有的心理现象。《简明不列颠百科全书》认为，“信仰指在无充分的理智认识足以保证一个命题为真的情况下，就对它予以接受或同意的一种心理状态。”这种解释充分说明了信仰中具有一种非理性的主观因素。西班牙哲学家乌纳穆诺把信仰看作是本身包含有认识的、逻辑的、理性的成分，以及情感的、生命的、感伤的、非理性的成分的一种复合的心态。弗洛姆认为，“信仰是同人类的社会生活、精神生活一同发展起来的精神现象，表现为社会成员对一定的宇宙观、社会观、价值观、人生观等观念体系的信奉和遵行。”[③]

从以上定义可以看出，信仰主要是指人们对某种理论、学说、主义或宗教教条的极度尊崇和信服，并把它作为自己的精神寄托和行为准则。概言之，信仰是与人类的社会生活、精神生活一同发展起来的精神

---

① 〔荷〕斯宾诺莎著，温锡增译：《神学政治论》，商务印书馆 1996 年版，第 196 页。

② 〔丹〕克尔凯郭尔著，赵翔译：《〈恐惧与战栗〉跋》，《西方思想宝库》，吉林人民出版社 1988 年版。

③ 〔美〕弗洛姆著，孙依依译：《为自己的人》，生活・读书・新知三联书店 1988 年版，第 184 页。

现象，表现为社会成员对一定的世界观、人生观、价值观等观念体系的信奉和遵循，它是统摄、指导其他一切意识形式乃至社会心理的最高的意识形式。

从内容和表现形式上看，信仰是人们对自认为具有最高价值的理论、学说或主义、人格化的神灵的极端信服崇拜的一种心理状态。在心理上表现为人的认识、情感、意志，对真、善和自由幸福境界的无限向往和不懈追求；在行为上表现为在这种精神力量的支配下去解释、改造自然界和人类社会；从根源上看，信仰来源于生活实践，又高于生活实践，是对现实的超越，或者说是对现实的超现实表达或理想主义追求。

信仰具有信仰对象的超现实性、信仰价值目标的超功利性、信仰表达的非逻辑性、信仰过程的鲜明目的性、信仰价值指向的专一性等特征。

信仰的构成包括三个要素：

第一，信仰者或信仰的主体。是谁在信仰呢？是我们“人”，是“我”或“我们”等。在上述关于信仰的定义中，信仰者是暗含着的，并没有直接出场，但他却是最不可缺少的。没有了信仰者的人或主体，就不会有信仰。就信仰者或信仰主体而言，有信仰心态与信仰行为两个方面。人首先内心里要确信，这是一个心态问题。有没有这种确信，标志着有没有信仰；同时，这种内在的确信又会表现为外在行为。仅仅停留在内心而不直接或间接地表现于行为的信仰，不是完全的信仰。而信仰的行为又有两种：一是仪式性的行为，二是非仪式性行为。前者与信仰本身直接联系在一起，是专属于信仰的行为。比如一些宗教仪式活动，离开了这种宗教的规定本身，显然难以理解；后者则往往是一种社会性行为，比如道德行为。对信仰者来说，这种行为固然也是由信仰所导致的，但是没有这种信仰的人也可以有这样的行为。

第二，信仰对象。信仰是一种意向性活动和对象性活动，它必然指向一定的对象，而这种对象，在实际的信仰中则是千差万别的。古今中外，人们信仰过的东西成千上万，这些东西都是或曾经是信仰的对象。信仰对象有很多类型，比如人、主张、主义、宗教等。其实，这些只是初步的归类，再进一步，可以把信仰对象分为两类或两种形态，一是观念形态，二是物象形态。主张、主义、宗教教义等，属于观念形态；神仙、魔鬼、伟人、制度和理想目标等，属于物象形态。这两种形态相互依存，缺一不可。任何一种信仰都同时具有这两种形态。

第三，信仰的方式。凡信仰，都有以什么方式来进行的问题。信仰的方式把信仰的主体与客体、信仰者与信仰对象联结在一起，形成有机的信仰结构。大体说来，信仰方式有三维结构：一是信仰者对信仰对象的理论确认，二是信仰者对信仰对象的情感体验，三是信仰者对信仰对象的行为追求。不同的信仰间当然会有一些共同点，比如“极度”尊敬和崇拜等，但也会有一些不同特点，如在思想方式上、在相信的方式上、在敬仰的态度上、在崇拜的方式以及行为的方式上等，它们既可以是因民族群体的不同而导致的差异，也可能由个体差异所导致。不同的信仰方式会导致不同的信仰色彩和信仰结果。

信仰作为人类精神最深层的结构，统摄着个体的整个精神世界。信仰的作用在于它弥补了人类及其社会本身的缺陷和不足，为人提供了生活所必需的精神支柱和行动指南，奠定在科学、理性基础之上的信仰可以给人们的思想和行动以正确的方向引导。

二

信仰与信念、理想

信仰是人类特有的一种心理和文化现象，是人类接触世界的一种方式。要想全面地、合理地对信仰做出界定，首先必须搞清信仰与信念、理想等概念之间的关系。

所谓信仰，如前所述，是对某人或某种主张、主义或宗教的极度相信和尊崇，在这种极度信服和尊崇中，寄托着人的精神和终极关怀。简单地说，信仰是人对人生观、价值观和世界观等的选择和持有。信仰带有终极性、唯一性、神圣性、不对等性。

所谓信念，是指人们在一定认识基础上确立的对某种理论主张或思想见解及理想坚信不疑，并努力身体力行的精神状态。信念这种坚信不疑的态度和看法绝非空穴来风，而是在一定的认识和实践的基础上形成的。人们只有确信自己所认同的社会理想是正确无误的，确信自己所向往和追求的理想是能够实现的，并在行动上加以维护和贯彻，即形成坚定的信念，才能获得不懈的奋斗动力。

所谓理想，是对未来的预见和构想，是对人生立下的一个终生奋斗目标，只不过这种预见和构想是从现实出发的、有根据的、合理的。理想具有想象的成分，但不同于幻想、空想或宗教，它是以客观规律为依据的，是科学的；理想具有向往的色彩，对真善美的追求、对美好社会和高尚人生的追求，是值得倡导的崇高理想。理想可以大致分为人生理想和社会理想，人生理想是对人生价值及其实现的追求，社会理想是对社会愿景的期望及努力。比如，有的年轻党员想去当一名村官，到条件艰苦、贫穷落后的农村去当“第一书记”实现自己的价值，这就叫理想，因为这样的想法经过努力是完全可以实现的。而如果哪个人说他真想再活 500 年，这就不是理想而是妄想了。

（一）信仰与信念、理想的联系

信仰和信念是在人们内心形成的东西，形成以后对人的行为和发展有指导作用，表现在它要产生理想。理想是价值观念的第三种形式，是信仰的目标化形象，简单地说，人们信什么，就希望用它来实现未来。想要实现的未来的样子和所相信的东西是一致的，就给这样的一个未来勾画出一个形象，勾画出一个蓝图，构建出一个目标体系、标准体系，这就叫理想。

从信念与信仰的关系看，信念是信仰的基础，信仰则是信念的最高表现形式，统率和影响着不同层次的信念，形成一个完整的精神导向。信念又受信仰的影响和协调，支撑着信仰，归总于信仰，丰富和发展着信仰。

在各种信念之上，人们会有一个统帅各种信念的最高的信念，这就叫信仰。信仰是价值观最核心、最实质的东西。信仰也是一种信念，是人们对最高价值或极高价值的信念，它统率别的信念。比如说，相信什么是由谁决定的，是怎么决定的？最终谁说了算，是客观规律说了算，是上帝说了算？还是主观想象说了算？最高的叫信仰，形成统率一切信念的信念叫信仰。

信仰是信念的体系。由于最高层和最核心的信念对其他的信念具有统摄力，并以此使这些信念摆脱杂乱状态，而统一成为一个信念的体系，那么信仰就不再仅仅是最高或最核心的那个信念，而是进一步成为以此为统领的整个信念体系的统称。当一个人的诸多信念形成了一个这样的有机体系之后，他的信仰就是处于明确而自觉的状态。相反，如果一个人尽管有自己最高或最为核心的信念，但这种信念尚未把他持有的其他信念都统摄起来，并形成信念的系统，那么，他的信仰就还没有达到完全成熟和自觉的状态。

信仰是居于支配地位的最高信念，信仰与信念具有一致性。所以，有时人们说信念，就是指信仰，如马克思主义信念、共产主义信念，就是指对马克思主义、对共产主义的信仰。这里所说的信念是支配一切的最高信念，是对具有最高价值的对象的信念。在这里，信念和信仰是同一的。

信仰与理想具有相同的地方，表现在它们都是人们对未来的一种意识和把握。理想作为美好、圆满的想象，是人的生存和发展的含目的性的观念表现，是人这一价值主体的自我意识和表征，是人的本质力量的凝聚和升华。当人们有某种信仰时，就会产生某种理想，同样的，理想也可以成为人们的信仰对象。由此可见，信仰与理想之间互为因果、互为前提，有什么样的信仰就有什么样的理想。

理想和信念、信仰密切联系在一起，人们通常也是把它们放在一起使用的。在我国，由于信仰概念用得少，所以“理想”概念在一定意义上成了信仰的代表，尤其是理论和思想界，“理想”一词用得最多。在当下中国人的思想中，理想和信念总是相互依存的，很多情况下，理想亦是信念，信念亦是理想。

信仰是一种价值评价态度，是对信仰对象的性质及其与自己关系的高度认同和信服，在这种认同和信服中充满了人的最执着的情感和意志。因此，信仰可以支撑理想，追求某种理想要依靠信仰的支持。

追溯理想的由来，人类在改造客观世界和主观世界的实践活动中，不仅要努力满足眼前的物质精神需要，而且在永无止境的实践过程中，也会产生出对未来长远的生产生活目标和物质精神需要的追求和憧憬，这种人们在实践中形成的具有现实可能性的对未来社会和自身发展的向往和追求，就是理想。而人们在一定认识基础上确立的对某种理想、观念或现实存在所抱有的深刻信任感的精神状态，即对某种理想、理论或观念的真理性以及某种实践行为的正确性的内在确信，就是信念。当信念一旦成为人们带有总体性、普遍性的观念和态度时，信念就成为信仰——一种更具普遍性的最高价值的信念。

（二）信仰与信念、理想的区别

信念与信仰相近，人们经常把它们互换使用。但细心的人们会注意到，它们是有差别的：如果用信念来替换信仰，一般情况下没有问题；而如果用信仰来替换信念，则常常有些别扭。这是因为信念的范围更大，外延更广，它指的是人们对某种东西的相信，不论相信什么，都是信念。这样，信念就在外延上包括信仰。凡是信仰，都可以说是信念，但不能说凡是信念都是信仰。

信仰和人们一般所说的信念有所不同。信仰回答的是人生日常关切最有深度的方面。信仰的对象也是崇拜的对象，在人类经验领域内的万事万物无一不是有限的，具有有限的价值，这些只具有有限价值的事物很难作为信仰对象。信仰是为了超越，超越一切有限，唯有超越现实的无限才能真正成为弥补人自身局限性的希望。

信仰与信念的这种区别，正好相当于信仰与相信的区别。相信是外延最宽而内涵最浅的，它泛指人对任何观念或事情的内心肯定态度。凡是信仰当然都是相信，但不能说凡是相信都是信仰。事实上，只有一部分相信才能成为信仰。只有对那些涉及人的最根本利益的、层次最高、最为重要的观念的相信才是信仰。一个人所具有的信念往往是多层次的，其中只有最高层次的信念才能成为信仰。正是由于最高层次的信念具有了“信仰”这种新的称呼，因而“信念”就具有了一种狭义的用法，即主要指层次较低的那些信念。它包括那些中等层次和低层次的信念，比如，“我相信明天会下雪”，这就是一个低层次的信念，还绝对谈不上是“信仰”。一个人或一个时代可能同时存在着各种信念，它们分别是对于各种观点和见解的相信，这些信念在观念层次和价值重要性上是不同的，并不是所有的信念都能称作信仰，只有那一个处于价值最高层的信念才是信仰。由于信仰与信念之间有这样层次的区别，一般来说，信念常用来特指对一些比较具体的观念的相信和信奉，而信仰则用来表示对最高层次和最核心的观念的信奉和相信。

我们往往用信念来称呼那些更为具体一些的信念，而用信仰称呼最为抽象的信念。比如，当我们从根本上称呼共产主义世界观时，就称之为共产主义信仰，而当谈到共产主义世界观中的一些更为具体的问题时，就用“信念”一词，如革命信念、必胜信念等。这种区别的意义在于要求我们不要轻易地使用“信仰”一词，不要把随便什么小信念都称为信仰。

信仰是最核心的信念。信仰不只是某一种特定信念，而往往是一个以该信念为统领或核心的包括许多信念在内的体系。在一个人所形成或具有的各种信念中，应该有一个或几个信念是核心信念，核心信念比其他的信念更重要些。而这种核心与非核心的区别，应该是以人的实际生活世界的重要性来划分的。处于生活世界边缘的并不那么重要的信念，不宜称为“信仰”。

理想产生于信念，但不同于信念。信念中所包含的知识、经验、逻辑等理智成分，即为主体所确信和把握的关于客观世界的知识，是理想得以形成和确立的基础、前提之一，它们决定着理想是否科学、正确、可信，是否可以实现。形成和确立远大的理想，是真正对自然界、社会本质和规律的正确了解和把握。对于信念中所提供的具体价值选择来说，理想却不是它们的简单相加，而是它们在最高层次上的综合、整合、升华，是使它们从属于一种信仰的目的和意志。

理想与信仰也有着一定的区别。信仰给人以无限地把握未来的精神满足，无所谓现实与不现实，属于“信则有，不信则无”的问题，就信仰者本身也不存在合理与不合理的问题；而理想则不同，理想过多在乎“理”，这“理”包括工具理性和价值理性，既要合乎价值理性又要合乎工具理性，所以，人们建立一定理想必须有一定的道理或依据。

理想的内容指向取决于信仰，但是理想不同于信仰。人们信仰什么，决定人们按照什么方向和原则形成自己的理想，例如：信仰上帝或神，就把进入天堂、与上帝或神同在当作理想；信仰真理，就把追求和获得真理当作理想；信仰天人合一、天人感应，就会把追求天人和谐作为理想。但是，理想并不是仅仅停留在信仰的水平上，它还意味着把信仰的对象同现实的条件及其未来发展联系起来，同自己的生活道路及其未来成果联系起来，使之成为一种具体的、具有现实感的形象体系。也就是说，理想中包含了信仰和为信仰所联系的具体社会图景的统一。理想是信仰对象的未来形象，是具体现实化的信仰，它比信仰更具有丰富而具体、确定而完整的实际内容，也比信仰更具有目标的明确性和情感、意志的感召力。

三

信仰与世界观、价值观

信仰是人对世界观、价值观的选择和持有，是世界观、价值观的表现形式，三者是互为表里、共生共融的关系。

（一）信仰是世界观的表现形式，也是世界观的重要组成部分

世界观是人们对客观世界总的看法和根本态度。从认识人生、观察社会的角度来看，世界观主要表现为人们的价值观和人生观。科学的世界观、价值观和人生观并不虚无缥缈，而是人生的导向和行动的指南，决定着一个人所要走的人生道路，决定着人生的归宿和生命的价值。

在当代中国，世界观是一个非常流行的概念。由于“信仰”一词在中国过去不太流行，因而“世界观”一词在某种程度上甚至成了信仰的一个替代概念，特别是在中国共产党人的文献中，世界观实际上就是指信仰。当人们说要“树立一种世界观”的时候，实际上讲的是确立一种信仰；当人们讲改造世界观和转变世界观的时候，实际上讲的是信仰的转变。毛泽东从接受马克思主义开始，就对“世界观”概念情有独钟，后来更是反复思考和论述。毛泽东之所以认为“世界观的转变是一个根

本的转变”，就是因为这种转变是一种信仰的转变。一个人的信仰一旦发生转变，他的思想、感情、言论和行动都会有相应的改变，因而是一种“根本的转变”。

长期以来，我们通常所使用的“世界观”一词的含义与通常给它所下的定义存在着不一致的情况。通用的哲学教科书给世界观下定义，说“世界观是人对生活于其中的世界的根本看法和根本观点”，比如世界是物质的还是精神的、是有限的还是无限的、是运动的还是静止的等。由此看来，世界观是一个哲学概念，而不是政治概念，或更具体地说，是认识论的概念，而不是人生观和价值观的概念。但定义归定义，当人们在使用世界观概念的时候，没有任何犹豫地就把它变成了价值观概念，变成了关于人生观、道德观方面的概念。当说到某个人的世界观的时候，说到某个阶级和政党的世界观的时候，指的往往不是上述关于宇宙的根本问题，而是更为具体的、关于社会生活和道德方面的看法。比方说，看到一个人道德品质不好，就说他世界观错误。这似乎是一种概念的误用，但这种误用在某种意义上又恰好是“正用”。尽管理论家们没有把世界观定义为价值观和信仰论方面的概念，但人们在使用这一概念时却本能地把“世界观”当作“信仰”的替代概念了。这恰好是正确的用法。世界观概念毕竟不只是一种纯粹中性的客观的对于世界的认识，而是包含有对这种认识的相信和执着，因而也就相应地包含着对于周围世界的感情的成分、价值的成分。

凡是信仰，其中都包含有一种世界观。关于宗教信仰，美国心理学家奥尔波特说：“世界上的一切伟大的宗教都为那些接受它的论点和论断的人提供了一种世界观，它逻辑简明、庄严神圣。”① 连注重感情体验的宗教信仰都包含有一定的世界观，那么非宗教的信仰就更是如此

① 〔美〕玛丽·乔·梅多、理查德·德·卡霍著，陈麟书等译：《宗教心理学》，四川人民出版社 1990 年版，第 44 页。

了。宗教信仰包含有一种神话的世界观，世俗信仰包含有现实的世界观，科学信仰包含有科学的世界观。任何信仰都必然要对人所处的世界作出一定的说明，对人与世界的关系作出解释，以此确定人在世界上的位置，帮助人建立起与世界的稳定的联系，从而使人有一种归宿感和方向感，感觉到人生的意义。世界观具有完整性和统一性，任何一种世界观，都力图对人周围的世界作出尽可能完整的解释。尽管这种完整性可能不同，比如自发形成的世界观往往还不够系统，也不够理论化；而哲学世界观则往往有很强的理论性和系统性等。但不论怎样，对于当时当地的人们来说，对他们的世界观需要来说，已经提供了对世界的最完整的说明。

任何一种世界观都意味着一种信仰。因为世界观作为对周围世界的认识，不是一种可有可无的认识，不是细枝末节的认识，而是根本性的认识；不是一些实证知识的堆积，而是一些与世界和人生的大本大源密切相关的基础性假定。正如查尔斯·坎默所说："在我们的世界观中有一个关于终极原则和终极力量的总的假设，这些原则和力量构成了自然和人类历史存在的基础。同样，在我们的世界观中也包括关于人的特性、我们生存的世界和人类社会特性的假设。"① 这种根本的认识不是与人的实际生活无关的或关系不大的，而是生命攸关。它不仅为人生提供一种熟悉的背景，而且也提供直接的行动依据。这种对于世界的根本认识，往往不是以或然的形式为人们所掌握的，不是人们可信可不信的东西，而是人们深信不疑的。对这些与生活紧密相关的关于世界的根本认识的相信和奉行，不是信仰又是什么呢？

世界观不仅是对世界的一种根本认识，也是一种根本的评价和一种根本的认同。人通过世界观而建立起来的人与世界的联系，不只是一种

① 〔美〕查尔斯·L. 坎默著，王苏平译：《基督教伦理学》，中国社会科学出版社 1994 年版，第 22 页。

纯粹的认识联系，而且还有一种感情上的联系。世界观使人找到了他在这个世界上的位置，对这个位置有一个感情认同。无论如何，人总是要与世界达成一定的感情认同的联系，形成人与世界在感情上的一体化，因为只有这样，人对于这个如此这般的世界才会产生家园感。

世界观作为对世界的根本认识不是平面的，而是立体的，有很强的纵深感，包含着不同层次的内容。不能把世界观等同于自然观，即人对自然界的看法，否则就是把人降到动物的水平了。因为动物直接地生活于自然界中，自在的自然界是动物们直接的生活环境，也是它们的全部世界，即使是动物之间的关系，也是一种自然界不同生物或相同生物之间的自然关系。而人不同，人是生活于社会中，自然界如果不成为社会的一部分，就难以成为人们的直接生活环境。人们直接生活的世界就是社会，很难想象，人们对周围世界的根本看法不包括对社会的看法。因此，在世界观中，不仅包括自然观，而且包括社会历史观，再进一步，也包括人生观。对于任何一个人来说，人生观都不仅是他的世界观的一部分，还是他的世界观的落脚点。世界观可以说是以人为中心向周围世界画出的一个大圆圈。不管这个圆圈有多大，它的焦点和落脚点都是人生这个圆心。尽管人们可以出于强调的动机而把人生观、历史观从世界观中提出来，单独地加以利用，甚至有时为了表示一种层次上的递进关系，而把世界观、历史观、人生观相并列，但不能因此而否认历史观和人生观是世界观的一部分。当然，世界观是宏观的，人生观是微观的，但微观不是在宏观之外，而是在宏观之内。世界观中不断地有内容分化出来，这样的结果不是使世界观越来越空，而是使之更加丰富。

接受一种世界观在某种意义上也是一种信仰行为，因为这意味着接受一种信仰。坎默说过：“接受一种世界观就是一种信仰行为，不论是有神论的还是无神论的世界观都是如此，它甚至是一种盲目信仰的行为。在审视我们的世界观时，我们必然会发现，在把我们自己托付给某种世界观时，我们使自己和他人的生活承担了风险。”[①] 尽管坎默是在宗教信仰的意义上谈论这一问题的，不承认有科学的世界观，这当然是不正确的，但他的这一看法说明了世界观与信仰的联系的一个方面，是有合理性的。

（二）信仰是一种价值形式，也是一种终极价值的追求

价值观指在一定世界观的基础上所形成的、反映着一定主体现实的价值立场、态度等思想内容的总和，是人的社会存在和价值实践的思想形式。价值观驱动和引导人的价值实践。人们总是尽可能地按照自己的价值观去生活，有什么样的观念就有什么样的行为。一个社会的主导价值观是构成它所特有的文化文明形态的精神实质和显著标志。价值观对于人的思想行为起着统领和主导作用，它决定着人类行为的取向，决定着人们以什么样的心态和旨意去开创自己的生活，因而它对于人类的生活具有根本性的导引意义。价值观不同必然导致思想认识和行为方式的差别。同一个岗位，有人看重工作成就，有人看重报酬待遇，也有人看重权力地位，这就是因为价值观不同。

信仰是人的心灵被某种主张、说教、现象或神秘力量所震撼，从而在意识中自动建立起来的一套人生价值体系。信仰说到底是一种价值形式，从价值哲学的角度更易于理解和把握信仰的这种特殊的结构和功能。价值哲学将人类认识的客体对象分为实然和应然状态。实然和应然是整体性地描述事实世界与价值世界的一对范畴。实然是指已经实际存在着的事物的状态，应然是实然按照人的理想应当成为的那种状态。应然以实然为基础，是实然的升华；实然是应然获得充足实现条件后的应然。一般来讲，绝没有完全建立在实然基础上的应然，也没有完全实现

① 〔美〕查尔斯·L. 坎默著，王苏平译：《基督教伦理学》，中国社会科学出版社 1994 年版，第 24 页。

了应然的实然。因为，实然升华为应然的过程和应然转化为实然的过程，均是主体的新的需要和能力不断地发生的创造过程。这就是说，应然可分为两个层次：一是眼下可转化为现实的应然，即“是的应当”；一是将来可能转化为现实的应然，即“应当的应当”。前者构成信仰价值的现实性品格，后者可以理解为信仰价值的理想性品格。在一个社会中，完美而行之有效的价值体系必须同时具有这两种品格，它既要告诉人们“当下应该怎样”，也应该告诉人们“理想的将来应当怎样”，信仰这种特殊的价值形式，正是承担价值体系中的这个“重任”，它要告诉人们的是“理想的将来应当怎样”，但这种“理想的将来应当怎样”却又建立在“当下应当怎样”的基础之上的。我们可以把这种不是立足于现实的应当，而是立足于将来的应当看作是信仰的独一无二的价值立场。

信仰是一种终极价值的追求。信仰是一种价值追求，它追求的是生活的目标和生命的意义。康德说，人们对未来的期望植根于人的这样一种本性，即对时日有限的此生永不满足。对生活的目标和生命意义的追求是最高的人生价值，此种追求又是和对某种确定性、不变性的渴望联系在一起的。有了确定的信仰，也就有了确定的价值和明确的人生目标。确定一种信仰，实际是为自己树立了奋斗的价值目标：为信仰而奋斗，就是为人生的最高价值而奋斗；为共产主义信仰而奋斗，就是共产主义者所追求的最高价值目标，无数共产党人把这一信仰作为人生的最高价值，并为之不懈努力，甚至牺牲生命。毛泽东曾说：“我一旦接受了马克思主义是对历史的正确解释以后，我对马克思主义的信仰就没有动摇过。”①

① 〔美〕埃德加·斯诺著，董乐山译：《西行漫记》，生活·读书·新知三联书店 1979 年版，第 131 页。

四

迷信是信仰，信仰不是迷信

迷信指人类对超自然力量的崇拜和信仰，是对客观世界的一种虚幻的歪曲的反应。迷信，并不限于迷信鬼神，“迷信”的含义更多地倾向于“盲目的相信、不理解的相信”，是指人对事物的一种痴迷信任状态。因此，理论上，人类对任何事物都可能存在着“迷信”的观念。

现代人普遍认为迷信是由于没有判别能力，对事物本质分辨不清，而对某些事物发生的特殊爱好，并确实相信，进而从相信至信仰，甚至到崇奉、毫不怀疑的地步。迷信的人往往因某种事物或现象媚惑而醉心，进而沉醉于此，深信不疑。迷信的人还往往随意放任，盲目地将“信仰”和“崇拜”的事物和说法付诸于积极不懈的行动。比如，当别人对我们说：某一套学说、理论或信念很值得相信，而我们没有经过任何认真仔细的探索就去相信，这也是迷信。同样，当别人对我们说：某一个信念很有问题，叫我们不要去相信，我们没有经过任何的认真仔细的思索探究，而只是因为被其他人影响就去拒绝相信某件事，也是迷信。相反的，别人对我们说：某一个信念很值得相信，虽然我们从前都没有听过，或是只听过相关的谣言或不正确的解释，然而我们却愿意认真仔细地去探索追求，后来发现这个信念实在很有道理而愿意相信时，我们就不是迷信。因为我们不是道听途说，而是认真地去思索，然后去相信的。

信仰，是指人们对某种理论、学说、主义的信服和尊崇，并把它奉为自己的行为准则和活动指南，它是一个人做什么和不做什么的根本准则和态度。信仰属于信念，是信念的一部分，是信念最集中、最高的表现形式。信仰是人对人生观、价值观和世界观等的选择和持有。从物质和意识的领域来理解，信仰就是一种意识。

从宗教信仰的产生来看，迷信也是一种信仰。迷信是一种信仰，只不过是一种低级的萌芽状态的信仰。尽管在现代生活中仍然有一些迷信现象，但迷信现象的产生非常之早，比宗教信仰要更早一些。这些迷信现象产生于人类史前历史是无疑的，正是由于它起源更早，从而成为宗教信仰产生的温床和基础。宗教信仰并不像神学家们所说的那样具有神圣的超自然超社会的起源，实际上它脱胎于古老的迷信观念，是迷信观念的升华。作为这种升华，它又高于这些迷信，是一种更为高级的信仰形式。

宗教信仰从迷信中的脱胎分化，在某种意义也是一种信仰的革命。宗教信仰必须经过战斗，即经过对古老的迷信观念的批判，才使自身从中独立起来，形成独立的体系和形式。因此，正是宗教徒对迷信现象最为深恶痛绝。越是在历史的早期，越是在宗教信仰最初产生和发展的时候，这种战斗就越是激烈。即使在宗教信仰形成和发展起来以后，还会看到宗教信仰与迷信的冲突。因为迷信现象并不因为宗教信仰的产生就消失了，也并不因为科学文化的发展而完全消失。

从历史上看，每一个时代都有迷信现象存在。这些现象生生灭灭，不断地变化，经常地死灰复燃。它们在时代的信仰体系之外，维持着自身的存在。因此，有时候会与主流信仰体系发生冲突，受到主流宗教信仰的压制。这种斗争还可能有另外一种言外之意，那就是一种宗教信仰既然可以从迷信中形成，那么另一种宗教信仰当然也可以从中形成，这种主流宗教信仰就有可能受到新的宗教信仰的挑战。因此，从迷信领域是一片滋生新的宗教信仰的土壤和温床的角度来讲，迷信也是宗教信仰所警惕的一个领域。

迷信与宗教信仰有一个不同的地方，那就是迷信往往具有更强、更直接的功利色彩，而宗教信仰则有更强更高的精神性和文化性。无疑地，任何信仰都内在地与人的利益有关，但这种关系既可以是直接的，也可以是间接的。就信仰之为信仰而言，或就信仰之作为一种高级的社会精神现象而言，它与物质利益的关系往往是间接的而非直接的。虽然在传播信仰的时候可以而且有时候也需要利用物质利益吸引人们来信仰，但这只是领其入门的一个权宜之计。信仰者如果只是执着于自己的物质利益，那他就不具有较高的精神境界和信仰境界，就不会是虔诚的信仰者。迷信者的迷信往往是直接地产生于人的某种直接而急迫的需要，这种需要往往是物质方面的，与人的低级的需要相联系，而且这种需要往往是个人的，以自我为中心的。因此，如果说迷信是一种信仰的话，那它不只是一种低级的信仰，而且是一种急功近利的信仰。

相比之下，宗教信仰则不那么直接地讲功利，而是讲精神、讲情操、讲道德、讲文化。宗教信仰中有一种神圣的、重视精神生活、重视精神世界的气氛，它对于人的心灵和情操起到一种陶冶的作用，这是各种迷信所不能做到的。

自然，宗教信仰与迷信仍然具有密切的联系。一方面，如前所述，古老迷信是宗教的原始起源，由于这种起源上的关系，从而也就有了一种性质上的相同或相近之处。对幽冥事物和力量的相信，以想象力形成世界观（神话世界观），是它们共同的地方。当然，其理论抽象程度和世界观完整程度是不同的。迷信观念是零碎的，不系统的，而且是杂乱而难以统一的；宗教世界观则是完整统一的，是在更高的思维水平和更丰富想象力的基础上产生发展起来的。但这种程度上的差异——随着历史的发展在宗教和迷信之间还形成了许多其他方面的差异——并不能抹杀二者的一致。从这个意义上说，我们有时把宗教和迷信放在一起，概而言之为“宗教迷信”是有认识论的理由的。当然，这里不涉及宗教和迷信是否为社会法律所承认、是否在社会中起到好作用等的问题。

宗教与古老迷信的联系还有另一个方面，就是宗教从迷信中诞生出来并形成自己独立的体系后，它可以把一些迷信的观念和做法纳入宗教信仰体系中来，加以改造和整理，使之成为宗教信仰的一个部分或方面，赋予其新的意义。比如，我们在一些大的世界性宗教中，仍然可以看到他们从前被称作迷信的偶像崇拜以及一些仪式。18 世纪的法国伟大启蒙思想家伏尔泰就极力批判宗教，寻求一种“没有迷信的宗教”。

说到底，迷信与信仰有关，迷信是一种低级的、特殊的信仰现象，它既有远古的渊源，又有连续的发展和现代的表现。由于迷信给社会造成危害，所以它会给我们对信仰的看法带来困惑。迷信是非理性的、没有科学基础的信仰，而宗教是对超自然力量，特别是对人格化的上帝，即有意识、有智能和掌握人类命运的神的崇拜，这种崇拜也是非理性的、没有科学基础的，因此宗教信仰其实就是迷信的系统化和抽象化，尽管抽象出了许多超越迷信的内容（例如世界观、道德观），甚至有了一些合理的因素，但是仍然包含着许多迷信的因素，并不是一打上宗教的招牌，再荒诞的说法就都不成其为迷信了。

迷信是一种低层次的信仰，但信仰却不是迷信。有人认为，凡是信仰都是迷信，都是不正确的、有害的。理由是，从认识论上讲，任何信仰都是相信某个或某些其正确性未得到充分证明的东西。如果严格地只是相信已经完全被证实的论断，那一般来说就是知识而不是信仰或信念，而只有相信那些未得到充分证实的东西才是信仰。也就是说，凡是信仰，都有不确定性，都是把或然变成了必然，把相对变成了绝对。那么，这不是迷信吗？确实，凡是信仰都具有某种不确定性，不然它就不是信仰而是知识了。信仰者也都有一个在心理上把或然变成必然、把相对变成绝对的趋向。如果非常严格地从认识论上看问题，那么肯定存在着人们对某些命题的相信超过命题本身可信度的问题，是在还未完全搞清它是否值得如此相信的时候就预先施之以如此的相信。问题的关键是，这种情形是否就是迷信？如果因为信仰具有不确定性，就把所有的信仰都看作迷信，肯定是不对的。如果那样的话，就否定了信仰存在的合理性，从而也就不存在信仰是不是迷信的问题了，因为迷信是一个信仰论范畴，是信仰中的一类现象或某一种信仰的特点。如果“信仰是不是迷信”的问题指的是某些特定的信仰，那就是一个值得讨论的也可以得到结果的问题，而如果指的是所有的信仰，或信仰本身，那它就是一个假问题，是无法作出解答的。

譬如，人们日常所说的宗教信仰跟封建迷信就有区别：宗教信仰是一种社会意识形态，它一般由宗教组织、信仰和观念、道德规范、宗教仪式、戒律、经典等基本要素构成，是有固定崇拜偶像的。在我国主要有道教、佛教、基督教、天主教、伊斯兰教，这些宗教经过长期的发展、演变，与我国民族的传统文化和风俗习惯融合在一起，成为我国民族社会生活、精神生活的组成部分，并成为重要的社会力量。封建迷信是旧社会遗留下来的一种陋习，一般是由神汉、神婆等迷信职业者主持的算命、看风水、求签卜卦等活动组成。封建迷信活动没有正式组织形式、仪规、戒律、经典，没有共同一致的崇拜物，没有像宗教那样具有群众性、民族性、世界性的特点，一般是迷信职业者随意活动随聚随散。

学者周国平认为，凡真正的信仰，那核心的东西必是一种内在的觉醒，是灵魂对自身生活的超越以及对普遍精神价值的追寻和领悟。信仰有不同的形态，也许冠以宗教之名，也许没有，宗教又有不同的流派，但是都不能少了这个核心的东西，否则就不是真正的信仰。正因为如此，我们可以发现，一切伟大的信仰者，不论宗教上的归属如何，他们的灵魂是相通的，往往具有某些最基本的共同信念，因此而能成为全人类的精神导师。

信仰与迷信虽然有共性，但有着本质区别。信仰是建立在价值观念和对造物主独立的崇拜之上，是一种崇高的精神追求；而迷信却是基于避祸祈福的心理，把某个人或物当作崇拜对象，这种以信仰名义的盲信，其实没有任何意义。信仰使人精神升华，使人认识自己与崇拜偶像的关系；而迷信却是自我安慰式的盲目崇拜。理智的信仰者会进行思考选择，这种思考是迷信的天敌，却更有益于人类文明的进步。因此，信仰和迷信是肯定不能画等号的。

五

真正的信仰，首先是虔诚的信

信仰首先是相信，内心的坚定性是第一位的，特定的信仰对象倒不是最重要的。比如，信仰上帝的人虽然没有体验过上帝，但是他仍然感到自己胜过一个虽体验过上帝但并不信仰上帝的人，没有信仰则表明了人的极度混乱和绝望。

从信仰的形成机制来看，信仰以一种立体结构的形式存在于人的精神世界中。从纵向看，它分为三个由低至高的层次：以“可信”为第一层次，“确信”为第二层次，“坚信”（即信念）为第三层次。可以说，信仰是可信、确信、坚信的统一。所谓“可信”就是信仰的对象能够在理论上为主体理解和接受。这就需要主体运用一定的知识，对于信仰的对象予以一定程度的分析和逻辑论证。可信是显意识中理性因素的升华。但如果仅仅是知道而没有由此进一步上升为对于对象的理论上的“确信”并再进一步凝结于“坚信”之中的话，真正意义上的信仰还不能最终确立。所谓“确信”就是相信在情感上的强化，在意志品质上的提升，它是一种从思想上的相信发展到必然在行动上不可遏止地表现出来的主体精神状态，它带有浓厚的非理性色彩，已经升腾于意识之上，向信仰的顶峰——信念迈进。虽然可信和确信之间具有一定的必然联系，但信仰形成的关键和标志不是“可信”，也不是“确信”，而是“坚信”，即“信念”。只有主体对于某种根本观念的拳拳服膺、孜孜以求的态度内化并升华为坚定的信念，才能使关于这种观念的精神状态呈现为信仰。

学者周国平认为，在信仰的问题上，真正重要的是要有真诚的态度。所谓真诚，第一就是要认真，既不是无所谓、可有可无，也不是随大流、盲目相信；第二就是要诚实，绝不自欺欺人。有了这种真诚的态度，即使你没有找到一种明确的思想形态作为信仰，也可以算作一个有信仰的人了，因为你至少实在信仰着一种有真诚追求的人生境界。事实上，在一个普遍丧失甚至嘲侮信仰的时代，也许唯有在这些真诚的寻求者和迷惘者中才能找到真正有信仰的人。

判断一个人有没有信仰，标准不是看他是否信奉某一宗教或某一主义，唯一的标准是在精神追求上是否有真诚的态度。一个有真诚态度的人，不论他是虔诚的基督徒、佛教徒，还是苏格拉底式的无神论者，或尼采式的虚无主义者，都可视为真正有信仰的人。他们的共同之处是，都相信人生中有超出世俗利益的精神目标，它比生命更重要，是人生中最重要的东西，值得为之活着和献身。他们的差异仅是外在的，他们都是精神上的圣徒，都在寻找和守护同一个东西，那使人类高贵、伟大、神圣的东西，他们的寻找和守护便证明了这种东西的存在。

当一个人抱有坚定的信仰时，他就会全身心投入信仰所要求的事业中去，精神饱满，态度坚决，行为果断。科学信仰的坚定性并不意味着迷信、盲从、狂热以至失去理智，而是清醒中的守持和冷静中的执着，是对于人生大本大源、大是大非的守持和执着。当一个人守持和执着于高尚的人生信念和理想时，就会超脱物我小利，成为心胸宽阔、乐观进取、热爱生活的人。

从接触共产主义信仰到如今一百多年的历史中，中国无数仁人志士、热血青年为之洒血抛颅、舍身成仁，“砍头不要紧，只要主义真”

的豪言壮语依旧让人热血沸腾、心怀向往。在他们强大信仰的背后，是一颗颗心怀虔诚、纯洁明亮的心。只有心怀虔诚，他们才能做到无私无畏；只有心怀虔诚，他们才能意志弥坚、坚忍不拔；只有心怀虔诚，他们才能一尘不染、不可动摇。而失去了对信仰的虔诚，有人就会迷失在花花世界之中，诱惑就像魔鬼一样使人偏离正路，走入迷途，贪婪与自私就将占据心灵，让人堕入地狱，万劫不复。

学者刘建军认为，对信仰者来说，信仰意味着一种全身心的投入，这种全面的状态体现在心、言、行三个方面，分别表现为内心确信、口头承认与行为遵行。

内心诚信当然是最主要的，一个人有无信仰首先是内心是否真正相信的问题。但对于信仰者来说，不只是一个内心确信的问题，还有一个口头承认的问题。在通常情况下，一个人不应该隐瞒自己的信仰，而应该公开地明确地表明自己的信仰。这是信仰者对自己的信仰负责的一种表现，可以说是信仰的一种原则——不隐瞒原则。如果一个人内心相信一种东西，而又在口头上予以否认，不敢或不愿承认，遮遮掩掩或羞羞答答，那就是一种对于自己的信仰不那么理直气壮的表现。

信仰应该是明了的，信仰者是应该明确而公开地承认自己的信仰的。公开亮出自己信仰的旗帜，才能清楚地说明自己站在哪一边。在这方面，不论是宗教信仰者，还是共产主义信仰者，往往都是这样认为的。伊斯兰教中马图里迪派认为，凡内心诚信和口头招认者，都可以自称为“信士”，而如果只有内心诚信，在口头上却不予承认，则不是真正的信士。

共产主义信仰者也从来不隐瞒自己的信仰。《共产党宣言》中说：“共产党人不屑于隐瞒自己的观点和意图。他们公开宣布：他们的目的只有用暴力推翻全部现存的社会制度才能达到。”[①] 列宁也明确说过：

① 《马克思恩格斯文集》第2卷，人民出版社2009年版，第66页。

“一分钟也不隐瞒自己的社会主义信念”。[①] 毛泽东在《论联合政府》中也指出，我们共产党人从来不隐瞒自己的政治主张。这些说的都是信仰的口头表白问题。

当然，真正的口头表白必须以内心诚信为基础和前提，如果内心并没有真诚的信仰，而仅在口头上表白自己有信仰；或者是口头上表白自己内心确信，却不能以实际行动实践和证明自己的信仰，都不是真正的信仰者，而是伪信仰者。《古兰经》认为，伪信士的天性就是在别人面前表白自己有信仰，但心里却不真信。在共产主义信仰者中，也有口头上的信仰者，他们表白自己的信仰如何坚定，特别是在这样做没有危险而只有好处的时候，更是喜欢把自己的信仰挂在嘴上，但在实际上他们内心的相信却不坚定，或者不正确（对于信仰没有正确的理解），或者是不能用实际行动来实际地表明自己的信仰。毛泽东对此有明确的论述：“有些青年，仅仅在嘴上大讲其信仰三民主义，或者信仰马克思主义，这是不算数的。你们看，希特勒不是也讲‘信仰社会主义’吗？墨索里尼在二十年前也还是一个‘社会主义者’呢！他们的‘社会主义’到底是什么东西呢？原来就是法西斯主义！陈独秀不是也‘信仰’过马克思主义吗？他后来干了什么呢？他跑到反革命那里去了。张国焘不是也‘信仰’过马克思主义吗？他现在到哪里去了呢？他一小差就开到泥坑里去了。有些人自己对自己加封为‘三民主义信徒’，而且是老牌的三民主义者，可是他们做了些什么呢？原来他们的民族主义，就是勾结帝国主义；他们的民权主义，就是压迫老百姓；他们的民生主义呢，那就是拿老百姓身上的血来喝得越多越好。这是口是心非的三民主义者。所以我们看人的时候，看他是一个假三民主义者还是真三民主义者，是一个假马克思主义者还是一个真马克思主义者，只要看他和广大

---

① 《列宁选集》第1卷，人民出版社1995年版，第367页。

的工农群众的关系如何，就完全清楚了。只有这一个辨别的标准，没有第二个标准。”①

信仰要靠实践来体现。古人说，“不体认，便如电光照物，一毫把捉不得；不躬行，便如水行得车、陆行得舟，一毫受用不得。”信仰不光是理论，它必须包含实践；信仰不能只停留在学术层面，必须落实到生活工作学习当中；信仰不是喊口号，信仰一定要有修行；信仰不只是口头上、文字上的，它一定有其规范而庄严的仪式；信仰不是说给别人听的，它必须要与自己内心最深处取得联系；信仰不是表面的一些想法而已，它是灵魂最深层次的栖息地。

“道不可坐论，德不能空谈”。虔诚的信仰者，会将信仰层面的理想信念付诸行动，在工作、生活、学习、思维、语言中都可看见其踪影。信仰佛教的，一定会走在学佛成佛的路上；信仰西方宗教的，一定会走在救赎、荣神益人、争取被神拣选的路上；信仰马克思主义的，一定会举起大旗坚定不移地带领全国人民奋勇努力实现振兴中华民族，早日实现中国梦。真正的信仰者，会始终对自己的信仰心怀虔诚。

① 《毛泽东选集》第 2 卷，人民出版社 1991 年版，第 566—567 页。

六

信仰的多样性和分类

信仰的内容五花八门，信仰的形态千奇百怪。

信仰有不同的种类。这是由于人的信仰需要和价值追求具有多层次和多样性的特点所决定的。人一旦确立了自己的某种信仰，使自己对某种主张理论或某人产生极度相信和尊敬，并将其作为自己的行动指南，就会在这种精神自主的体验中肯定自身存在的意义和价值。在生活实践中，人选择什么样的信仰，既不是出于某种嗜好，也不是根据权威的命令，而是根据信仰对象满足其精神需要的程度。而人的精神需要具有多样性，决定了人的信仰种类也具有多样性的特征。

不同类型的生活目的的种种信仰是构成这个世界芸芸众生的信仰基础，也可以说是人的社会性与生物性的复合反映。根据不同的分类标准，可将信仰分为以下几种：按其是否具有现实性和可能性，可分为现实的信仰和虚幻的信仰；根据信仰对人类生活的作用和在社会发展中的影响性质，可分为合理的信仰和消极的信仰；根据信仰的内部结构，可分为道德信仰、政治信仰、宗教信仰、哲学信仰等；按历史发展的顺序可分为原始信仰、宗教信仰、理性信仰、共产主义信仰等。

（一）信仰与宗教信仰、科学信仰的区别

1. 信仰与宗教信仰的区别

信仰不能和宗教画等号，没有宗教信仰不等于没有信仰。一提起信仰，人们就想起了宗教，想起了教堂的钟声、寺庙的香火，或者更准确地说，想起了宗教信仰。宗教包括宗教信仰，但并不等于宗教信仰。宗教作为一种庞大的社会现象已经超出了宗教信仰的范畴，但宗教信仰是宗教的灵魂，失去了信仰，宗教就成了僵死的躯壳。正是在此意义上，人们有时把宗教与宗教信仰相等同。

说信仰而想到宗教信仰，是由于人们总是首先想到自己所熟悉的事情。而人们之所以熟悉宗教信仰，是由于宗教信仰存在于人类历史和现实的生活中。数千年来，宗教信仰一直是人类信仰的主要形式，它是一种长期延续下来的、比较成熟的信仰形式。这种宗教信仰的存在成为人类信仰生活的现实，在这样的现实中，人们几乎不知道除了宗教信仰之外，还可能有什么非宗教的信仰。于是形成了这样的信仰概念的用法：信仰就是宗教信仰。

说信仰而想到宗教信仰，但不可把两者等同起来。宗教信仰当然是信仰，但不能反过来说信仰就是宗教信仰。因为宗教信仰只是信仰之一种，而不是全部。因此，信仰与宗教信仰的关系至少可以说是整体和部分的关系，不能把部分等同于整体。当然，这也不仅仅是整体与部分的关系，还是一般与特殊的关系，以及本质与现象的关系。宗教信仰是信仰的一种类型，或一种表现，处于更为具体的层次。可以说宗教信仰是信仰的一种非常重要的形式，但并不是唯一的形式。

为什么宗教信仰只是信仰的一种形式，而不是全部的或唯一的形式呢？从理论上讲，人们既可以相信超自然（神）的存在——这就是宗教信仰了，也可以不相信超自然的存在——这就不是宗教信仰。除了相信

神之外，人们还完全可以相信别的。更何况，神学家们并不能真正地证明人们必然地相信神灵。

也可以从历史上来证明这一点。宗教信仰并不是一开始就存在的，而是在一定历史条件下形成的，而且宗教本身也在发展变化。尤其是近代以来，以西方社会为代表，人类的信仰不断地转向世俗的方面，不仅宗教信仰中存在这种转向，而且在宗教信仰之外也产生了各种世俗的信仰，这些都在宗教信仰之外获得了自己独立的存在，成为与宗教信仰相并列的信仰形式。

马克思明确主张把信仰从宗教中解放出来。他在晚年的名著《哥达纲领批判》中说："资产阶级的'信仰自由'不过是容忍各种各样的宗教信仰自由而已，工人党则力求把信仰从宗教的妖术中解放出来。"①

中国没有西方那样强盛的宗教，中国人也没有西方人那样强烈的宗教意识。中国人对信仰的了解不限于宗教。五四运动时期的许多知识分子，虽然尖锐地批判了中国人缺乏信仰的国民性，但并不主张引进宗教信仰。中国共产党人对此也有明确的认识：毛泽东早年在伦理学笔记中就提出，"教可无，信不可少"，明确地区分宗教信仰与信仰；周恩来长期负责统一战线工作，较多地接触宗教界人士，很尊重他们的宗教信仰，甚至承认即使到了共产主义也未必一定就消灭宗教。但他并不认为信仰就是宗教信仰，而是明确地提出：有的信仰有宗教形式，有的信仰没有宗教形式。翻阅一下中国共产党的历史文献，就会发现有一个比较特殊的信仰概念的用法，那就是指人们对领导者和领导机关的信任和信赖。不用说，这种用法是与宗教用法毫无共同之处的，尤其是在邓小平的著作中，"信仰"一词完全不是贬义的，而是褒义的，指人们对马克思主义、共产主义的信仰。在这里，"信仰"一词的任何一点宗教

① 《马克思恩格斯文集》第3卷，人民出版社2009年版，第448页。

痕迹都不见了。

2. 信仰与科学信仰的区别

科学成为人们信仰的对象，已被越来越多的人所认同。萨顿曾指出，“一个人，当他彻底地意识到自己与宇宙的其余部分休戚相关而十分渺小的时候，科学就成为其信仰的组成部分”。[①] 科学诉诸于理性，重视经验证据，这是为人所共知的。这里会出现这样一个矛盾：科学总是以有限的、确定的经验领域作为研究对象，它得出的结论也是具体的、有限的，但是有很多人的心灵和道德问题是科学知识所无法回答的。也就是说，科学知识是关于经验领域的研究，其结果是相对的、有限的，而信仰所指向的超经验领域则是绝对的、无限的，这样一来，科学信仰的提法岂不矛盾？表面看如此，认真分析则不然。科学理性虽立足于经验，但它指向的是无限的未知的领域，它从已有经验知识和逻辑出发，力求从已知推断出未知，在相对中确立绝对。由此来看，科学信仰是合理的。

另外，从信仰的角度看，信仰包括对某种现实实在的观念和事物的确信，但一般而言，它更多的是指人们对某种超现实的或可能的事物的确信，这是信仰的目的性。当人们把对科学的追求作为一种理想、作为人生的目标时，这种对科学理想的确信就会变成一种意志承诺上的坚定，执着追求，科学信仰也就成为可能。此外，科学得出的结论是合乎规律、合乎目的真理或关于真理的假说，这一真理反映着人本身的需要和能力以及主客双方合规律、合目的的生成。因此，科学信仰的真理，既包含着人的工具理性也包含着人的价值理性；既是人的认知能力的发挥又是人的情感和意志的表现。所以，科学信仰可以理解为以科学知识为前提条件、以科学理性为基本依据的信仰。科学信仰诉诸理性认识，

---

① 〔美〕乔治·萨顿著，刘珺珺译：《科学的生命》，商务印书馆 1987 年版，第 25 页。

重视证据和经验，能够最大限度地避免主观任意，也容易因其客观性、普遍性而使人们达成共识，而且科学信仰也不是固定不变的，它随着人的本质力量的进展和实践的检验而不断得到修正，所以，人类最好的、最有效的信仰只能来自科学。人生的一切信仰，也只能依靠科学获得强大的生命力。

（二）共产主义信仰是科学信仰，也是政治信仰

共产主义信仰也可称之为马克思主义信仰。在马克思主义不断发展传播的过程中，列宁第一次明确提出“共产主义信仰”这一说法，他在为《马克思恩格斯通信集》所写的介绍文章中写道：“恩格斯当时还不满 24 岁，家庭环境使他厌倦，因此他急于要离开。他父亲是个专横的、信教的工厂主，对儿子四处参加政治集会，对他的共产主义信仰很生气。”① 列宁认为：“无产阶级政党是社会主义理想的追求者，社会民主工党正是为了社会主义的理想而进行斗争的。”②

关于经典作家尤其是马克思和恩格斯对信仰概念的用法，以及对于共产主义的称呼，有一定的复杂性。简单地说，他们在创立马克思主义后相当长时期内不主张用“理想”和“信仰”来称呼，认为共产主义不是理想和信仰，而是现实运动，这是由当时的思想状况和现实斗争的需要决定的。在马克思和恩格斯生活的时期，“理想”和“信仰”是两个具有特定内容和倾向性的流行概念，其中“理想”一词是空想主义者的爱物，“信仰”一词则是神学家的口头禅，而且二者在当时都已成为陈词滥调。因此，为了强调共产主义理论的科学性和现实性，为了使共产主义运动与各种宗教救世主义和空想主义划清界限，不给别人以歪曲共产主义的口实，同时也不至于使工人群众对自己的斗争产生误解，暂时

① 《列宁全集》第 24 卷，人民出版社 1990 年版，第 276 页。
② 《列宁全集》第 4 卷，人民出版社 1984 年版，第 167 页。

回避这两个术语是必要的。但马克思和恩格斯并未一概拒斥“理想”“信仰”“信念”这样的概念，只是由于当时的情况使用得比较谨慎罢了。随着科学技术的发展、人类对宗教的去魅，人们普遍能够区分信仰与宗教信仰的区别，宗教只是某些信仰的一个载体，但并不是唯一的表现形式，也不是所有信仰都是相同的信仰。所以后来，当情况发生了变化，使这种谨慎不再那么必要时，“共产主义信仰”“马克思主义信念”这样直截了当的称呼就出现了。

当不断发展成熟的马克思主义传到中国时，中国共产党人明确了“马克思主义信仰”这一概念。毛泽东、邓小平和他们的战友们更是明确地在正面的意义上使用“马克思主义信仰”的概念。邓小平指出，对马克思主义的信仰，是中国革命胜利的一种精神动力。

也许有人会问，一会儿是“马克思主义信仰”，一会儿又是“共产主义信仰”，这两个概念有什么不同？二者在本质上是完全相同的，都是对这一信仰的完整指称。在日常社会生活中，人们也是把它们当作同义词来使用。但仔细推究起来，二者有两个方面的细微区别：一是从信仰的产生来讲，“共产主义信仰”比“马克思主义信仰”所指更宽泛，它既包括在马克思主义产生之前的空想的共产主义信仰，也包括随着马克思主义的产生而被奠立在科学基础上的科学的共产主义信仰。从这个意义上讲，马克思主义信仰指的是科学共产主义信仰。当然，今天当我们说共产主义信仰的时候指的就是科学共产主义信仰，所以它与马克思主义信仰是同一个概念。另一个方面的不同是，尽管马克思主义信仰与共产主义信仰指的是同一个信仰，但这两个概念强调的侧重点不同。“马克思主义信仰”一词在意象上突出的是这一信仰的学理基础方面，给人一种理论信仰的印象；而“共产主义信仰”一词突出的是该信仰的现实追求方面，给人以信仰的行动的印象。这种差别是可以理解的，因为任何信仰都有两个基本方面，它既是观念，又是行动，是从观念向行动的转化。正因为如此，在具体的行文和讲话中，根据语境和语气的不同，有时用“马克思主义信仰”较为恰当，有时用“共产主义信仰”更为贴切，这并不奇怪。在日常社会生活中，人们更多的是从现实的追求方面来谈论这一信仰的，因而“共产主义信仰”一词似乎更流行、更顺口。

共产主义信仰就是来自马克思主义的科学，是科学和信仰的统一。马克思主义本身是科学认识和科学信仰的统一体现在以下几个方面：首先，从思维方式上看，马克思主义确立了以实践为核心的统一理性与信仰的思维方式。在马克思主义产生之前，人类思维意识领域中一个最基本的矛盾就是理性和信仰的矛盾。人类总通过自己拥有的理性世界去规范、掌握信仰世界，马克思主义科学地解决了这个矛盾，它把这个矛盾纳入实践中去解决，因而，它的关于人类世界、关于人类的现实与未来的一般学说，既是一种规律性的科学认识，又是一种科学信仰。其次，从方法论上看，马克思主义把对人类现实世界的研究成果通过正确的抽象和科学升华，形成关于世界的根本观点和根本看法。作为一种科学认识，它不断从现实中汲取营养，对现实做出认识和总结；作为一种科学信仰，它所描述的人类的理想目标又必须通过无止境的实践来证实。科学信仰不断在科学认识中受到检验、证实和丰富，科学认识又在科学信仰的指导下不断转化为实践，正是在这一过程中，科学认识和科学信仰得以统一。最后，从内容上看，马克思主义是科学认识和科学信仰的统一，表现在它的全面性。当代世界性的学说形成了科学主义和人文主义两大思潮，科学主义把学说归为知识体系，主张清理学说中“形而上”即无法用现实科学来证明的东西，因而失去信仰；人本主义学说则主张排斥理性、科学，使学说蒙上一层神秘主义和信仰主义的阴影，因而陷入现代宗教。而马克思主义既反对科学主义，又反对人文主义；既强调对现实世界和未来世界的把握要立足于人类自身的价值意义，向使人类社会更美好的共产主义迈进；又强调对现实世界和未来的把握应立足于科学认识之上，这样，马克思主义学说在理论和实践上使自己认识性和信仰性科学地统一起来。

马克思主义信仰是马克思主义理论在指导各国无产阶级革命实践中逐步形成的，是其理论逐步深化的表现形式，代表了广大人民群众的根本利益。马克思主义理论之所以为广大群众所接受，从根本上来说，是它具有科学性、真实性、可实现性。马克思主义理论并不是教科书似的教条主义，而是在实践运动中不断发展壮大的。正是参与革命实践活动的人民深刻了解到了它的内涵，才以此作为自己的信仰，这是人民群众的历史选择。另外，马克思主义世界观具有其自身的价值，它以工人阶级为核心，以实现全人类的解放为目的。它以实现共产主义作为自己的终极目标，对未来社会构建了一个理想的蓝图，也为马克思主义信仰构建了一个目标。由此可见，马克思主义从人和社会的角度出发，从微观与宏观这两方面分析，对于自身的世界观的构建体现了自身的价值，同时也表现出它作为一种信仰为人们所接受、追求的原因。

既然马克思主义本身是科学认识和科学信仰的统一，我们就不能因仅仅把马克思主义当作一个理论体系或学术流派而忽视它的科学信仰的一面，以至于忽视把它当作一种崇高的信仰执着地追求和身体力行；更不能满足于朴素的信念，把马克思主义当作宗教一样的信仰对象，而不理解它的科学性。马克思主义信仰是迄今为止的人类历史上最伟大、最富有活力和最有广阔前景的信仰，它因无产阶级和人类解放的需要而产生，并成为全世界无产阶级和人类进步的精神支柱，在理论上以马克思主义为指导，就要以马克思主义为信仰行动起来，把理论力量变为物质力量。

说共产主义信仰是政治信仰，是其有政治性，已经成为执政党——中国共产党的信仰。党章规定：“党的最高理想和最终目标是实现共产主义。”中国共产党的信仰可以理解为：坚定马克思主义，时刻以人民群众的利益为重，带领广大人民走向共产主义社会并坚信实现共产主义，解放全人类，使全人类获得自由全面发展的信仰。习近平同志也提出：“坚定理想信念，坚守共产党人精神追求，始终是共产党人安身立命的根本。对马克思主义的信仰，对社会主义和共产主义的信念，是共产党人的政治灵魂，是共产党人经受住任何考验的精神支柱。”

中国共产党人的信仰，从根本上讲，是由共产党的性质所决定的。也就是说，党本身具有信仰的属性，那么对党组织里的成员具有信仰上的要求。党代表着一定群体的利益，即无产阶级和广大人民群众的利益，这种代表体现出共产党为一种使命而诞生，并为履行自己的使命而奋斗。利益的维护与奋斗升华为一种政治立场和理论观点，又进一步上升为一种理想和目标，就具有了精神上即信仰上的属性。当然，世界上的政党非常多，它们的情况也多种多样，并不是每一个政党都形成了一种明确的政治信念甚至世界观信仰。

第二章

信仰的力量

*

信仰作为人类全部实践的动机与目的，是生命的最高形态，是人的精神支柱，也是人前进的灯塔，更是奋斗者不竭的精神动力。这是一种能在危险的情形下支撑人的力量，一种在严重的困难面前帮助人获胜的力量，一种使人高贵与伟大的力量。一个人不能没有信仰，没有信仰的人等于没有灵魂；一个民族不能没有信仰，没有信仰的民族如同一盘散沙；一个国家不能没有信仰，没有信仰的国家不会自主强大。正所谓“人民有信仰，民族有希望，国家有力量”。

一

信仰从根本上影响人生

信仰是人对自己和社会未来的期许，体现着主体对最高价值对象的信服、向往、景仰和追求，并以此统领自己的精神生活，充实着自己的精神世界。

心理学家约瑟夫·墨菲说过："生命的法则就是信仰的法则，所谓信仰，简单地讲就是指你心头所想之事。"一个人心里、脑海里所想的一切，都会影响他的每一个行动；信仰包含着信仰者对美好理想的追求创造出最有价值的人生。

信仰是人生的主心骨，是人生价值的中枢机构，是人的全部价值意识的定向形式。错误的信仰会导致错误的认识，没有信仰会导致人对生活的绝望。一个人要是没有信仰，他的灵魂可能是没有着落的、不安宁的、不定形的、不可靠的。信仰的理解和选择，对一个人的精神存在、人格、行为起决定作用，信仰从根本上影响人生。

信仰是人生的需要。人生的意义不仅要用现实生活的价值来肯定，而且要用信仰价值来肯定。每个人的生命都是最宝贵的，生命的意义不能局限在个人现实生活的有限时空范围之内，还要为自己的存在找出根据，从而把自己置于"过去"和"将来"之间的合理位置，为自己的生存找到支撑点或生命的立足点，这就是信仰。心理学家荣格说："尽管大多数人并不知道为什么身体需要盐，但每个人都出于一种本能的要求而摄取着盐分。心理事件正同此理。大部分的人从记忆难及的洪荒时代起就感受到了一种信仰的需要，需要信仰一种生命的延续性。"①

空间无限，时间永恒，人不过是茫茫宇宙中的一个微不足道的点，一个转瞬即逝的火花，因此在人的潜意识中，存在着孤立无援的茫然及由此产生的回归渴望。信仰为人类开辟了一块精神独享的活动天地，在宇宙中圈定了一块属于自己的空间，阻断了无限和永恒，建造了一个可以投身的精神家园，在这里，可以找到回家的感觉，满足深刻的回归愿望，拯救孤独与绝望。因此，人的归属感让人需要信仰的支撑。

信仰对每个人都极为重要。信仰是"人生导师"，帮助人们明确前进方向，坚定人生目标；信仰是"终身伴侣"，无论何时，一旦我们感到孤独、害怕，它就会带来温暖和慰藉；信仰也是某种威严力量，让人们有了敬畏之心，懂得有些底线是不能触碰的。信仰给予人们世界观和方法论，引导人们正确看待这个世界，懂得人活着的意义是什么；也指导人们如何正确处理人生中遇到的种种问题。

信仰具有重要的人生价值，在人生中发挥着重要的作用。简单地说，信仰的人生价值或在人生中的作用，就是赋予人生以意义。一个有坚定的真诚的人生信仰的人，会感到人生是有意义有价值的；而没有人生信仰或失去了人生信仰的人，会感到人生空虚，从而对人生有无意义产生疑问。当然，没有理想和信仰的人也照样吃饭睡觉，照样挣钱，并不会立即死去，甚至一些刚刚失去人生理想和信仰的人可能还觉得有一种解放和自由的感觉，但是人之为人毕竟是应该并需要有精神生活和精神追求的，长期地在没有理想和信仰、没有目标和追求的情况下生活，

---

① 〔瑞士〕荣格著，苏克译：《寻求灵魂的现代人》，贵州人民出版社 1987 年版，第 127 页。

生活本身就会变成苦役。所以一些曾经为失去信仰而欢呼的人也会逐渐地感到对信仰的渴望。除非人愿意堕落为动物，像动物一样只知吃喝，否则还是应自觉地树立理想和信仰。

信仰是反思生存意义的结果。人类从诞生之日起，就面临着生物性和精神性的双重需求：一方面，人和其他动物一样存在着基本的生理需求；另一方面，人类又有着精神方面的价值追求。这种价值追求的直接体现，就是人类常常会反问自己："我活着是为了什么?"也就是我们常说的人生的目标和意义。其他动物可以安然自得地度过自己动物的一生：繁殖、生存、死亡，可人类一旦失去精神的支撑，肉体的生存就会变得痛苦而难以为继。因此，自杀在其他动物身上几乎不可想象，却成为人类选择死亡的一种方式。这种对人生意义的反思，就使得信仰得以产生，无论答案是什么，人类的这种需求是必然的。

信仰是人们自我确认并追求人生意义的需要。人生活在世界上，需要自我确认，寻找自己人生的意义和价值。人，一定要找出活着的意义来。人的心灵和精神需要有一个归依，需要一个安身立命之所。信仰就可以起到这种作用，给心灵一个根本的寄托。当人的思想感情以及时间精力都集中在一个目的或事情上时，他的心里就踏实了，他的努力就有了意义。从一定意义上说，信仰就是执着，执着就是投入，投入就是寄托，寄托就是意义。信仰是人在不确定的世界上追寻价值确定性的一种努力，它给人以主观上的确定性。信仰就是这样一种让人安身立命的东西。陀思妥耶夫斯基说过："人不能单靠面包而活着"。圣经里有一句类似的话："人活着不只为了面包"。若是没有意义，人是活不下去的。信仰，给人的生命以意义。

信仰的价值的关键在于它的"精神支柱"作用。信仰的支柱体现着人生价值的可靠落实，其最根本的意义就是能够赋予短暂人生以永恒的意义。这种精神可以说是人生价值的追求，人生价值的实现决不能离开社会的进步与文明发展的要求，也就是说，人生价值的实现是建立在信仰支柱的基础之上的。

信仰能为人的行为提供崇高性诠释。人不能忍受没有意义的生活，信仰恰恰能够赋予人们以崇高的意义。人们为了自己的信仰可以克服各种困难，甚至超越心理和生理的限制，情感上超越日常琐事、烦恼，矢志不渝。信仰可以使人在社会的剧烈变动和发展过程中，坚持自己的正确选择，不为小事和私利诱惑，不怕困难，坚持到底。

信仰包含着信仰者对未来美好理想的追求。有信仰与没有信仰是不一样的，信仰的有无，在很大程度上决定着一个人的发展的可能性。没有信仰的人，会失去把握自身命运的力量，其发展的可能性会大大降低。有信仰的人，会为自己的信仰调动自身的一切力量，集中到既定的目标上，其知识、能力、内心世界都会得到充实和提高，从而推动个人及社会的发展。

作为深层次的精神导向和精神支柱，信仰影响着人们的实践活动和精神生活。信仰问题既关系到人格的培养，也关系到社会的稳定和发展。人人都需要信仰，人人都应该有信仰。现代社会，随着科学技术的发展和社会的进步，人们的视野更广阔了，但是，困扰人生的因素并没有消失，反而由于视野的开阔、未知的领域的扩大也随之增加，这就需要我们选择一种合理的信仰作为精神支柱。

在信仰缺失的初期，人们可能觉得一种没有信仰重负的放松，但是时间长了，就会感受到无信仰的痛苦：一种是因为内心无信仰而产生的精神空虚和无意义的苦恼；另一种则是由于缺少信仰的内在约束而导致的一些人的伤天害理的恶行，给他人和社会造成了巨大的痛苦和不幸。一定范围内存在的道德滑坡现象，就与一些人缺乏信仰有关，既缺乏信仰的指引，又缺乏信仰的约束。于是，人们越来越认识到：对个人来说，没有信仰不行；对社会来说，个别人没有信仰可以，多数人没有信仰不行；对没有信仰的人来说，短时间可以，长此以往不行。

信念是信仰的基础，信仰是一切信念中最根本、最核心、最重要的处于支配地位的信念。信仰又是理想的基础，理想则是在信念、信仰基础上设计的远大价值目标体系，是信仰和信念的最终落脚点。理想、信念和信仰是处于统摄地位的核心价值观念，是人们价值观念的集中表现。一个人有什么样的价值观念，要看他有什么样的信念，受什么样的信仰统率和支配。人们抉择自己的信念、信仰和理想，是一种最高的精神需求。作为一名共产党员，确立社会主义和共产主义的理想信念，并使之成为贯穿在自身生活进程中的总目标，并把这种理想信念置于科学的世界观指引之下，才能创造幸福的生活，使人生绽放出光彩。

二

信仰是人生的动力之源

信仰是一个人的精神内核，是支撑人坚定走下去的动力源泉。人的实践行为总是由思想主导的。信仰在人的思想动力系统中是根脉，是调动人的全部潜能的“总阀门”，是决定人的意志力的关键所在。

信仰是人生的动力。从人的行为动因的角度看，信仰对人类行为具有激励功能。信仰深藏于人的心灵深处，通过人的行为来显露，并且可以调节人的行为，锁定人努力的方向，明确成就事业的目标，增加行动的信心和勇气。如果一个人没有理想和信仰，就会精神空虚、情绪低落，没有生活和创造的动力，以至于颓废和沉沦。信仰越坚定、越高尚，他在内心焕发出的驱动力就越强大，越持久。所以说，信仰是人生力量的源泉和前进的动力。

美国总统林肯说过这样一句话：“喷泉的高度不会超过它的源头，一个人的事业也是这样，他的成就决不会超过自己的信念。”英国作家塞缪尔·斯迈尔斯的《信仰的力量》曾这样描述：“能够激发灵魂的高贵与伟大的，只有虔诚的信仰。在最危险的情形下，最虔诚的信仰支撑着我们；在最严重的困难面前，也是虔诚的信仰帮助我们获得胜利。”这句话道出了信仰的巨大力量。

信仰是人后天形成的一种精神动力，并不是人天生具有的。因为人类的历史是一个向上爬坡的过程，要追求更高更好的生活境界，仅仅依靠人本身具有的精神本能是不够的，还需要另一种动力，而真正持久的动力便来自人的精神世界。人的精神世界里蕴含着一个强大的精神能量、精神资源，一旦激发，其力量相当于核反应堆。如何去激发它呢?到目前为止，除了人树立信仰之外没有更好的办法，所以，信仰是一个内燃机、一个内在的动力，只要有信仰，动力就会自然形成，会让生命迸发出更大的潜能和热量。

信仰能给人生一种动力，一种推进的力量。罗曼·罗兰说过："整个人生是一幕信仰之剧。没有信仰，生命顿时就毁灭了。坚强的灵魂在驱使时间的大地上前进，就像石头在湖上漂流一样。没有信仰的人就会下沉。"

对于信仰起到的精神动力作用，需要从唯物主义的角度进行解释，人要发挥精神动力必须有物质为载体，没有脱离物质的精神。所以，人有信仰以后，其精神动力的发挥是通过人的身体力量发挥出来的，但终究不可能超出人身体的极限，只能让身体力量接近甚至濒临极限。在遇到压力或者危险时，人的身体会本能感到害怕，若是内心有个信念支撑着，又作用于身体，此时它发挥的作用就能接近于极限。就像跑步，后半段身体想要放弃，但是内心坚持跑完的信念让身体能发挥出逼近极限的作用以至于完成了比赛。这就是一种精神动力的作用。

信仰作为一种核心的精神导向，能够调动各种精神因素为之服务，并使这种价值信念牢固铸于思想和行为之上，成为意识活动的调节中枢。信仰给人以推动的力量，因为它使人树立起理想目标并对其充满渴望，使人具有了使命感。信仰作为人们内在需求和美好的期盼，是人们前进的动力依托，是使人不断奋进的生命源头，使人们在困难和不幸中仍感到希望存在。人们只有通过不懈的努力奋斗，战胜各种困苦，才能不断接近自己的信仰。

真正而科学的信仰是一种强大的精神动力，积极向上的人们可以从这种伟大的信仰中汲取无穷的力量。一个人追求的目标越崇高，信仰越坚定，并且他的信仰与整个人类发展进步越紧密，他为达到这一信仰和目标而努力奋斗的意志、毅力越坚强，在曲折而通向光明的前进道路上所体验到的幸福就越深刻。崇高的信仰赋予人真实的快乐，它会持久地维系着一个人一生中的幸福。法国16世纪思想家蒙田说过："只有信念使快乐真实"，把"快乐"这个概念阐释得既精准又深刻。

信仰者之所以能从信仰中取得动力，是由于信仰能为他的行为提供双重动力：一方面，信仰能为信仰者提供自己行为的道义的合理性。这是来自信仰者的正义感，即他们认为自己是为正义的事业而奋斗，是合理的，而他们所反对的东西则是非正义的、不合理的。信仰能将人类具有的为真理正义而战的本性充分调动起来，因而，他们只要认为自己的行为是合理的正义的，就会理直气壮、无所畏惧，从而产生出巨大的动力。另一方面，信仰能为信仰者的行为提供历史的合法性。这是一种来自对历史必然性的深信的力量，即信仰者相信自己的努力代表了历史的必然性。不论这种必然性是纯粹自然的，还是来自神学的，都会使信仰者从中得到一种历史力量的支持。马克思主义者不仅认为自己的事业是正义的事业，是反抗剥削和压迫的事业，而且认为自己的追求符合历史的规律，代表了历史发展的趋势。如果说空想的社会主义信仰者们更多地从道义的合理性中吸取力量的话，那么科学共产主义的信仰者们则更多地从历史合法性或历史必然性中取得力量。

信仰是共产党人的力量源泉。共产党人以崇高信仰为自己的理想追求、奋斗目标、精神动力，信仰的力量激励着成千上万的先进分子不怕牺牲、前赴后继，为民族独立、人民解放竭诚奉献。信仰是心灵的产物，它支配着人们的意识行为，只要有了坚定的信仰，即便遇到再大的困难、再大的风浪，也难以阻挡人们前进的步伐。“中国的保尔·柯察金”吴运铎曾说：“革命理想，不是可有可无的点缀品，而是一个人生命的动力，有了理想，就等于有了灵魂。”可见，一个共产党员，树立什么样的理想，对其确立什么样的世界观、人生观和价值观影响极大。

信仰与理想，看上去很虚，其实很实。革命战争年代，无数英烈抛头颅、洒热血，奋不顾身，勇于牺牲；和平建设时期，无数普通党员在平凡的岗位上兢兢业业，甘于奉献。为什么？中国共产党的远大目标和崇高使命就是最大的奋斗动力和精神支柱。正如邓小平所说：“对马克思主义的信仰，是中国革命胜利的一种精神动力。”

信仰与理想是共产党人的思想力，作用于党员干部体现为干事创业的动力。理想的目标激发动力：党的理想信念建立在对科学理论的理性认同、客观现实的正确认识、历史国情的准确把握上，广大党员对党的奋斗目标有清醒认识，从而能自发产生动力、奋力追求。价值观念催生动力：理想信念促使共产党人树立党和人民利益高于一切的价值取向，驱动共产党人把个人置于党和国家的事业中，付诸实际行动。

信仰是什么？不同的时代有不同的解读，不同的人也有不同的见解。但无论是过去、现在还是未来，信仰本身都蕴含着的强大力量，深刻地改变着或即将改变我们生活的世界。能否坚守崇高的信仰、怎样坚守崇高的信仰，都决定着我们能否循着信仰的引领去改变内在心灵与外面的世界。

信仰与理想是决定着一个人努力方向的关键，如果方向不对，付出再多的努力都无法到达正确的目的地。作为一名共产党员，应该把共产主义作为始终不渝的理想和追求目标，从而激发为之不断奋斗的动力，树立党和人民利益高于一切的价值取向，把个人置于党和国家的事业中，执着进取、持之以恒，通过不断的努力，推进共产主义事业的不断前进，使信仰和理想成为自己坚强的意志，成为战胜困难的动力源泉。

三

信仰是引导人生的航标

信仰，是人们关于普遍理想、最高价值的信念，是一种精神导向，是人生的指南和人生的最高追求，是黑夜里指路的明灯，是催人奋进的号角。

信仰向人提供了一个巨大的目的，它是一个远远超出个体在自己范围内所能意识到的目的的目的。信仰不仅向人指出一个达到人所追求的目的的方向，而且首先指出一个目标本身。

人在社会生活中，虽然并不是一举一动都有明确的目的，但人的一生不能都是漫无目的的。从根本上讲，人生需要有目的。费尔巴哈写道："正因为有了一个目标，故而也就有了一个牢固的根据和基础。并不是作为意志的意志，并不是游移不定的知识，而是那作为理论活动与实践活动之统一的目的活动，才给人以道德根据和道德支柱……每一个人都必须给自己设定……一个最终目标……谁有一个最终目标，谁就有一个支配自己的律法……最大的不幸就是漫无目的。"[①] 有无目的是人与动物的一个重要区别，也是有意义的人生与无意义的人生的一个重要

① 〔德〕费尔巴哈著，荣震华译：《基督教的本质》，商务印书馆 2009 年版，第 185 页。

区别。费尔巴哈把目的活动作为理论活动与实践活动的统一，是有道理的。目的活动是一项综合性的活动，目的的设定既与人的需要有关，又与人的理智对于这种需要及其对象的认识有关。目的的确定也就为人的实践提供了自觉的动机。实践活动是有目的的活动，没有目的或失去了目的的活动，就只能是本能的活动，而不是自觉的实践活动了。

信仰活动与有目的的实践活动是有天然联系的。可以说，信仰活动就是产生于实践活动的，是从有目的的活动中引发出来的。如果没有目的和目的意识，恐怕也就不会有所信仰。凡信仰都是向人们提供一种目的，人们所深信并执着追求的理想，其实就是一个目的或目的的具体化。

一个人不能没有信仰，没有信仰的生命就没有灵魂，也就失去了人生方向的航标和精神支柱。人就像一只小船，人生就像茫茫大海，而信仰则是大海行船的指南针，是航船前进的灯塔。茫茫大海有迷雾回流，人生征程有暗礁险滩，只有有崇高的理想信仰，人生之舟才能始终沿着正确方向扬帆远航，最终驶向胜利的彼岸。没有崇高的追求和坚定的信仰，人生就会像没有舵的小船说翻就翻了。

信仰给人指明前行的方向。人为什么需要一个方向呢？因为人也是一种动物，动物的生存方式是在地球的表面空间范围里做一定的移动。在为了生存东奔西走的时候失去方向是很危险的，所以方向感是动物生命进化神经系统中一个很重要的机制。人是由动物进化而来的，与动物的差别就在于文明的进化。在人类社会，方向感变成了两种定向系统：一种是东西南北的方向感，另一种是在价值空间里的方向感，就是在社会生活中给人指出追求方向的方向感。随着人类文明的进步、科学技术的发展特别是城市生活的熏陶，人的东西南北的方向感在不断退化，但是社会系统的方向感在加强、在进化。在文化系统当中是很发达了，像小学课文就已经涉及了理想的问题，说明我们从小就教育孩子要有方向感。

信仰是一套世界观、人生观、价值观，它不仅告诉你什么是对的，而且告诉你什么是应该做的，它为人确定价值目标，指出追求的方向。任何一个信仰都有价值取向。价值取向就是一个方向、一个目标，所以信仰能给人指出一个方向，在人的自身方向找不到定位的时候给人生一个目标。没有方向的人生是痛苦的，时间长了会失去意义。远大的理想信仰是人生的航标，指引着人们的前进方向和道路，激励人们以积极、主动、顽强的精神投身于生活工作。

人的生活需要引导，在人的心灵深处，有一种寻找精神导师的需要，这种需要存在于人类潜意识中，往往在暗中起作用。荣格说过："自从文明的曙光出现以后，智者、救世主的原型形象就潜藏蛰伏于人类的无意识中；每逢乱世，或者每当人类社会遭遇危难时，它就苏醒过来。误失迷途的人们感到他们需要一位向导或一位导师，甚至需要一名医生。"①

人生力量的施展、人生的奋斗，必须有确定的方向，否则就会分散自己的努力和力量，不易取得成果，甚至会使自己的各种追求的力量相互抵消，一事无成。更严重的情况是，如果没有一个正确的方向，一个人可能走上人生的歧途，使他成为社会的祸害。理想和信仰是人生的定向机制，为人生指明奋斗的方向。

人生路长，只有明确了信仰，才会有一个奋斗目标。有了坚定的信仰，人心中就矗立了一座灯塔，能够看到光明希望，认清道路方向，增添人生动力，无论岁月世事如何变迁，无论经历怎样的困惑和艰难，都不会迷失方向，即使在最危险的情形下也能依靠信仰的支撑勇敢面对，在最严重的困难面前也能依靠信仰的帮助获得胜利。

---

① 〔瑞士〕荣格著，苏克译：《寻求灵魂的现代人》，贵州人民出版社 1987 年版，第 194 页。

信仰如果缺失，人生就会迷失。人生没有了信仰，就像失去了舵手的船只，漫无目标，进退无据，惶恐不安，要么随波逐流，在碌碌之中荒废一生；要么误入歧途，希望渺茫，生死不定，甚至在风浪的呼啸驱使之下永沉海底。正如王阳明所说："志不立，如无舵之舟，无衔之马，飘荡奔逸，终亦何所底乎？"假如一个人丢了信仰，就如同一条船没有了舵，它该靠什么把握方向，来穿越前进航程上的迷雾和风浪，抵达人生的光明彼岸呢？

信仰是内心的光，它照亮了一个人的人生之路。没有信仰的人犹如在黑暗中行路，不辨方向，没有目标，随波逐流，活一辈子也只是浑浑噩噩。当然，一个人要真正确立起自己的信仰，这不是一件容易的事，不但需要独立思考，而且需要相当的阅历和比较。当然，确立了信仰就要坚定，马克思说："直扑真理，不要东张西望。"站定立场，认准方向，奔跑就是了，不必踟蹰与踌躇。

人一旦有了高尚的信仰，浮躁的心灵就有了熨帖，繁忙的工作就有了目标，人生的奋斗就有了意义。从南湖到塞北，从瑞金到北京，从陕北窑洞的兴国之光到实现中国梦的新征程，"为大多数人谋幸福"的信仰是一面永不褪色的精神旗帜，是一座抵御诱惑的精神堡垒，更是一种护佑我们到达彼岸的精神力量。

四

信仰是共产党人的精神之钙

信仰看不见、摸不着，却是一种无形的精神力量，它可以使人“富贵不能淫，贫贱不能移，威武不能屈”，始终堂堂正正；可以使人“生命诚可贵，爱情价更高；若为自由故，二者皆可抛”，甘愿为之献身。信仰给人以希望和寄托、光明和温暖、支撑和动力。

信仰对人的精神大厦起着支柱的作用，支撑着人的精神世界。人的精神世界犹如一座大厦，如果没有精神支柱，大厦就会倒塌。信仰之所以能为人提供一种精神的寄托和支撑，很重要的一条是它为人提供了一个希望。特别是在人生处于困难和绝望的时候，这种希望是尤为宝贵的。

信念和信心能增强人的意志力。一个人的意志的强弱，有先天的成分，但不仅是先天的问题。一个人是否有坚定的信念，对追求某种理想和目标是否有必胜信心，这对于人的意志力是一个大的鼓舞力量。意志和信念是相互促进的，不仅坚定的信心能增强人们的意志力，坚强的意志也有助于增强人的信心。

理想和信念的作用往往是在困难的时候，在严酷的考验中得到体现的。正是在这样的时候，方能显现出信仰的巨大力量。通常我们说理想和信念是人的精神支柱，其实也就是这个意思。它能支撑着人们的精神和意志，使人在困难的时候，不为巨大的困难所压倒，反而压倒困难。

理想信念是政治觉悟、思想境界、道德情操的集中体现。有了坚定的理想信念，就能坚持正确政治方向，在胜利时和顺境中不骄傲不自满，在困难时和逆境中不消沉不动摇，经受住各种赞誉和诱惑考验，经受住各种风险和挑战考验，永葆共产党人政治本色。

对马克思主义的信仰，对社会主义和共产主义的信念，是共产党人的政治灵魂，是共产党人经受住任何考验的精神支柱。邓小平曾感慨："为什么我们过去能在非常困难的情况下奋斗出来，战胜千难万险使革命胜利呢？就是因为我们有理想，有马克思主义信念，有共产主义信念。"建党 90 多年来，为了民族独立、人民解放，国家富强、百姓富裕，一代又一代中国共产党人汇聚在马克思主义的旗帜下，用牺牲、奉献与奋斗，诠释着信仰与忠诚。

在革命战争年代，无数革命先烈之所以能够抛头颅、洒热血，靠的就是对共产主义理想的向往和忠诚。尽管他们知道，自己追求的理想并不一定在自己身上实现，但他们坚信，一代又一代人为之持续努力，一代又一代人为此作出牺牲，崇高的理想就一定能实现。李大钊笃信真理不会消亡，面对敌人的绞刑架，发出了"我们深信，共产主义在世界、在中国，必然要得到光荣的胜利"的豪迈誓言；夏明翰为了追求真理不惜牺牲生命，"砍头不要紧，只要主义真。杀了夏明翰，还有后来人。"面对刽子手的屠刀，方志敏烈士的回答是："敌人只能砍下我们的头颅，绝不能动摇我们的信仰！因为我们信仰的主义，乃是宇宙的真理！为着共产主义牺牲，为着苏维埃流血，那是我们十分情愿的啊！"表达了对共产主义的坚定信仰。

无数的先烈为了崇高理想而牺牲，如果不是把信仰看得比自己的生命更宝贵，怎能做到为革命慷慨捐躯，怎么会有惊天地、泣鬼神的壮举？

社会主义建设时期，以铁人王进喜等为代表的大庆石油人，在“青天一顶星星亮，荒原一片篝火红”的艰苦条件下，苦战3年摘掉了中国“贫油”的帽子。20世纪60年代，河南省林县人民在党员干部带领下，历时10年修建起来的一条人工天河——红旗渠。红旗渠是全国的一面红旗，以“自力更生，艰苦创业，团结协作，无私奉献”为内核的“红旗渠精神”感动了中国乃至世界。坚定的信仰使林县人民迸发出自强不息的精神，展现出奉献建设强大新中国的壮志与豪情。改革开放新时期，主动报名、三次进藏工作的孔繁森，在雪域高原写下了“是七尺男儿生能舍己、作千秋鬼雄死不还乡”的誓言；还有“心在人民，利归天下”的云南省原保山地委书记杨善洲，为了让人民群众共同富裕起来，用全心全意为人民服务的实际行动坚守了共产党人的精神家园。

虽然各个时期共产党人理想信念的表现各有侧重，但透过现象看本质，统辖共产党人思想的力量就是马克思主义信仰，就是对党和人民伟大事业的无限忠诚。无论历史如何变迁，对信仰的忠诚和担当始终是共产党人如磐的根、不变的魂。这些革命先烈和英雄模范之所以能够赴汤蹈火、舍生忘死，之所以能够任劳任怨、鞠躬尽瘁，之所以能够洁身自好、光明磊落，最根本的就是他们对理想信念有执着追求和坚守。

金一南在《心胜》一书中写道：真正的力量首先发自内心，心胜则兴，心败则衰。共产党人精神原野的丰饶辽阔、价值追求的百折不挠、内心世界的坚韧强大，无不源自崇高信仰的支撑。信仰的纯粹是最根本的纯粹，信仰的坚守是最根本的坚守。信仰的纯粹折射出灵魂的高贵和人格的伟岸；信仰的缺失，随之而来的则常是人性的堕落和精神世界的坍塌。一名落马贪官在其忏悔录中写道：“信仰的堤坝一旦溃决，牢房的铁门便会打开……”

坚定理想信念，坚守共产党人精神追求，始终是共产党人安身立命的根本。习近平同志指出，理想信念就是共产党人精神上的“钙”，没有理想信念，理想信念不坚定，精神上就会“缺钙”，就会得“软骨病”，就可能导致政治上变质、精神上贪婪、道德上堕落、生活上腐化。这一脍炙人口的精彩比喻，深刻揭示出理想信念之于共产党人的重要性。理想信念是党员干部的政治灵魂和精神之“钙”。身体缺钙，容易腿脚抽筋、四肢乏力，这是生活常识。如果精神缺钙，就会丧失立场、迷失方向，就会软弱无力、毫无斗志迟早会垮塌下来。党员干部精神上缺不缺钙、骨头硬朗不硬朗，直接关系着思想境界和工作状态。可以说，提高党员干部素质，首要的任务就是坚定理想信念。

应该充分肯定，大多数的党员干部理想信念是坚定的。同时也应看到，在党员干部队伍中，信仰缺失是一个需要引起高度重视的问题：有的党员对共产主义心存怀疑，认为共产主义是虚无缥缈的幻想；有的党员精神空虚，不信马列信鬼神，热衷于算命看相、烧香拜佛；有的党员甚至对社会主义前途命运丧失信心，把配偶子女移民到国外、钱存在国外，给自己“留后路”，随时准备“跳船”；也有的党员在涉及党的领导和中国特色社会主义道路等原则性问题的政治挑衅面前态度暧昧、消极躲避、不敢亮剑，甚至故意模糊立场、耍滑头等。

江西省原副省长胡长清为什么会走到腐化堕落的地步？就是理想信仰动摇的原因。他打电话给在美国读书的儿子说：“你在美国要好好读书，将来我也好有一条退路，共产党到底能干多久，我也说不清楚。”“总有一天，中国会不行的，有两个国籍，将来就有余地了。”河北省国税局原局长李真认为：“与其等到将来江山异手，万事皆空，不如权力在握时早做经济准备……”他在忏悔材料中反思自己的犯罪根源时说：“人可以没有金钱，但不能没有信念，丧失信念，就要毁灭一生。”他们的忏悔，道出了导致自身毁灭的真谛。

事实证明，理想信念的动摇是最根本的动摇，理想信念的滑坡是最致命的滑坡，理想信念的背叛是最可怕的背叛。一个党员干部一旦信念这一精神支柱坍塌，就会失去灵魂，迷失方向，走向反面、走向犯罪、走向毁灭。贪官走向堕落，是他们对党的宗旨和社会主义前途丧失信心的必然结果，这从反面印证了坚定理想信念的极度重要性。

人的精神领域是一块阵地，正确的东西没有占领，错误消极的东西就会乘虚而入。邓小平同志曾说：“我们多年的奋斗就是为了共产主义。我们的信念、理想就是搞共产主义。无论过去、现在和将来，没有这样的信念就没有一切。共产党员一旦理想信念动摇、丧失，一些错误、腐朽的东西就会乘虚而入，就容易迷失政治方向。”今天，在深入推进“四个全面”的新时期，在社会转型期和矛盾凸显期，在“四大考验”“四个危险”面前，坚定理想信念，时时补充广大党员干部精神之“钙”，比任何时候都显得更加重要和紧迫。

理想信念不是天上掉下来的，它既不会与生俱来，也不会一劳永逸，任何一名党员干部的理想信念和党性修养，不会随着年龄和党龄的积累而自然提高，也不会随着职务的升迁而自然增强。身为一名党员干部，一辈子都面临着“补钙”的大课题，要把补足精神之“钙”作为增强信仰定力的经常性工作，把增强信仰定力落实到补足精神之“钙”的经常性活动中，扎实理想信念这个根，拧紧拧牢世界观、人生观、价值观这个“总开关”，须臾不能放松自身的“修炼”，才能保证思想不变质、信念不动摇，才能为国家富强、民族振兴、人民幸福做出更大贡献。

五

坚定的信仰是党的真正优势

政党是具有同样理想信念者的集合体。中国共产党从诞生之日起就把马克思主义写在自己的旗帜上，把实现共产主义确立为最高理想，鲜明表达了中国共产党人的政治理念、价值追求、行动纲领。马克思主义信仰、社会主义和共产主义的理想信念集中体现着共产党人的灵魂、奋斗方向，是共产党人的核心特征。

理想信念是党成立的基础。中国共产党是为信仰而生、为信仰而行的政党。我们党之所以叫中国共产党，是因为从成立之日起就把共产主义确立为远大理想。陈独秀、李大钊等以马克思主义为中国革命的理论基础，引导众多先进分子树立共产主义理想信念，克服艰难险阻凝聚在一起，缔造了中国共产党。

坚定的理想信念是我们党团结带领中国人民取得一个又一个胜利的基石。中国共产党成立 90 多年来，团结带领中国人民取得革命、建设和改革的一个又一个胜利，与坚定共产主义远大理想是分不开的。在革命战争年代，正是靠着理想信念，我们党历经千难万险，团结带领中国人民进行 28 年浴血奋战，打败日本帝国主义，推翻国民党反动统治，完成新民主主义革命，建立了中华人民共和国，彻底结束了旧中国半殖民地半封建社会的历史，彻底结束了旧中国一盘散沙的局面，彻底废除了列强强加给中国的一系列不平等条约和帝国主义在中国的一切特权，实现了中国从几千年封建专制政治向人民民主的伟大飞跃。在和平建设时期，我们党团结带领中国人民推进社会主义建设和实行改革开放，开辟了中国特色社会主义道路，形成了中国特色社会主义理论体系，确立了中国特色社会主义制度，极大激发了广大人民群众的创造性，极大解放和发展了社会生产力，极大增强了社会发展活力。在这些伟大的历史进程中，正是共产主义远大理想和中国特色社会主义共同理想，激励着一代又一代共产党人既坚持科学社会主义的基本原则，又根据我国实际和时代特征，为逐渐探索和开辟出来的这条新道路赋予了鲜明的中国特色，让科学社会主义在21世纪焕发出新的蓬勃生机，使具有70年历史的新中国建设取得举世瞩目的成就，使中国这个世界上最大的发展中国家在短短30多年里摆脱贫困并跃升为世界第二大经济体，创造了人类社会发展史上惊天动地的发展奇迹。

理想信念是党发展壮大的保障。我们党之所以能够从建党伊始的50多名党员发展成为现在拥有9000多万党员的世界最大执政党，之所以能够历经千难万险领导人民推翻三座大山，建立新中国，并在艰难的探索中开辟改革开放和社会主义现代化建设的辉煌新时代，最重要的一条，就是依靠了理想信念的凝聚力、吸引力和感召力。邓小平同志说得很清楚："过去我们党无论怎样弱小，无论遇到什么困难，一直有强大的战斗力，因为我们有马克思主义和共产主义的信念。有了共同的理想，也就有了铁的纪律。无论过去、现在和将来，这都是我们的真正优势。"

关于"国民党为什么打不过共产党"，张学良曾就这一话题谈了自己的看法："国民党没有中心思想，党首蒋介石也是一样。与国民党正好相反，共产党有目的，他相信共产主义。甚至于每一个士兵，完全是一个思想——共产主义。信仰就是力量啊。”诚然，信仰的力量坚不可摧，有了对党忠诚坚定的信仰，就有了崇高的精神力量，在任何考验和挑战面前，就可以做到“千磨万击还坚劲，任尔东南西北风”。

在党发展的各个时期，理想信念激励着共产党人艰苦斗争，在革命和建设事业中不断取得胜利。尽管在前进的道路上经历了一次又一次挫折，但我们党能够总结经验教训，在一次次挫折中奋起，归根结底就是因为有着崇高的信仰和远大的理想。一代代共产党人不惜流血牺牲追求民族独立和人民解放，团结带领人民把贫穷落后的旧中国变成日益走向繁荣富强的新中国，中华民族展现出前所未有的光明前景，靠的就是对共产主义的坚定信仰，靠的就是实现国家富强、民族振兴、人民幸福的伟大理想，靠的就是矢志不移的共同理想信念凝聚的强大力量。有了坚定的理想信念，就能在困境和逆境时不消沉不动摇，在胜利和顺境时不骄傲不急躁，经受住各种考验，沿着正确的方向不断前进。

我们党的光辉历程反复证明：坚定的马克思主义信仰，是战胜一切艰难困苦，取得革命、建设和改革胜利的根本保证。历史已经证明并将继续证明：一个伟大的政党，最重要的前进力量是来自内心的信仰。

信仰是人类对崇高价值目标的敬仰和追求，它关乎一个人的精神境界，关乎一个政党的目标指向，关乎一个民族的兴衰存亡。不同的信仰，反映的是不同的世界观，体现的是观察事物的不同的方法论。正是由于选择并信仰了马克思主义，中国共产党才领导中国人民实现了民族独立和人民解放，使中华民族巍然屹立在世界东方。

信仰的强大力量来自信仰的凝聚作用。信仰的凝聚作用主要是共同信仰的作用。理想信念不仅具有精神动力和精神支柱的作用，而且具有精神纽带和精神凝聚力的作用，它在群体中的作用，主要是一种团结和凝聚的功能。这两种作用是密切联系、相互渗透的。在理想信念的精神动力的作用中，就包含有精神凝聚力的因素，而在精神凝聚力的作用中也包含有精神动力的因素。

共同理想有更大的力量。一种理想越能为更多的人所掌握，当然就越具有更大的力量。这首先是一个人数问题，但也不只是人数问题。共同理想所具有的力量并不是个人理想所具有的力量的简单相加，而是沿着同一个方向并围绕同一个核心而把这些个人的力量都凝聚起来，形成一种更大的力量。这种力量可以说与单个人的力量的相加具有质的不同。具有共同理想和共同信念的人，往往能够形成一个社会的信仰团体，即以共同理想和信念为纽带的社会团体，这种信仰者的团体与信仰者个人不同，科学的理想信念一经千百万人民群众认同和接受，就会凝聚成无坚不摧的力量。

共同的理想信念之所以能形成巨大的凝聚力，有其内在的作用机制。它作为一种精神的纽带，能把人们联结起来，形成一个共同体。有了共同的理想信念，人们就有了共同的价值目标和价值取向，人们的热情就会发生汇聚作用而相互激励，人们就会因共同的理论和概念而形成共同的思维方式，人们就有了共同遵守的纪律。这些方面结合起来就成为一种巨大的凝聚力量。孙子说，上下同欲者胜。英国思想家培根说，如果信仰是统一的，那么社会将是幸福的。历史和现实表明，只有同德才能同心，只有同心才能同向。换言之，只有同心同德，才能步调一致，取得胜利。

树立崇高的理想信念是我们团结奋斗的强大精神支柱。我们所从事的事业，是一个需要亿万人民为之奋斗的伟大事业，要完成我国的改革开放和社会主义建设事业，必须把最广大的人民群众团结起来。要团结，就要有基础，就要有共同的理想和坚定的信念。正如邓小平同志指出的那样："我们过去几十年艰苦奋斗，就是靠坚定的信念把人民团结起来，为人民的利益而奋斗。没有这样的信念，就没有凝聚力；没有这样的信念，就没有一切。"大量事实说明，一个国家、一个民族，如果没有理想，力量就会散乱，生机就会衰退。只有靠崇高的革命理想，才能把全体人民团结起来，凝聚起来，在党的领导下形成统一的意志和统一的行动。

理想信念是一个政党团结奋进的精神旗帜，决定着一个政党的凝聚力和向心力。现在，我们党面临的形势任务发生了很大变化，如何把这么大一个党组织起来、凝聚起来，形成共同的意志，保持行动统一、步调一致？最根本的是要筑牢理想信念。世界社会主义实践的曲折历程表明，马克思主义政党一旦放弃马克思主义信仰、社会主义和共产主义信念，就会土崩瓦解。苏联的解体、苏共的垮台，很重要的原因就是理想信念动摇了，思想防线失守了，这个教训极为深刻。事实告诉我们，一个政党的衰落，往往是从理想信念的丧失或缺失开始的。只有始终高扬理想信念旗帜，才能夯实团结统一的思想基础，确保党更加坚强有力、党的事业更加兴旺发达。

对于个人来说，在多元化的生活中选择一个信仰作为自己的信仰，在此基础上去为其奋斗一生；对于一个民族和国家来说，一旦凝聚力形成，就意味着人们的思想、价值观与人生观在总体上是统一的。在这样的情况下，代表整体利益的政党提出相应的政策，来自社会上的各种力量都会为实现这样的政策创造条件。在马克思主义信仰的引导下，产生了强大的精神凝聚力，主要表现为爱国家、爱民族、爱集体的民族向心力与精神凝聚力。一个具有共同理想信念的国家或民族，就会产生巨大的精神凝聚力，使各成员都有同样的意识，由此形成的凝聚力将会更加强大。由此角度来讲，坚定马克思主义信仰，将有利于在全国范围内形成共同的信念与理想，这种理想和信念将服务于建设中国特色社会主义。

一个没有精神力量的民族难以自立自强，积累强大的物质力量离不开深厚的精神海洋。无论社会怎么发展，无论经济怎么繁荣，如果放弃了对崇高理想信念的追求，我们的国家和民族就不可能巍然屹立于世界。无论过去、现在还是将来，对马克思主义的信仰，对中国特色社会主义的信念，对实现中华民族伟大复兴中国梦的信心，都是指引和支撑中国人民站起来、富起来、强起来的强大精神力量。实现中华民族伟大复兴，必须用共同的理想信念凝聚全党全国人民的智慧和力量，不断把为崇高理想奋斗的伟大实践推向前进。

六

坚定信仰需要立志高远

志者，人生奋斗的方向和目标也，也可以理解为理想或抱负。立志就是为自己确定一个宏伟目标，也就是树立一个理想信念。

志分大小，又存高下。所谓远大的志向，其人多是有志于贡献社会、服务他人，志在促进社会的和谐与进步；所谓低下的志向，其人多半是为了升官发财，生活安逸，主要是为了追求个人的利益。志向不同的人，其精神的层次当然不同，对社会的贡献也不同。奥斯特洛夫斯基有句名言："只为家庭活着，这是禽兽的私心；只为一个人活着，这是卑鄙；只为自己活着，这是耻辱。"唯有"自己活着就是要使别人活得更美好"，才是高尚的、优美的、纯洁的。"居高声自远"，只有站得高，才能看得远，才能走得远。"法乎其上，得乎其中；法乎其中，得乎其下"。伟业源于信念，没有志向、缺乏信仰，整天无所事事、无所用心、百无聊赖，谈人生、说工作、讲事业只能是镜中花、水中月。器大者声必闳，志高者意必远。人要立大志，才能激发自己的潜力，激发强大的动力。丈夫志不大，何以佐乾坤。远大的志向可以成就伟大的人物。自古至今，许多名人、伟人之所以成功，流芳百世，为人类文明做出有益的贡献，就是因为他们志向远大。

立志贵在高远。周恩来正因为有振兴中华的远大信念，“以人民的疾苦为忧，以世界的前途为念”，才能在艰苦卓绝的岁月里“九死犹未悔”。庸俗狭隘的理想会限制人们的格局，而远大的理想则可以提升人们的眼界和器量。当人们有了一个高层次的目标时，就可以摆脱掉一些世俗烦恼的束缚，不会因为这些琐碎的东西而迷失方向，失去动力。有了高尚的心志，才能成为高尚的人物；如果没有高尚的心志，就没有高尚的行动。《三国志》云：“志正则众邪不生”，意思是只要志向远大，心地光明，就能防止邪恶的产生。

崇高的理想和信仰能充实人的精神生活，提高人的精神境界。这就是信仰的提升作用，或叫作信仰的超拔作用。

崇高的理想信念是一股向善向上、自我修养的精神力量，不仅可以起到推进社会前进的作用，而且可以起到约束和克服自身人性弱点、提高人生境界的作用。它可以有力地约束和升华自我的欲望，有效抵御各种欲望的诱惑，使人保持心灵、言行上的纯洁。信仰纯洁是共产党人最根本的纯洁。这是因为，信仰是精神世界最核心、最关键的要素，它决定性地影响着人的思想、言行，纯洁的信仰是精神家园之本。精神家园必须靠纯洁的信仰来守护，没有纯洁的信仰，精神家园就会荒芜。只有用纯洁的信仰来坚守，才能拥有宁静的精神家园。

不同的理想信念，就有不同的事业追求，体现不同的人生价值。人的追求可分三个层次：一是“为稻粱谋”，只谋自己的利益，这是最低境界；二是“为事业谋”，谋部分人的利益，这是较高境界；三是“为全人类谋”，谋所有人的利益，这是最高境界。共产党人以解放全人类为己任，正因为有这样的理想信念，才有建设社会主义国家的伟大事业。理想信念影响人生幸福，有什么样的理想，就收获什么样的幸福。人的幸福可由三部分组成：一是纯粹的自我认同；二是爱自己的人和被自己所爱的人的认同；三是社会和更多人们的认同。共产党人践行理想信念，在获得最广大人民认同的同时，也得到自我认同，收获人生幸福。

共产主义理想信念是崇高的志向。《共产党宣言》指出：“代替那存在着阶级和阶级对立的资产阶级旧社会的，将是这样一个联合体，在那里，每个人的自由发展是一切人的自由发展的条件。”这是一个多么温暖人心的社会！在共产主义社会，没有压迫、没有剥削，各尽所能、按需分配。正因为如此，我们说共产主义理想是远大的、崇高的。正是由于对这个价值目标的坚信和追求，无数革命先驱不惜抛头颅、洒热血，用宝贵的生命浇灌理想信念之花。车尔尼雪夫斯基曾言：“生命，如果跟时代的崇高的责任联系在一起，你就会感到它永垂不朽。”信仰是支撑一个人对真善美不懈追求的力量源泉。精心涵养、融会贯通，一定可以在信仰的光辉下事有所成、功有所得。

树立崇高的理想信念是党员干部立身做人的一个根本性问题，是决定人们树立正确的人生观、价值观的重要思想基础。人生观是人们对人生价值、人生目的、人生道路等重大人生问题的根本看法和态度，它的核心和本质是理想信念问题。尽管人生观的种类很多，形形色色，但不外乎两大类：一类是无产阶级的人生观，一类是剥削阶级的人生观。无产阶级的人生观把实现共产主义作为最高的人生理想，把为国家、为社会、为民族、为集体、为他人的利益而活着作为人生的目的。这种人生观符合社会历史发展的客观趋势，符合人民群众的根本利益，因而是科学的、积极的、革命的人生观。而剥削阶级的人生观是以“自我”为核心的，一切以是否有利于个人的私利为转移，这种人生观是颓废的、腐朽的、落后的，必须坚决摒弃。

理想是具体的，有大有小，因人而异。但无论什么样的理想，如果失去了崇高色彩，就失去了应有的价值和意义。比如，有的人把活着当信念，有的人把吃好喝好当信条，有的人把及时行乐当追求，有的人把金钱名利当理想。把追求名利、享乐作为目标或许也可以称为“理想”，但诚如大科学家爱因斯坦所言，这只是一种“猪栏的理想”。这样的“理想”背离最大多数人的利益，背离社会发展进步的方向，是庸俗甚至有害的。在革命战争年代，它容易使人经不起生与死的考验，丧失革命气节，沦为逃兵甚至叛徒；在和平建设时期，它容易使人经不起利益的考验，或见利忘义、贪赃枉法，或迷失方向、浑浑噩噩，这是为许多事实所证明了的。

美国诗人惠特曼同样认为，没有信仰，就没有名副其实的品行和生命。人与动物的一个区别是人具有精神生活，而且随着社会的发展，精神生活的意义会更为突出。如何充实自己的精神生活，丰富自己的精神世界，提高自己的思想修养就成为一个越来越重要的人生课题。理想和信仰是人的精神生活的核心内容，它不仅能使人的精神生活的各项内容统一起来，成为一个有序的系统，从而避免了人们精神世界的混乱和价值观念的紊乱，而且能不断地使人的精神境界有所提高。

理想和信仰都是塑造人的崇高人格和提高人的思想境界的。理想和信仰引导人不断地追求更高的目标，使其对于世界、对于人生有更为正确和彻底的认识和理解，从而对于许多问题就有更好的判断和处理方法。一个人的理想越高远，信仰越崇高，他的精神境界就会越高。精神境界高低不同，人生状态就大不一样。精神境界高了，个人烦恼就少。

列宁说：“共产主义者的心，至少有一半生活在未来。”真正的信仰总是在人生面前标出更高的目的，把人的注意力引向更高的目标，引向更大的从而更值得执着的事物。因此，这种执着同时也是一种超脱，它使人超脱于日常琐事的烦恼，使人不执着于小事。

一个人没有文化是可憾的，没有精神是可怜的，没有信仰是可悲的。人生一世，生命短暂，赋予人生什么样的意义，决定了一个人期望做什么样的人，选择走什么样的路，而这一切取决于自己是否拥有信仰，拥有什么样的信仰。有了崇高伟大的信仰，就拥有正确向上的思想灵魂，就具有了永不枯竭的激情和动力，就寄予了自己人生无限光明的发展前景。

共产主义理想是非常高远的理想，共产主义信仰是崇高的信仰。这种理想和信仰对于真诚的信仰者来说确实起着开阔眼界、提升格局的作用。眼界决定境界，格局决定结局。一个人格局宽广、眼界高远，知道自己从哪里出发、要到哪里去，就会有明确的人生方向，自觉追求远大理想。人活着如果只是为了吃喝玩乐，在工作中当一天和尚撞一天钟，那他的人生就会迷失方向；如果眼里只装着个人利益，只算小账而不算大账，就不会有高远的理想和追求，也就难以战胜迷惘和困境，更不可能有人生的大担当、大作为。

理想远大、格局宽广的人，往往具有很强的抗挫折能力。党员干部坚定理想信念，胸中有大格局，就会有韧劲和定力，遇到再大的困难都能做到“任凭风浪起，稳坐钓鱼船”。人生不可能一帆风顺，难免会遭受一些挫折。身处顺境时，人们往往难以感到理想、格局的重要性；遭遇逆境时，如果理想缺失、格局狭隘，就会瞻前顾后、患得患失，怕担责任、怕冒风险，甚至怨天尤人、一蹶不振。如果理想远大、格局宽广，就会视挫折为磨砺自己的机会，愈挫愈奋，在克服困难、战胜艰险中获得成功。

清代学者金缨有句名言：“志之所趋，无远勿届，穷山距海，不能限也。志之所向，无坚不入，锐兵精甲，不能御也。”意思是，志存高远的人，再遥远的地方也能达到，再坚固的东西也能突破。心中有理想、有希望，才能集中意志去克服困难。古之立大事者，不唯有超世之材，亦必有坚忍不拔之志。生活就像海洋，只有一心向着灯塔，经受住大风大浪，才能历尽艰难险阻，驶进理想的港湾。

只有崇高的理想才有价值。党员干部要自觉用马克思主义科学理论武装头脑，把理想信念建立在对科学理论的理性认同上，建立在对历史规律的正确认识上，建立在对基本国情的准确把握上。不是为了个人而是为了人民，不是为了一时而是为了历史，个人的成就、成长才能有超越一己一时的意义与价值，才能在为更高远的事业而奋斗之中取得更重要的成就、赢得更开阔的人生。要不断改造自己的世界观、人生观、价值观、事业观、政绩观，不断升华自己的思想境界、家国情怀和人格魅力，并用以指导自己的工作实践，践行全心全意为人民服务的宗旨。

案例 1

方志敏：用生命捍卫信仰

方志敏（1899.08.21—1935.08.06），原名远镇，乳名正鹄，号慧生。江西省上饶市弋阳县漆工镇湖塘村人，革命家、政治家、军事家、杰出的农民运动领袖，土地革命战争时期闽浙（皖）赣革命根据地和红十军团的缔造者。

方志敏出生在江西省弋阳县的一个家境贫困的农民家庭。

五四运动前夕，17 岁的他考取了弋阳县城的县立高等小学，在那里，他深受新文化思潮影响，立志要寻求救国救民的真理。他在校园组织进步团体“九区青年社”，积极投身五四爱国运动，成为反帝反封建的先锋。高小毕业后，他考进了远在省城南昌的江西省立甲种工业学校。虽然他学习成绩优良，终因带头痛砭时弊而遭军阀当局仇视被校方开除学籍。他继而以优异成绩考进九江南伟烈学校，在这里接触并阅读了《共产党宣言》《资本论》等进步书籍，由此成为马克思主义的信仰者，认定“只有社会主义可以救中国”。

1922 年 8 月，方志敏加入社会主义青年团。随后，他回到江西筹办文化书社，推动革命思想在江西的传播，并筹建江西地方党团组织。1923 年 1 月 20 日，方志敏与赵醒侬等人在文化书社创建了“中国社会主义青年团江西地方团”。方志敏还与袁玉冰合力创办了报纸《青年声》，此后还担任过《新江西半月刊》的编辑，积极传播马克思主义。1924 年 3 月，方志敏在南昌加入中国共产党。入党之初，他满怀激情地写下了这样一段话：“不管阶级敌人怎样咒骂共产党，但共产党终究是人类最进步的阶级——无产阶级的政党。它有完整的革命理论、革命纲领和最高尚的理想，它有严密的党的组织与铁的纪律，它有正确的战略和策略，它有广大经过选择而忠诚于革命事业的党员群众，并且它还有得到全党诚心爱戴的领袖……从此，我的一切，直至我的生命都交给党去了。”之后，他与赵醒侬一道创建了江西第一个党组织——中共南昌支部，成为江西党团组织创始人之一。

踏上革命的征程，方志敏始终保持着高昂的革命斗志和坚定的革命信仰。在第一次国共合作期间，他坚决服从党的安排，担任了国民党江西省党部农民部部长、省农民协会常务委员兼秘书长，积极领导开展农民运动。大革命失败后，大批共产党员和革命群众遭屠杀，全国笼罩在一片血雨腥风的白色恐怖之中。危难关头，他坚信革命必胜，秘密潜回家乡领导武装起义，开始探寻创建农村革命根据地、进行土地革命的道路。在领导赣东北革命斗争期间，他与邵式平、黄道等共产党员一起克服环境封闭、没有外援等困难，一切从当地实际和革命斗争需要出发，创造性地开展工作，创建党的组织和红色政权，开展武装斗争和土地革命，逐步形成工农武装割据局面。闽浙赣苏区发展成为全国六大苏区之一和中央苏区重要的侧翼，被誉为“坚强的苏维埃阵地”。根据地党的建设、政权建设、军事建设乃至社会建设都取得了巨大成就，积累了丰富经验，为此，中华苏维埃临时中央政府授予其“苏维埃模范省”的光荣称号，毛泽东同志称赞其为“方志敏式”根据地。

在第五次反“围剿”战争期间，方志敏根据中央电令将红七军团与新红十军整编为红十军团，并计划分兵两路，一路跳向苏区外线打乱敌军部署，一路转移至闽北开展游击战。但这一正确主张遭到否决，中央军区命令组成以方志敏为主席的军政委员会，率红十军团向皖南出击，执行北上抗日先遣队任务。此时中央红军已被迫长征，在此形势下向国民党统治中心进军，其征程必然是艰险重重。尽管如此，他还是以坚强的革命意志，严格执行上级决定。对于权力与地位，方志敏总是个人服从大局，地方服从中央，从不计较自己职位的高低与权力的得失；在与党内“左”倾冒险主义作斗争的过程中，他既注重维护党内团结，也力求保护干部。对于金钱和享受，他一向过着朴素的生活，甚至无钱去营救自己的爱妻，却分三次向党中央输送了大量黄金。他时时事事无一不体现出坚贞的革命信念和崇高的人生品格，体现出一个伟大革命者宽广的眼界和大局意识。

1934 年 11 月初，方志敏率北上抗日先遣队浴血奋战两个月，终因弹尽粮绝被七倍于己的敌军围困于怀玉山区。他虽带领先头部队奋战脱险，但为接应后续部队又复入重围，终因弹尽粮绝，于 1935 年 1 月 27 日在江西玉山陇首村被俘。被捕那天，两个国民党士兵搜遍方志敏全身，除了一块怀表和一支钢笔，没有一文钱。诚如方志敏所说：“清贫，洁白朴素的生活，正是我们革命者能够战胜许多困难的地方！”

国民党为了劝降方志敏，不择手段对其进行威逼利诱。蒋介石曾指使原国民党中央监狱长“劝方自首，将功赎罪”。方志敏的铮铮誓言，使得若干年后监狱长回忆起这件事时仍感叹：“我感到方志敏信仰坚定、胸怀广阔，是一个非凡的人才。”在一场突然的提审中，法官“善意”地提醒方志敏不要固执己见，所谓共产主义不过是盲从，或者需要很长时间才能实现的东西，不值得用现实的生命去换取。方志敏回答：“我方志敏不爱爵位也不爱金钱。我完全知道这个结局。但既然不能两全，我只有选择一死。”国民党当局的软硬兼施、威逼利诱，丝毫不能动摇他坚定的共产主义信念和钢铁般的革命意志。

在狱中，他一面与敌人进行信仰的交锋、意志的较量，一面领导难友建立党支部，进行革命气节教育，积极组织越狱斗争。在遭受囚禁的 6 个月中，他不是消极地等待敌人的杀害，而是以对党的无限忠诚，对祖国的无限热爱，在极其险恶的环境下撰写了《可爱的中国》《清贫》《我们临死以前的话》等狱中文稿共 16 篇约 14 万字。他的高尚情操和人格魅力，甚至感染了狱中的看守人员和“落难”的原国民党高官。他们帮助他将这批文稿传出，使得这一宝贵的精神财富得以留存。他在《死——共产主义的殉道者的自述》中写道："敌人只能砍下我们的头颅，决不能动摇我们的信仰！因为我们信仰的主义，乃是宇宙的真理！为着共产主义牺牲，为着苏维埃流血，那是我们十分情愿的啊！"展示了他坚定的革命信仰和不屈的革命意志。

1935 年 8 月 6 日，36 岁的方志敏慷慨就义，用生命捍卫了自己的信仰。

第三章

坚定马克思主义信仰

*

马克思主义信仰是人类有史以来最为先进、最为科学的信仰，是中国共产党人政治信仰的灵魂，是共产党人经受住任何考验的精神支柱。无论过去、现在还是将来，马克思主义永远是我们认识世界、把握规律、追求真理、改造世界的强大思想武器。新时代，我们要始终坚守马克思主义信仰，不断加强对马克思主义基本原理的学习领悟，不断增进思想认同、理论认同和情感认同，做到理论上学懂弄通、思想上坚信不疑、意志上坚韧不拔、行动上坚定不移，做到虔诚而执着、至信而深厚。

一

马克思主义既是科学理论，也是科学信仰

马克思主义是科学理论当然不错，但这并不意味着它就不能成为人们的信仰。信仰有不同类型，科学的信仰也是信仰，而且是更好的信仰。马克思主义既是科学理论，也是科学信仰。

马克思主义信仰是指“人们对马克思主义的信仰”。马克思主义是一种理论，人们对这种理论的相信和信奉，就是马克思主义信仰。从这个意义上说，马克思主义理论本身不是信仰，而人们对这种理论的信仰才是马克思主义信仰，因此，马克思主义信仰问题，其实主要是马克思主义的信仰者的问题，正是马克思主义的信仰者们使马克思主义理论不仅作为理论而存在，而且也作为信仰而存在。

马克思主义信仰是指“信仰者心中的马克思主义”。马克思主义理论作为人们信仰的内容而被包含在他们的信仰之中。我们不能把人们头脑中的关于马克思主义的信仰与马克思主义本身完全区别开来。马克思主义理论在这里其实就是人们的信仰对象。一种理论或观念，它作为信仰对象并不处在信仰之外，没有对象的信仰是不存在的。没有作为信仰对象的马克思主义，也就没有人们的马克思主义信仰。人们所相信和信奉的马克思主义并不是与作为自在的客观真理的马克思主义隔离开的，

人们的信仰之所以是马克思主义信仰而不是别的信仰，就是因为马克思主义理论进入了他们的头脑和心中。如果说，信仰者头脑中的马克思主义可能与实际上的马克思主义有一定差距，那么也正是随着这种差距越来越小，人们的信仰才越来越成为名副其实的马克思主义信仰。

马克思主义信仰是指“马克思主义理论体系的价值性或作为价值体系的马克思主义理论”，这里直接涉及马克思主义理论本身。当我们说马克思主义是一种科学时，指的不是一门自然科学或技术科学，而是一种哲学社会科学，它是一种世界观的理论。作为一种世界观理论的马克思主义当其作为一种科学时，也同时必然具有价值性，因为马克思主义要真正发挥其改造世界的功能，必须要有实践者，为此它必须要人们去信奉它，为人们所接受从而成为他们的信仰。如果没有人们的相信，或不是为了使人们相信它，从而按照它的真理来改造世界，那么马克思主义的产生又有什么意义？由此可见，马克思主义这一体系不仅有科学性，而且还有价值性，是二者的统一。只有这样，才能理解马克思主义何以能够成为人们的信仰。

马克思主义信仰是科学的信仰。这种科学信仰，首先基于马克思主义本身的真理力量。马克思主义是迄今为止最科学、最严密、最有生命力的理论体系。列宁指出：“马克思学说具有无限力量，就是因为它正确。”在人类思想史上，就科学性和真理性而言，还没有任何一种思想理论能达到马克思主义的高度，还没有任何一种学说像马克思主义这样对世界历史产生如此巨大的影响。邓小平曾坚定地说：“我坚信，世界上赞成马克思主义的人会多起来的，因为马克思主义是科学。”

马克思主义是关于自然、社会和思维发展的科学，是人类社会最科学、最完整、最严谨的世界观和方法论。马克思主义哲学集人类哲学优秀成果之大成，成为人类“伟大的认识工具”。马克思、恩格斯运用这个工具研究资本主义社会，创立了马克思主义政治经济学。他们从对资本主义社会矛盾运动规律的揭示中，宣告资本主义社会一定会被更高形态的共产主义社会所取代，得出“资产阶级的灭亡和无产阶级的胜利是同样不可避免的”，即“资本主义必然灭亡、社会主义必然胜利”的重要论断，由此创立了科学社会主义。马克思主义揭示了无产阶级的伟大而崇高的历史使命——实现共产主义，为人类社会发展进步指明了正确方向。

在马克思、恩格斯这里，从本能的共产主义信仰向自觉的共产主义信仰转变，包含着许多方面。比如从无意识到有意识，从零星要素到形成系统，从虚幻到真实，从空想到科学等。其中，从空想到科学具有决定性意义。马克思和恩格斯的伟大功绩，就是把这种自发的、不成型的、虚幻的信仰变成了理性的、系统的、科学的信仰，为这种信仰奠定了坚实的科学理论基础。

马克思和恩格斯作为伟大的思想家和科学家，吸取人类创造的一切优秀文明成果，吸取自然科学发展的最新成就，系统总结工人运动的实践经验，经过长期深入的研究探索，创立了以“马克思主义”命名的科学理论体系。这一宏大而完备的理论体系包括马克思主义哲学、政治经济学和科学社会主义三个主要组成部分，而共产主义信仰作为科学社会主义部分的核心结论和价值追求，是以马克思主义哲学和政治经济学为基础的，并以科学社会主义的其他原理为支撑。这样，曾在人类历史上长期存在的共产主义信仰因素，被纳入马克思主义体系之中，并获得完备的理论论证和学理支撑。这时的共产主义信仰已经不再是历史上那种虚幻和空想性的自发信仰，而成为具有科学性的自觉信仰。从此之后，我们所说的共产主义信仰已经不再是泛指历史上各种形式的共产主义信仰，而是特指科学共产主义信仰，即马克思主义信仰了。

马克思主义信仰具有真理力量，这种力量主要来自马克思主义的科学内容。马克思主义的基本原理揭示了自然、社会和思维发展的一般规律，特别是揭示了人类社会发展的客观规律，揭示了人类社会从资本主义社会向社会主义社会转变并最终实现共产主义的必然趋势，这是人类科学思想的最大成果，为人们认识世界、改造世界和创造美好生活，提供了强大的思想理论武器。马克思对唯物史观和剩余价值的两大发现，开创了人类哲学社会科学领域的一场革命：一个是揭示了历史的奥秘存在于生产方式之中，将人类历史的基本规律建立在物质资料生产方式的基础上；一个是揭示了利润的奥秘存在于剩余价值之中，从资本主义生产的内在矛盾说明资本主义为何灭亡、社会主义何以可能的根本依据。这些理论是对客观世界本质和规律的正确反映，具有客观真理性和科学价值，同时当人们认同和掌握这些理论，并以此作为自己理想信念和行为追求的时候，就变成一股非常强大的精神力量。

马克思主义科学信仰的力量是坚实强大的。从根本上来说，它是具有科学性、真实性、可实现性的。马克思主义理论并不是教科书似的教条主义，而是在实践运动中不断发展壮大的。正是参与革命实践活动的人民，深刻了解到了它的内涵并以此作为自己的信仰，这是人民群众的历史选择。马克思主义世界观具有其自身的价值，它是以工人阶级为核心，以实现全人类的解放为目的。它以实现共产主义作为自己的终极目标，对未来社会构建了一个理想的蓝图，也为马克思主义信仰构建了一个目标。由此可见，马克思主义从人和社会的角度出发，从微观与宏观这两方面分析，对于自身的世界观的构建体现了自身的价值。同时，也表现出它作为一种信仰为人们所接受、追求的原因。马克思主义对于当代世界仍然具有透彻的解释力、远见的预测力和有效的改造力。这种科学信仰，同时也基于价值的力量。

说马克思主义是科学认识和科学信仰的统一，从理论上分析，主要体现在以下几个方面：

一是从思维方式上看，马克思主义确立了以实践为核心的统一理性与信仰的思维方式。在马克思主义产生之前，人类思维意识领域一个最基本的矛盾就是理性和信仰的矛盾。人类总用自己拥有的理性世界去规范、掌握信仰世界，马克思主义科学地解决了这个矛盾，它把这个矛盾纳入实践中去解决，因而，它的关于人类世界、关于人类的现实与未来的一般学说，既是一种规律性的科学认识，又是一种科学信仰。

二是从方法论上看，它把对人类现实世界的研究成果通过正确的抽象和科学升华，以形成关于世界的根本观点和根本看法。作为一种科学认识，它不断从现实中汲取营养，对现实做出认识和总结；作为一种科学信仰，它所描述的人类的理想目标又必须通过无止境的实践来证实。科学信仰不断在科学认识中受到检验、证实和丰富，科学认识又在科学信仰的指导下不断转化为实践，正是在这一过程中，科学认识和科学信仰得以统一。

三是从内容上看，马克思主义是科学认识和科学信仰的统一，表现在它的全面性和毫无片面性。当代世界性的学说形成了科学主义和人文主义两大思潮，科学主义把学说归为知识体系，主张清理学说中“形而上”即无法用现实科学来证明的东西，因而失去信仰；人文主义学说则主张排斥理性、科学，使学说蒙上一层神秘主义和信仰主义的阴影，因而陷入现代宗教。而马克思主义既反对科学主义，又反对人文主义；既强调对现实世界和未来世界的把握，要立足于人类自身的价值意义，以使人类社会向更美好的共产主义迈进；又强调对现实世界和未来的把握应立足于科学认识之上。这样，马克思主义学说在理论和实践上使自己的认识性和信仰性科学地统一起来。

既然马克思主义本身是科学认识和科学信仰的统一，那么我们就不能因把马克思主义仅仅当作一个理论体系或学术流派，而忽视它的科学信仰的一面，以至于忽视把它当作一种崇高的信仰执着地追求和身体力行；更不能满足于朴素的信念，把马克思主义当作宗教一样的信仰对象，而不理解它的科学性。马克思主义信仰是迄今为止的人类历史上最伟大、最富有活力和最有广阔前景的信仰，它适应于无产阶级和人类解放的需要，成为全世界无产阶级和进步人类的精神支柱，占据着真理和道义的制高点，我们要在理论上以马克思主义为指导、以马克思主义为信仰行动起来，把理论力量变为物质力量。

二

马克思主义信仰的动力源泉是共产主义远大理想

人类社会向何处去，马克思主义作出了科学论证。马克思、恩格斯深入剖析资本主义社会生产力和生产关系、经济基础和上层建筑的基本矛盾，深刻揭露了资本主义社会的内在弊病，指出了人类走向共产主义的历史必然，描绘了没有剥削、没有压迫、人人平等的理想社会，获得了最广泛的社会认同。

马克思主义科学预测了未来社会的理想状态，指明了人类社会的发展方向。从人类诞生之日起，特别是进入阶级社会以后，就在苦苦探寻理想的社会状态。马克思、恩格斯在批判旧世界的基础上，对未来社会作了科学设想，揭示了人类走向共产主义的历史必然性。这种没有剥削、没有压迫、人人平等的社会制度，理所当然地成为人类梦寐以求的最美好的社会理想。中国共产党和中国人民之所以选择马克思主义，很重要的一条就是他们描绘的社会理想符合人类社会发展进步方向，与中国传统文化高度契合。两千多年前，我国古代儒家经典《礼记》中就有对理想的大同社会的描述，如“老有所终，壮有所用，幼有所长，鳏寡孤独废疾者皆有所养”等。正是因为我国大同社会的理想与马克思主义所设想的共产主义有某种意义上的共通之处，才使马克思主义在中国获得了广泛的文化和心理认同。

任何一种信仰体系都需要获得群众的支持，这就要求其信仰体系中有着明确的终极理想目标。这一点，马克思主义信仰同样如此。对共产主义理想来说，这是无产阶级革命导师马克思、恩格斯的革命理论成果。马克思主义信仰不仅是无产阶级及其政党的最高理想，也是无产阶级及其政党的终极奋斗目标。马克思主义就是因为其理论的科学性感染了人民群众，才赢得了群众的信仰。共产主义社会生产力高度发达，物质富裕程度高，人民的综合素质高，思想意识强，道德素养好，没有阶级对立，全社会的资源得以优化配置，人尽其用。在共产主义社会中，每一个人都受到尊重，都拥有机会去实现全面发展。

共产主义是理想的人类社会状态，纵观历史，在马克思、恩格斯之前有很多关于社会的设想，主要表现为柏拉图的理想国、莫尔的乌托邦、儒家的大同等。即便是同样美好的理想社会状态，如果没有科学的理论和实践的支撑，那只能是虚构意识上的世界。共产主义理想立足于对社会发展规律的正确认识和人类生产实践，有着坚实的现实基础和对社会科学的预见。为此，共产主义代表的是人类社会的先进发展方向，也是人类共同的愿望与价值追求。共产主义作为人类社会发展的最高形态，将终极性与阶段性相互融合在一起。1875 年，马克思第一次对共产主义进行了阶段划分，即共产主义第一阶段与共产主义的高级阶段，并在此基础上明确了工人阶级政党的首要任务是建立无产阶级专政，推翻资产阶级政权。列宁在此思想基础上认为无产阶级在获取政权之后，将社会的发展进程大致分为三个阶段，即过渡时期、社会主义阶段与共产主义社会。党的十一届三中全会确立了以邓小平为代表的中国共产党领导核心，结合新的历史发展形势，创造性地提出社会主义初级阶段理论，实现了对共产主义社会制度理论体系的丰富与发展。社会主义初级阶段的理论认为，我国现在处于并将长期处于社会主义初级阶段，我国的各种制度当前还处于不发达、不成熟的时期，但势必走向成熟和发达。

马克思主义信仰不只是对世界的面貌和图景作出自己的解释，而且为历史主体指出努力的目标和方向，这就是共产主义的社会理想。这个理想不是个人解脱的私人理想，而是社会进步和人类解放的共同理想。马克思主义预见了这个理想社会的基本特征和状态，指出了这个社会中的生产力水平、生产关系性质、社会治理状况，以及人与人之间的关系和精神面貌等特征。根据我们现在的理解，大体上可以将之概括为三个方面：一是物质产品极大丰富，消费资料按需分配；二是社会关系高度和谐，人们精神境界极大提高；三是每个人自由而全面的发展，人类从必然王国向自由王国的飞跃。这个理想具有多重功能和意义：一方面，它是唯物史观和社会形态演进的一部分，是人类历史发展的必然趋向和未来的社会形态；另一方面，它又是无产阶级政党带领广大群众自觉追求的价值目标；此外，它还是共产主义者个人的精神寄托和向往。

把握共产主义理想，不能脱离人类社会及其发展，而要将人类社会发展进步的信念作为树立共产主义理想的基础。共产主义理想是人类社会进步信念的一个自然延伸，虽然承认社会进步未必就会相信和追求共产主义理想，但是如果不相信人类社会是发展进步的，没有社会进步的信念基础，那他就一定不会相信和追求共产主义理想。如果不认为人类社会的变化有其规律性，不承认社会的变化有发展进步性，不承认我们处在向更高级社会前进的阶段上，而是以为人类社会是走下坡路的过程，当前社会处于末世甚至是世界末日即将到来的前夕，对人类社会的未来悲观失望，把人类未来的唯一希望寄托于社会之外、地球之外甚至物质世界之外的超验领域，那么就很难树立起共产主义远大理想。由此可见，共产主义远大理想并不是孤立的，并不是没头没脑地让人觉得唐突的事情，而是与人们坚实站立的土地、与人们切实生活于其中的社会、与人们对幸福未来的期盼联系在一起的希望和信念。

实现共产主义的最终目的，是实现全人类的解放和人的全面发展。人的自由而全面的发展是马克思主义的价值追求。这一价值追求在马克思主义信仰之内，是其中非常重要的一个方面。马克思主义信仰、共产主义理想无疑是群体性、社会性的，但它不仅不排斥个人，而且包含着个人追求，并最终落实在个人的追求上。马克思主义讲人的自由而全面的发展，讲的就是个人的发展。马克思把这一点作为共产主义新社会的最显著标志。他在《共产党宣言》中写道："代替那存在着阶级和阶级对立的资产阶级旧社会的，将是这样一个联合体，在那里，每个人的自由发展是一切人的自由发展的条件。"马克思主义不仅重视社会的发展，而且重视人本身的发展，并将二者结合在一起。这一点也在信仰层面上得到体现。

值得注意的是，在马克思主义信仰的视野中，对个人来说最重要的是"发展"，而不是精神的"解脱"，也不是生活的"享乐"。尽管"解脱"和"享乐"也是人生幸福中很重要的方面，但并不是唯一的方面，更不是最重要的方面。人是成长和发展着的、自我完善着的、追求和创造着美好新生活的，这样一种积极进取的人生态度，体现了马克思主义勇猛入世的品格。只要每个人在社会中能得到更大限度的自由而全面的发展，他的人生就能达到更高的境界，就会有更高层次的幸福感，这绝对是一种积极进取的人生信仰和人生态度。因此，我们在描绘共产主义理想图景的时候，尽管也会谈到个人的生活状态和精神状态的美好享受，但不能把共产主义理想描绘成一种纯粹享受和享乐的天堂。

既然是远大理想，它的实现当然距离现在会比较遥远，但随着社会的发展，它会变得越来越近。我们对远近的认识，由于受到多种因素的影响，往往与其真实难以完全相符。以前我们曾认为这个理想很快就能实现，其实那个时候距离实现比现在更为遥远。后来，我们接受了教训，认识到远大理想的实现不是短期的事情，而是极其遥远的过程，但其实，我们现在距离理想实现是比原来更近了。为了避免犯超越阶段的错误，为了集中完成当前和近期的历史任务，我们宁可把共产主义理想说得更远一些，这当然是可以的，但却不能因此而淡化和放弃共产主义远大理想。

共产主义的远大理想是马克思主义信仰的社会理想和价值目标，为这一信仰体系提供了方向和目标的维度，是马克思主义信仰的动力源泉。马克思主义信仰自产生以来，已深入亿万无产阶级和进步人士的内心，引发了为人类解放而献身的崇高感迹，创造了无数可歌可泣的崇高事迹，涌现出无数值得人们永久敬仰的英雄人物，这些都闪耀着马克思主义信仰的崇高光辉。

三

马克思主义信仰的核心内容是全心全意为人民服务

始终坚持全心全意为人民服务是中国共产党的宗旨，同时也是马克思主义信仰最核心的内容。纵观马克思主义信仰体系可以发现，共产主义奋斗理想与全心全意为人民服务是处于同等地位的，这是共产党人信仰体系中最根本的两个方面。在这两个方面的基础上，才能体现马克思主义者和共产主义者的信仰特点。全心全意为人民服务，是无产阶级政党区别于其他政党的重要特点。

马克思主义不仅具有科学的力量，而且具有道义的力量；不仅站在科学的制高点上，而且站在道义的制高点上。马克思主义的道义所在，就是它深刻的人民性。马克思主义是无产阶级和人民群众追求解放与发展的理论，是为人民谋利益和为人民服务的理论，是以人民为中心的理论。马克思主义者和共产党人把人民放在心中最高位置，成为不变的宗旨。从信仰的角度说，这就意味着“人民”是共产党人的“上帝”，是最高的信仰对象和献身对象。可以说，“人民至上”是我们党的根本信念，是马克思主义信仰的标志性内容。从这个意义上说，马克思主义信仰也可以称为“人民主义信仰”。

从信仰的角度来看，“人民”是共产党人的信仰对象之一，而且是最高最重要的信仰对象，是共产党人服务和献身的对象。正像宗教徒三句话不离神灵一样，共产党人三句话不离“人民”。只要看一下我们党的重要文献，就可以看出“人民”是其中出现得最多的概念，而且是具有神圣性和神圣感的概念。正像神灵是宗教徒的精神力量源泉一样，人民是共产党人的力量源泉。毛泽东在延安时多次讲到“愚公移山”的故事，而在讲述这一故事时，明确地把人民大众比喻为我们的“上帝”。这是意味深长的。

为人民服务的根本宗旨是马克思主义信仰中的根本信念和道德要求，它把信仰落实到现实的社会生活中。为人民服务体现的是一种人民至上的思想认同和精神导向，它首先是一种理想信念上的要求，是一种信仰上的要求，其次才分别地表现为政治上、道德上、生活上等方面的要求。不论是作为政治要求还是道德要求，都包含着信念的内涵。作为党的根本宗旨，它是政治性的，是一种政治信念和政治本色，而作为对共产党员个人的要求，同时也是道德性的，是一种道德信念或信念伦理。马克思主义并不排斥道德信念，反而本身就包含着为人民服务的道德信念和要求。一个不讲道德的人、一个欺压群众的人、一个不真心实意为人民服务的人，即使他怎样坚定地相信世界的物质性、相信共产主义理想实现的必然性，也不能算是真正的共产党人，更不能算是一个马克思主义者。从这个意义上说，一个人是否坚定地相信并践行为人民服务，是他有无马克思主义信仰的最好试金石。

谈到马克思主义的人民性，会涉及三个不同的概念，即无产阶级、人民群众、全人类。这三个概念的所指当然有范围大小上的区别，但从性质上讲，它们是同一系列的概念，因而不论使用哪个概念，基本意思都是一样的。在马克思恩格斯的时代，他们主要使用“无产阶级”解放和“人类”解放的提法，使用“人”的自由而全面发展的提法，而不大用“人民”的提法，这是由当时的具体情况和语境决定的。随着马克思主义的发展和传播，特别是在社会主义中国，“人民群众”成为最核心的概念，指的是社会中的绝大多数人，是推动社会进步的绝大多数人，它实际上把无产阶级和其他劳动者包含在内，并具有某种人类性的意义。

马克思主义认为，人民是历史的创造者，是推动社会发展和人类进步的决定力量，是社会历史发展的最高价值主体。从这个角度来讲，全心全意为人民服务，应该是一切的马克思主义者的职责所在。

马克思主义唯物史观的基本原理认为，广大劳动人民是人类社会赖以存在和发展的物质资料的主要生产者，支撑着人类实践活动的物质基础。人类历史虽不具备与自然界完全相同的客观规律性，但其发展进程亦非杂乱无章，有其必然性。历史的必然性形成于人类社会实践活动中，这种必然性虽不能由人随意取消，但它却不能孤立存在于人的实践活动之外。正如马克思所言：“历史什么事情也没有做。它‘不拥有任何惊人的丰富性’，它‘没有进行任何战斗’！其实，正是人，现实的、活生生的人在创造这一切，拥有这一切并且进行战斗。并不是‘历史’把人当作手段来达到自己——仿佛历史是一个独具魅力的人——的目的。历史不过是追求着自己目的的人的活动而已。”① 客观世界并不能自然地满足人，人决心以自己的实践活动改变世界，人类文明因此诞生，人类历史由此前进。

马克思在现实斗争的实践中，逐渐认识到人民群众在人类社会发展进程中的重要作用，创立了历史唯物主义理论。马克思关于人民群众社会地位和历史作用的最初揭示，是在《神圣家族》这一著作中，他指

① 《马克思恩格斯文集》第 1 卷，人民出版社 2009 年版，第 295 页。

出："历史活动是群众的活动，随着历史活动的深入，必将是群众队伍的扩大。"[①] 人民群众既是历史演进的"剧中人"，又是历史发展的"剧作者"。对此，恩格斯也指出，推动历史发展的真正动力不是什么王侯将相和少数杰出人物，而是"广大群众"，他们"不是短暂的爆发和转瞬即逝的火光，而是持久的、引起伟大历史变迁的行动。"[②] 马克思、恩格斯从根本上揭示了历史的真正创造者是广大的人民群众。

马克思主义哲学关注现实的人，而这集中于人民群众这个主体，并创立了人民主体论，包括五方面内容：其一，人民群众是物质生产实践的主体，马克思把人民群众的物质生产活动看作是历史的发源地。其二，人民群众是精神财富创造的主体，他们不仅为创造精神财富的活动提供了物质基础和生活源泉，而且还直接参与了精神财富的创造。其三，人民群众是体现历史规律的主体，关注人民群众活动的动机才能发现历史规律，使广大群众行动起来的动机，才是持久地推动重大历史变迁的行动的动机。民心所向就是历史的发展方向，体现历史发展的规律，尊重社会发展规律与坚持人民群众的历史主体地位是一致的。其四，人民群众是社会革命的主体，是实现社会变革的最终决定力量。其五，人民群众是利益主体，这是一个价值取向问题。

在人类历史发展进程中，人民群众才是社会发展的主体，是生产力中最为活跃的因子，他们不仅创造了社会的物质财富和精神财富，而且是推动社会变革的决定性力量。既然人民群众是社会发展的主体和决定性力量，那么，我们的一切革命和运动就应该维护广大人民群众的利益。正是在此意义上，马克思、恩格斯指出："过去的一切运动都是少数人的，或者为少数人谋利益的运动。无产阶级的运动是绝大多数人

① 《马克思恩格斯文集》第 1 卷，人民出版社 2009 年版，第 287 页。
② 《马克思恩格斯文集》第 4 卷，人民出版社 2009 年版，第 304 页。

的，为绝大多数人谋利益的独立运动。”[①] 为什么人的问题，是一个根本的问题、原则的问题，对这个问题的不同回答，是区分真假马克思主义政党以及马克思主义政党与其他政党的根本标志。

共产主义远大理想之所以可贵，之所以值得追求，不仅因为它是历史发展的必然，还因为它是人民群众根本利益和彻底解放之所在。离开了人民利益的实现，离开了无产阶级解放和全人类解放，离开了每个人的自由而全面的发展，就不能把握共产主义远大理想的实质和真谛。

可以说，历史上从来没有一种理论像马克思主义这样，与工人阶级和劳动人民的命运如此紧密地联系在一起。正因为这样，马克思主义一经产生，就“在世界的一切文明语言中都找到了拥护者”。中国正是在马克思主义指导下建立起社会主义制度，人民群众才真正掌握了自己的命运、成为国家和社会的主人。中国共产党人坚信人民群众是真正的英雄，是推动历史前进最伟大的力量，其他任何力量都不能与之相比。中国共产党 90 多年来能取得伟大成就，关键在于永远把人民群众作为自己无往而不胜的力量源泉。

因为马克思主义代表着人民的根本利益，马克思主义信仰才能够成为人民所认同的信仰。一个思想、一种学说，要具有强大的生命力，形成持久的影响力，根本的是要依靠科学的力量，得到人民的认同。马克思主义从创立起到今天已经有一个半世纪（170 多年）的时间，之所以能够在世界上、在人民中享有如此高的声望，产生如此巨大而深远的影响，不是因为它玄奥，而是因为它揭示的规律性科学性真理性认识，指明了人民争取解放和创造幸福的方向道路，为人民所接受和信服。马克思主义的真理力量既可以使知识精英折服，也能够打动最普通的群众。马克思主义信仰具有深厚的群众基础，因而具有强大的道义力量。

① 《马克思恩格斯文集》第 2 卷，人民出版社 2009 年版，第 42 页。

四

马克思主义信仰具有鲜明的实践品格

马克思主义信仰具有鲜明的实践品格。马克思主义是以改造世界、创造人间幸福生活为己任的学说。马克思说过，哲学家们只是用不同的方式解释世界，问题在于改变世界。这句名言刻在了马克思的墓碑上，也刻在了马克思主义者的心灵和品格上。马克思主义不满足于“解释世界”，而致力于“改变世界”，它从理论走向变革现实的实践，深刻改变了世界面貌，有力地推动了世界历史进程。因此，马克思主义信仰是我们在认识和改造世界中形成的服务于创造美好生活的实践性信仰。

实践观点不仅是马克思主义哲学的基本观点，而且是包括哲学、政治经济学和科学社会主义在内的整个马克思主义理论体系的基本观点。马克思主义是科学的理论、人民的理论、实践的理论、不断发展的开放的理论，这四者是有机统一的。马克思主义的实践性与科学性是统一的，它在实践的基础上创造性地揭示了人类社会发展规律；马克思主义的实践性与人民性是统一的，它是通过革命实践实现人民自身解放的思想体系；马克思主义的实践性与开放性是统一的，它在实践的基础上不断探索时代发展提出的新课题、回应人类社会面临的新挑战。

马克思主义理论不热衷于理论体系的构建，不满足于纯粹的思辨，而是让理论立足于人的实践活动，让理论成为指导人类改变世界的理论。为了更好地了解工人运动、指导无产阶级改变世界，马克思长期住在最早进行工业化和资产阶级革命、工人数量庞大的伦敦。在深入研究资本主义发展变化的同时，不断总结无产阶级革命斗争经验教训，创立了指导全世界无产阶级工人运动的马克思主义。因此可以进一步看出，马克思主义的立脚点就是要解决人类社会发展中的实际问题，实践性是其本质品格。

马克思主义不是书斋里的学问，而是为了改变人民历史命运而创立的，是在人民求解放的实践中形成的，也是在人民求解放的实践中丰富和发展的，为人民认识世界、改造世界提供了强大的精神力量。理论与实践结合，学以致用、用以促学，是学习和运用马克思主义的方法论。理论与实践的结合和联系是双向的，而不是单向的。理论与实践结合，分析和解决实践中的问题，要以弄清理论为前提，离开理论而仅仅罗列实践中的问题，不可能正确认识和解决实践中的问题；学了理论却将其束之高阁，不去分析和解决实践中的问题，再好的理论也是无用的。

列宁曾说过，马克思“把伟大的认识工具给了人类，特别是给了工人阶级”。这个伟大的认识工具，就是辩证唯物主义和历史唯物主义。辩证唯物主义和历史唯物主义深刻揭示了事物的本质、内在联系及发展规律，为人类把握事物发展规律、解决面临的实际问题提供了科学指南。毛泽东形象地把它比喻为“望远镜”和“显微镜”。正是因为有了辩证唯物主义和历史唯物主义的“望远镜”和“显微镜”，我们才能深刻认识世界的本质、理解人与外部世界的关系，才能洞察人类社会发展规律、把握历史发展大势。马克思主义从理论走向变革现实的实践，深刻改变了世界面貌，有力地推动了世界历史进程。对于人类认识世界、改造世界来说，迄今为止，还没有哪一种理论能够比马克思主义更实用更管用。

实践是检验真理的唯一标准，但一两次实践的成败无法证明一种认识是真理还是谬误。列宁在讲到真理的全面性时说，必须把“人的全部实践”作为真理的标准。每一次个别的具体的实践活动均具有局限性，它既不能完全证明某一认识是正确的，也不能完全证明某一认识是错误的。一种认识是否为真理，需要经过长期、多次的实践检验，经过多个领域、多个地区、多种形式的实践检验。

实践的观点、生活的观点是马克思主义认识论的基本观点，实践性是马克思主义理论区别于其他理论的显著特征。真理性认识的基础和动力是实践，检验真理的标准归根结底也是实践。“人的思维是否具有客观的真理性，这不是一个理论的问题，而是一个实践的问题。人应该在实践中证明自己思维的真理性，即自己思维的现实性和力量，自己思维的此岸性。”这是马克思主义真理精神所特有的实践取向的鲜明表达，它意味着真理性的认识是在人类实践中形成与发展的，全部真理问题在人类实践领域有着最深刻的根源，一旦离开这个根源，关于真理的任何思辨都不过是纯粹经院哲学的问题。以真理的精神追求真理，要求把马克思主义的真理性与人类历史的实践联系起来，特别是与现代世界人类实践的矛盾运动联系起来。

马克思主义信仰与宗教信仰的区别，不仅在于是否以科学理性为基础，还在于是否以改造客观世界为己任。在这方面，马克思主义信仰在本质上不同于宗教信仰，因为宗教信仰就其性质和使命来说是内向性的，主要是对个人心灵生活的规训和安顿，它专注于心灵的宁静，着重发挥信仰的心理调节功能。历史上也有一些宗教或教派超出灵性生活的范围，向着社会政治方向演化，欲变成一种干预社会和国家的力量，结果不仅不能发挥积极作用，反而带来严重的社会问题，并对宗教信仰本身产生危害。这表明，宗教信仰不是指引人们改造客观世界的信仰。而马克思主义信仰虽然也具有一定的心理和精神上的安慰与调节功能，但从根本上说，它的功能更在于指引人们认识世界和改造世界的外向性作用。

马克思主义自从诞生以来，特别是被人们所接受并成为人们的信仰力量以来，深刻地改变了人类社会的面貌，极大地促进了社会进步和发展。不论是旨在推翻资本主义统治的社会主义革命，还是旨在创造美好新生活的社会主义建设，马克思主义都有科学的指导作用，都能够发挥精神引领和精神动力的作用。

马克思主义不仅深刻改变了世界，也深刻改变了中国。近代以后中华民族发展的方向和进程的深刻改变、中国人民和中华民族的前途和命运的深刻改变、世界发展的趋势和格局的深刻改变，都是在马克思主义的指导下实现的。90 多年来，中国共产党之所以能够完成近代以来各种政治力量不可能完成的艰巨任务，就在于始终把马克思主义这一科学理论作为自己的行动指南，并坚持在实践中不断丰富和发展马克思主义。这使我们党得以摆脱以往一切政治力量追求自身特殊利益的局限，以唯物辩证的科学精神、无私无畏的博大胸怀领导和推动中国革命、建设、改革。中国共产党人作为马克思主义信仰者，把马克思主义基本原理与中国革命实际相结合，运用马克思主义立场、观点、方法研究解决各种重大理论和实践问题，夺取了新民主主义革命的胜利，建立了人民当家作主的新中国；新中国成立后，马克思主义又指导人民进行社会主义革命，建立社会主义基本制度，并不断探索社会主义建设的道路，积极吸取正反两方面的经验教训；特别是改革开放以来，我们党又带领中国人民取得社会主义现代化建设举世瞩目的伟大成就，并带领人民进入中国特色社会主义新时代，中华民族展现出前所未有的光明前景。所有这些，都表明马克思主义信仰具有鲜明的实践属性和突出的实践价值，表明马克思主义信仰的实践优势。

马克思主义信仰是具有强烈现实追求的实践性信仰，具有强大的实践力量。实践是检验真理的唯一标准，只有把握了马克思主义的实践品格，马克思主义理论才能在具体的实践中被激活，我们的理论素养才能不断升级。当前，在我国社会主要矛盾发生变化、改革发展稳定任务重等新的时代背景下，我们要注意学习马克思主义的实践品格，不断提高运用马克思主义分析和解决实际问题的能力，不断提高运用科学理论指导我们应对重大挑战、抵御重大风险、克服重大阻力、化解重大矛盾、解决重大问题的能力，把马克思主义经典著作中蕴含的科学原理和科学精神运用到统揽伟大斗争、伟大工程、伟大事业、伟大梦想的实践中去，不断谱写新时代坚持和发展中国特色社会主义新篇章。

五

毫不动摇坚持马克思主义指导思想

指导思想是一个政党的精神旗帜，理论则是一个政党的行动指南。马克思主义是我们立党立国的根本指导思想，也是共产党人理想信念的核心和灵魂。说到坚定信仰、对党忠诚，首先看其是否毫不动摇地坚持马克思主义指导思想。坚持对马克思主义的信仰，坚持和巩固马克思主义指导地位，是党和人民团结一致、始终沿着正确方向前进的根本思想保证。

马克思主义是合规律性与合目的性的统一。马克思主义揭示了世界的本质和规律，揭示了人类社会发展的本质和规律，特别是揭示了资本主义与社会主义的发展规律，是科学的世界观和方法论，是我们认识世界和改造世界的强大思想武器。作为一种新的世界观，马克思主义伴随着工人运动登上历史舞台，这是工人阶级认识到自己的历史地位、历史使命而成为一个有觉悟的阶级的标志。马克思主义是体现人民的根本利益和意志、指引人民争取解放、建设幸福生活的科学理论。

马克思主义指导地位的确立是历史和人民的选择。马克思主义在中国的指导地位，不是个别人也不是一个党的主观意志决定的，而是历史的选择、人民的选择。鸦片战争以后，我国沦为半殖民地半封建社会，无数志士仁人前仆后继，上下求索，寻找救国救民的真理。各种思潮，如改良主义、社会达尔文主义、唯意志论、无政府主义、实用主义、民粹主义、工团主义、民主社会主义等都先后在我国流行过、尝试过，但它们都失败了，成了历史上来去匆匆的过客。只有马克思主义在我国深深扎根，引领中华民族走上了光明之路。包括毛泽东、邓小平在内的我们党的许多早期革命家，最初并不是马克思主义者，而是真诚的爱国主义者。目睹国难当头、民不聊生的惨状，他们头脑中首先产生的是救国救民的意识，他们接触、研究过各种各样的主义，最后认定只有马克思主义才能够救中国。各民主党派、无党派的许多进步人士，他们之所以能同我们党肝胆相照、精诚合作，就是因为他们有与我们党相近甚至相同的救国救民的思想起点，他们也是经过复杂的探索过程以后才信服马克思主义的。正是在马克思主义的指导下，我们党领导全国人民进行新民主主义革命和社会主义革命，推翻了帝国主义、封建主义、官僚资本主义在中国的统治，建立了新中国，确立了社会主义制度，为当代中国一切发展进步奠定了根本政治前提和制度基础。党的十一届三中全会纠正了“文化大革命”的错误，实现了拨乱反正和工作重点的战略转移，重新确立了马克思主义的思想路线、政治路线和组织路线，开启了改革开放历史新时期，成功开辟了中国特色社会主义道路，形成了中国特色社会主义理论体系，取得了社会主义建设的新的伟大成就。我国革命、建设、改革的历史充分证明，没有马克思主义，就没有新中国；没有马克思主义在中国的新发展，就没有中国特色社会主义。在任何时候任何情况下，我们都要坚持马克思主义的指导地位，否则，党和国家的事业就会因为没有正确的理论基础和思想灵魂而迷失方向，就会归于失败。

我们党从成立之初就把马克思主义确立为根本指导思想。无论是处于顺境还是逆境，我们党从未动摇对马克思主义的信仰。

马克思主义是科学的思想体系，是科学的世界观和方法论，揭示了社会历史领域的客观规律，为党和国家的事业发展提供了根本指南，为增进全党全国各族人民团结统一提供了坚实的思想基础。在长期的实践中，我们党正是将马克思主义基本原理同我国的具体实际相结合，创造性地解决了中国革命、建设和改革的一系列重大问题，取得了举世瞩目的重大成就。而新的实践又反过来促进了理论发展，在不断推动马克思主义中国化的进程中，先后形成了毛泽东思想和中国特色社会主义理论体系这两大理论成果，这两大理论成果作为对马克思主义的坚持和发展成为我们党的指导思想，写在党的旗帜上。

在对待坚持以马克思主义为指导问题上，党内绝大多数党员的认识是清醒的、态度是坚定的，不过，也有极少数党员对马克思主义理解不深、理解不透，社会上也存在一些模糊甚至错误的认识。有的认为马克思主义已经过时，有的说马克思主义只是一种意识形态说教等。

每一个社会都有自己占统治地位的意识形态。正如马克思指出的："统治阶级的思想在每一时代都是占统治地位的思想。这就是说，一个阶级是社会上占统治地位的物质力量，同时也是社会上占统治地位的精神力量。"① 不仅社会主义国家，世界上任何一个国家的统治阶级为了巩固其政治统治，都要竭力维护和发展其占统治地位的意识形态，这是一个客观的事实。作为科学的意识形态，马克思主义从一开始就反对资产阶级意识形态的"超党性"的虚伪态度，它公开申明自己是为无产阶级的解放服务的，明确宣布要把消灭一切剥削制度、最终解放全人类作为自己的奋斗目标。

我国是社会主义国家，公有制的主体地位、人民民主的政权性质、共产党的执政地位，决定了我们在意识形态领域只能以马克思主义作为

① 《马克思恩格斯选集》第1卷，人民出版社1995年版，第98页。

党和国家的指导思想。马克思主义指引我们取得了社会主义革命、建设和改革的伟大胜利，进一步推进中国特色社会主义伟大事业仍然要坚持马克思主义的指导地位。在综合国力竞争日趋激烈的今天，西方敌对势力不愿意看到我国的发展壮大，从来没有停止过对我国进行“西化”“分化”的图谋，我们与其进行渗透与反渗透、颠覆与反颠覆的斗争将是长期的、复杂的，有时甚至是激烈的。在严峻的国际形势下，如果我们放弃马克思主义在意识形态领域的指导地位，搞指导思想的多元化，就是自陷困境、自毁长城。

面对新的形势和任务，我们必须继续坚持马克思主义的根本指导地位，进一步将马克思主义科学理论运用于现阶段的新实践，探索解决所遇到的新问题。习近平同志指出：“党要始终坚持把马克思主义作为根本指导思想，作为全党团结前进的精神旗帜，作为改造客观世界和主观世界的强大思想武器。”只有坚持以马克思主义为指导，我们才能沿着正确的道路不断前进，才能战胜前进道路上的种种困难，如期实现我们的奋斗目标。为了将建设中国特色社会主义的伟大事业继续推向前进，我们必须毫不动摇地坚持马克思主义在意识形态领域的指导地位。

在坚持马克思主义指导地位这一根本问题上，我们必须坚定不移，任何时候任何情况下都不能有丝毫动摇。如果背离或放弃马克思主义，就会丧失灵魂、迷失方向，就会与党离心离德，实际上是对党的思想背叛。坚持马克思主义，关键是要做到老祖宗不能丢、又要讲新话，结合中国实际不断发展马克思主义。坚持是发展的基础，发展是最好的坚持。对待马克思主义，无论是采取怀疑、否定态度，还是采取实用主义、教条主义的态度，都是十分有害的。90 多年来，我们党之所以能够完成近代以来各种政治力量不可能完成的艰巨任务，之所以能够领导和推动中国革命、建设、改革不断取得伟大胜利，就在于始终把马克思主义这一科学理论作为自己的行动指南，并坚持在实践中不断丰富和发展马克思主义。

同时，面对新的时代特点和实践要求，马克思主义也面临着进一步中国化、时代化、大众化的问题。马克思主义并没有结束真理，而是开辟了通向真理的道路。恩格斯早就说过：“马克思的整个世界观不是教义，而是方法。它提供的不是现成的教条，而是进一步研究的出发点和供这种研究使用的方法。”

时代是思想之母，实践是理论之源。实践发展永无止境，我们认识真理、进行理论创新就永无止境。把坚持马克思主义和发展马克思主义统一起来，结合新的实践不断作出新的理论创造，这是马克思主义永葆生机活力的奥妙所在。今天，时代变化和我国发展的广度和深度远远超出了马克思主义经典作家当时的想象，迫切需要我们在实践上大胆探索、在理论上不断突破。

马克思主义最鲜明的理论品格、最突出的理论优势就是与时俱进。马克思主义是随着时代、实践、科学发展而不断发展的开放的理论体系，推动马克思主义不断发展是我们党义不容辞的责任。毛泽东思想、邓小平理论、“三个代表”重要思想、科学发展观、习近平新时代中国特色社会主义思想，这些重大理论成果正是中国共产党自觉回应时代呼唤、研究解决重大现实问题而作出的理论创新。我们党以这样开放、发展的姿态对待马克思主义，并推动其不断获得新的生命形态，是忠诚信奉马克思主义的最好方式。

马克思主义始终是我们党和国家的指导思想，是我们认识世界、把握规律、追求真理、改造世界的强大思想武器。我们广大党员要坚持马克思主义的指导地位，坚持把马克思主义基本原理同当代中国实际和时代特点紧密结合起来，推进理论创新、实践创新，不断把马克思主义中国化推向前进。

六

努力掌握马克思主义哲学这个看家本领

中国共产党是靠马克思主义起家的，也要靠马克思主义看家。习近平同志把马克思主义哲学看作中国共产党人的看家本领。“看家本领”是强调马克思主义哲学对共产党人具有特殊重要的作用。

看家本领是唯我独有的本领。在技艺中，看家本领是某种“绝活”；在武林中，看家本领是某个门派高人一等的“绝技”。把马克思主义哲学作为中国共产党人的看家本领，通俗、形象、到位，深刻地揭示了马克思主义哲学是中国共产党人认识世界、改造世界的科学世界观和方法论，深刻揭示了党员干部系统掌握马克思主义哲学的极端重要性。

为什么必须用马克思主义哲学“看家”？这是因为马克思主义哲学是与时俱进的科学理论，是真理与价值的有机统一，揭示了人类社会发展规律，为共产党人站得高、行得远、走得稳提供了科学的世界观和方法论，为坚持和发展中国特色社会主义指明了前进方向。

马克思主义哲学成为共产党人的看家本领，因为它是为工人阶级和被压迫人民的解放而创立的。马克思、恩格斯是“盗火者”和“铸剑人”，他们从总结人类知识和实践经验中取得哲学智慧之火、铸造锋利的理论之剑，使自己的哲学成为为人类解放导向的火炬。马克思说过：

“哲学把无产阶级当作自己的物质武器，同样地，无产阶级也把哲学当作自己的精神武器；思想的闪电一旦真正射入这块没有触动过的人民园地，德国人就会解放成为人”。可以说，其他任何哲学都没有马克思主义哲学这个独特的本领。

马克思主义是为绝大多数人谋利益的，具有强大的道义力量。马克思主义从根本上说就是为人民群众谋幸福的理论，它反对用空洞的“博爱”“人道”掩饰一个阶级对另一个阶级的剥削与压迫，而是把道义落实在具体的社会实践中，追求最终实现全人类的解放。这是一种实质性的道义。我们党正是坚持以马克思主义哲学为指导，坚持以人为本、执政为民，才使党的理想和信仰站在了道义的制高点上，把全国人民紧密团结在自己周围，历经革命、建设、改革的伟大历程，成就了我们党作为马克思主义执政党的历史地位，成就了中国特色社会主义伟大事业，也必将成就国家富强、民族振兴、人民幸福的中国梦。

马克思主义哲学成为共产党人的看家本领，还在于它揭示了客观世界特别是人类社会发展的一般规律。没有把握世界和人类社会发展的一般规律，就不可能认识世界和改造世界。处在对世界和人类社会发展一般规律认识的盲区，就不可能有自由，仿佛全身被缚、动辄得咎。本领来自对规律的把握，来自对必然性的认识。马克思主义哲学基本原理本质上是对客观世界和人类社会发展一般规律认识的理论结晶。没有规律性的认识，就没有马克思主义哲学原理，这是马克思主义哲学与其他哲学的重大区别。马克思、恩格斯不是把哲学仅仅看成哲学家个人的智慧，看成其人生体悟或顿悟。尽管哲学需要体悟，但如果无视客观世界和客观规律以及社会发展规律，所谓的个人体悟往往会流于空疏和玄谈。哲学的力量在于真理，真理的本质在于掌握规律，马克思主义哲学的力量，就在于它是对客观规律的把握。

马克思主义哲学不是脱离实际的抽象理论，它根植于实践土壤和人民斗争，始终与工人运动和社会主义实践紧密联系在一起。马克思主义坚持理论与实践的统一，把揭示社会发展规律与表达工人阶级和人民群众的利益诉求结合起来，找到了实现自己的物质力量。在实践中，马克思主义指导中国共产党领导广大人民群众实现了民族独立、人民解放，确立了社会主义基本制度，实现了从贫困到温饱再到总体小康的历史性跨越，在经济建设、政治建设、文化建设、社会建设、生态文明建设等各方面取得了举世瞩目的成就。这一切，都显示了马克思主义改变世界的强大实践力量。

哲学是人类的智慧之学。在马克思主义三个组成部分中，哲学是基础，掌握马克思主义哲学，是掌握马克思主义完整科学体系的重要前提。马克思主义哲学深刻揭示了客观世界特别是人类社会发展一般规律，在当今时代依然有着强大生命力，依然是指导共产党人前进的强大思想武器。

看家本领不是唾手可得的，需要“学”和“练”。所谓学，就是学习马克思主义；所谓练，就是实践马克思主义。学习马克思主义经典著作，对于掌握马克思主义基本原理非常重要。马克思、恩格斯并没有写原理教科书，马克思主义经典著作就是其基本原理的宝库。经典著作之所以重要，是因为其中每个原理都是鲜活的，既包括对论敌错误观点的驳斥，又包括马克思主义经典作家为什么要如此论述的理论依据、事实依据和无可反驳的逻辑结论。阅读经典著作，不仅能掌握著作中阐述的基本原理，而且能学到经典作家阐述问题的立场、观点、方法。

学哲学、用哲学，是党的一个好传统。党员干部要原原本本学习和研读经典著作。阅读经典著作是读“真经”，直接与马克思主义经典作家的论述见面。恩格斯一再告诉马克思主义的信仰者和追随者，要从经典原著中学习马克思主义，而不是借助二手材料，更不能凭借被一些人歪曲和错误解读的所谓“马克思主义”来理解什么是马克思主义，这种

“马克思主义”看起来高深，实际上是花拳绣腿，不是真本领。

经典著作蕴含和集中体现着马克思主义基本原理，只有认真学习经典著作，才能对马克思主义基本理论领会得更加深透。正如习近平同志指出的：“阅读经典著作，本身就是增长知识、开阔眼界、增加思想深度和训练思维方式的过程，就是培养高瞻远瞩的战略洞察力和脚踏实地的工作作风的过程，会使我们在潜移默化中受到他们崇高风范和人格力量的熏陶，从而实现自己思想境界和道德情操的升华。”当然，马克思主义经典著作卷帙浩繁，党员干部都集中较长一段时间进行脱产学习是有困难的，主要是要靠自己学习，因此要突出重点，选择代表性篇目，精选精学。

掌握一身过硬的看家本领，不仅要阅读经典著作，而且要深入实践。天桥的把式光说不练，徒有其名。本领归根结底要体现在实践能力上，体现在思维能力、判断能力、驾驭全局和解决问题的能力上。没有能力就没有本领，纸上谈兵不是本领，因此，既要认真学习马克思主义哲学的基本内容，更要系统掌握贯穿其中的马克思主义立场观点方法，系统掌握马克思主义基本原理，学会用马克思主义立场观点方法观察问题、分析问题、解决问题，特别是要聚焦现实问题，不断增强改造客观世界和主观世界的能力。

历史唯物主义是马克思主义哲学不可分割的重要组成部分。在革命、建设、改革各个历史时期，我们党运用历史唯物主义，系统、具体、历史地分析中国社会运动及其发展规律，在认识世界和改造世界过程中不断把握规律、积极运用规律，推动党和人民事业取得了一个又一个胜利。历史和现实都表明，只有坚持历史唯物主义，我们才能不断把对中国特色社会主义规律的认识提高到新的水平，不断开辟当代中国马克思主义发展新境界。

要学习和掌握社会基本矛盾分析法。生产力和生产关系的矛盾、经济基础和上层建筑的矛盾存在于一切社会形态之中，决定着社会性质和基本结构，推动着人类社会由低级向高级发展。只有把这两对矛盾结合起来观察，把社会基本矛盾作为一个整体来观察，才能全面把握整个社会的基本面貌和发展方向。今天，我们坚持和发展中国特色社会主义，必须不断适应社会生产力发展调整生产关系，不断适应经济基础发展完善上层建筑，也就是要通过全面深化改革，不断促进社会主义制度自我完善和发展。社会基本矛盾总是不断发展的，调整生产关系、完善上层建筑需要相应地不断进行下去，这就是历史唯物主义态度。

要学习和掌握物质生产是社会生活的基础的观点。生产力是推动社会进步的最活跃、最革命的要素，社会主义的根本任务是解放和发展社会生产力。我们要坚持发展仍是解决我国所有问题的关键这个重大战略判断，坚持聚精会神搞建设、一心一意谋发展，推动我国社会生产力不断向前发展，推动实现物的不断丰富和人的全面发展的统一。物质生产是社会历史发展的决定性因素，但生产关系也可以反作用于生产力，上层建筑也可以反作用于经济基础。必须围绕发展这个第一要务全面深化各领域改革，通过进一步解放思想、进一步解放和增强社会活力，更好地解放和发展社会生产力。

要学习和掌握人民群众是历史创造者的观点。人民是推动历史前进的真正动力，是真正的英雄。中国特色社会主义事业是亿万人民自己的事业，是为了人民、造福人民的事业。要充分相信群众，紧紧依靠群众推动事业发展，尊重人民主体地位、尊重群众首创精神，鼓励地方、基层、群众大胆探索，从人民群众的伟大创造中汲取智慧和力量。要坚持以民为本、以人为本，把实现好、维护好、发展好最广大人民根本利益作为一切工作的出发点和落脚点，让发展成果更多更公平惠及全体人民。

当代世界风云变幻，矛盾错综复杂，当代中国正处在深化改革、攻坚克难，推进中国特色社会主义伟大事业的关键时刻。面对如此繁重的任务，要坚定马克思主义理想信念，筑牢精神大厦的基石，必须充分发挥中国共产党人的看家本领的作用，这样，我们才能克服前进途中的各种困难，无往而不胜。

案例 2

陈望道：信仰的味道是甜的

陈望道（1891.01.18—1977.10.29），原名参一，笔名佛突、雪帆，浙江义乌人，我国著名的社会活动家、教育家、语言学家。早年留学日本，回国后积极提倡新文化运动，任《新青年》编辑，翻译出版了《共产党宣言》第一个中文全译本，是中国共产党上海发起组成员。新中国成立后曾任复旦大学校长，建立了我国修辞学的科学体系，对哲学、语言学、美学等造诣较深。主编《辞海》，著有《修辞学发凡》《文法简论》等专著。

1891 年，陈望道出生在浙江义乌分水塘村一个农民家庭。早年就读于义乌绣湖书院、金华中学、浙江之江大学。

1915 年 1 月，陈望道赴日本留学，先后在东洋大学、早稻田大学、中央大学等校学习文学、哲学、法律等，并阅读马克思主义书籍。

1919 年，五四运动爆发，陈望道结束了 4 年半的日本求学生涯，于 5 月回国，6 月到浙江省立第一师范学校任教。怀抱“实业救国”志向的陈望道，在留洋时结识了河上肇等日本最早的马克思主义学者，接触了马克思主义的日文译著和文章。在这里，他与夏丏尊、刘大白等教师发起国文改革，提倡思想解放，选用鲁迅《狂人日记》作为教材，强烈抨击旧文化；同时，主编校刊《校友会十日刊》，支持学生施存统、宣中华创办《浙江新潮》刊物，两刊遂成五四运动时期浙江传播新思潮的主阵地。

新旧文化、势力、制度的较量，让改革步履维艰。在《浙江新潮》第二期，施存统发表《非孝》一文，强烈抨击封建纲常伦理。反动当局将其视为洪水猛兽，责令校方查办施存统、陈望道等。这引起当时校长经亨颐等师生反对，从而爆发著名的“一师风潮”。“一师风潮”虽然在京沪等地声援下取得一定胜利，可陈望道却被迫离开学校。

在这次风潮中，陈望道通过革命烈火的磨炼受到深刻的教育。他进一步认识到，改良是无济于事的，必须要对旧制度进行根本的改革，必须有一个更高的辨别准绳。这个准绳是什么，便是马克思主义。

为了传播真理，陈望道于1920年农历春节前毅然返回故乡义乌分水塘村，着手翻译马克思、恩格斯合著的《共产党宣言》。基于坚定的信念，他住在家宅旁一间破陋的柴屋里，两张长凳架起一块木板，既是床铺，又是书桌。他克服了寒冷等多种困难，夜以继日地忙于翻译。

红糖蘸粽子是义乌春节的传统食物。一日，母亲张翠姐送完餐后，在屋外喊："红糖够不够，要不要我再给你添些？"正忙着翻译的陈望道应声答道："够甜，够甜了！"谁知，当母亲进来收拾碗筷时，却发现陈望道的嘴角满是墨汁，红糖一点儿没动。原来，儿子竟然是蘸着墨汁吃掉粽子的！母子二人相视大笑。陈望道粽子蘸墨汁还连声说甜的"糗事"，让信仰有了滋味。

历时两个月，1920年4月底，陈望道完成了《共产党宣言》的翻译工作。5月，陈望道将《共产党宣言》中文全译本稿带至上海，交由陈独秀和李汉俊校阅。8月，《共产党宣言》中译本由上海社会主义研究会列为社会主义研究小丛书的第一种中文全译本正式出版。初版的千余册立即销售一空，又应读者要求于同年9月重版。1921年9月，中国共产党在上海成立了人民出版社，决定重印《共产党宣言》，截至1926年5月，此书已相继印行17版，足见其流传之广和受读者欢迎的程度。

应陈独秀之邀，陈望道到上海后就参与《新青年》杂志的编辑工作。1920年底，陈独秀赴广东，陈望道遂主持《新青年》的编辑工作。《新青年》杂志是陈独秀于1915年创办的，五四运动后，由一个激进民主主义刊物转变为宣传马克思主义的刊物。陈望道主持《新青年》的编辑工作后，对《新青年》进行改革，使它成为宣传马克思主义的重要阵地，不仅译介了大量的革命论著，还开辟了《俄罗斯研究》专栏，介绍苏维埃俄国的变化和成就，影响很大。

1920年8月，中国第一个“马克思主义研究会”（亦称共产主义小组）在上海正式成立，书记为陈独秀，参加的成员有陈望道、李汉进、李达等。上海共产主义小组成立后，陈望道积极参与并做了许多工作，诸如筹建社会主义青年团、出版共产主义小组的内部理论刊物《共产党》月刊的创刊等。陈望道还一度担任劳工部长，曾帮助筹建上海机器工会、印刷工会、纺织和邮电工会等，使马克思主义与工人运动紧密结合；他在党创办的外国语学社讲授《共产党宣言》，刘少奇等一批后来的党和国家领导人都曾是学员，为积极组织和发动工人运动作出了重要的贡献。

1952年，陈望道任新中国首任复旦大学校长，之后，他每天穿梭在校园当中，关心着师生，甚至图书馆里一盏坏了的灯泡。为了使复旦大学有一个好的学风，陈望道在一些重要的场合都要谈学风问题，大大促进了学校优良学风的建立。许多学生树立起为人民服务的思想，坚持走又红又专的道路。学生学业基础扎实，毕业后分配到祖国各地，大都成了栋梁之材。陈望道不仅倡导建立优良的学风，而且还身体力行，积极实践。他坚持用马列主义、毛泽东思想指导科学研究和教育工作，主张讲究实际，反对说空话，无论是办事还是写文章，他都坚持科学的实事求是的态度。

马克思主义的信仰始终根植在陈望道的血脉中。每年9月开学典礼，作为校长的陈望道致辞时，多次对学生说，马克思主义就是一种科学，而且是一种极其重要的科学，是一切科学的科学、一切工作的科学，对于一切科学、一切工作都有指南的作用，它能帮助我们高瞻远瞩，勇往直前。在毕业季给毕业生的题词中，陈望道也是语重心长地写下：到祖国所最需要的地方去，全心全意为人民服务。

回顾陈望道的一生，那些生命中灿若辰星的闪光点，就着信仰的力量，一脉相承，塑造起越来越丰盈的人生。

墨汁为什么那样甜？因为这是信仰的味道。信仰的味道是甜的，只有真正的共产党人才能品味得到。

第四章

坚定远大理想和共同理想

*

共产主义远大理想和中国特色社会主义共同理想，是中国共产党人的精神支柱和政治灵魂，也是保持党的团结统一的思想基础。坚定理想信念，既要树立共产主义远大理想，又要坚持中国特色社会主义共同理想。没有远大理想，就会迷失前进方向；离开现实工作，再远大的理想也是空想，必须把践行共同理想和坚定远大理想统一起来，自觉做共产主义远大理想和中国特色社会主义共同理想的坚定信仰者和忠实实践者。

一

共产主义是人类最崇高的社会理想

共产主义理想是工人阶级及其政党以实现共产主义为基本内容的奋斗目标，是共产党人的最高理想。党章指出："中国共产党是中国工人阶级的先锋队，同时是中国人民和中华民族的先锋队，是中国特色社会主义事业的领导核心，代表中国先进生产力的发展要求，代表中国先进文化的前进方向，代表中国最广大人民的根本利益。党的最高理想和最终目标是实现共产主义。"共产党员既然加入了中国共产党，就必须树立共产主义信仰，其他别无选择。

共产主义是由马克思和恩格斯通过批判地吸收空想社会主义的思想成果，运用辩证唯物主义和历史唯物主义的科学世界观分析社会发展的客观规律，认真总结工人运动的实践经验而提出来的一种光辉的社会思想。共产主义是建立在对人类社会发展规律正确认识基础上的科学预见，是最科学、最进步、最美好的人类理想，描绘出生产力高度发达、社会产品极大丰富、人的精神境界极大提高的美好景象，是共产党人对未来更高级社会形态必然性的坚信和追求。

共产主义社会是指未来社会的理想制度与美好愿景。提起共产主义社会，人们自然而然地就会想到马克思恩格斯早就为我们设定好的共产主义社会的美好蓝图：自由人的联合体；每个人自由而全面的发展，人类由必然王国向自由王国的飞跃；人民当家作主；生产力高度发达，社会财富极大丰富；生产资料全民所有制；产品经济形态；实行各尽所能、按需分配的分配原则；劳动已经不再是谋生的手段，而是人们生活的第一需要；阶级差别和重大社会差别已经消灭；社会关系和谐，思想境界高尚，全体社会成员具有大公无私的精神境界、具有毫不为己专门为人的共产主义觉悟和勇于自我牺牲的高尚思想道德品质；私有制、国家和阶级的消亡等。这些设想，涵盖了物质和精神、个人和社会、生产力和生产关系、经济基础和上层建筑等各个方面，是对理想社会状态的科学预测，寄托了人类关于美好未来的全部情愫和渴望。

毛泽东同志在 1940 年 1 月发表的《新民主主义论》中，对中国共产党为什么选择社会主义、共产主义作为自己的理想信念作了这样的说明："共产主义是无产阶级的整个思想体系，同时又是一种新的社会制度。这种思想体系和社会制度，是区别于任何别的思想体系和任何别的社会制度的，是自有人类历史以来，最完全最进步最革命最合理的"。他认为以往的封建主义、当时的资本主义、形形色色的社会主义都不能代表人类文明进步的方向，都不能将中国带入一个光明的世界，都不能为广大的劳苦大众带来真正的幸福生活，而唯有"共产主义无限美妙"，深受广大农民工人的欢迎，使劳动者可以获得真正的自由与解放。

中国共产党人在对当时中国社会现实深刻认识的基础上，通过对各种制度、各种思潮、各种信仰的认真研究比较，得出了共产主义社会是最文明、最进步、最合理、最美好、最值得先进分子追求的理想，是最有益于大多数劳苦大众的美好社会。由此，对这种美好社会的追求就成为中国共产党人矢志不移的远大理想，成为中国共产党带领亿万人民为之浴血奋斗的最高纲领；对这种美好社会的追求曾经激励了无数共产党人和热血青年为之而奋斗终身，他们抛头颅、洒热血，鞠躬尽瘁、死而后已，无怨无悔，生生不息、奋斗不止。习近平总书记在深刻理解共产主义社会的文明性、进步性、道义性的基础上，将对共产主义社会的追求和共产主义远大理想的坚持提升到了一个新的高度："坚定理想信念，坚守共产党人精神追求，始终是共产党人安身立命的根本。对马克思主义的信仰，对社会主义和共产主义的信念，是共产党人的政治灵魂，是共产党人经受住任何考验的精神支柱"。

共产主义作为一种理想的社会制度具有必然性。共产主义是历史发展规律的必然要求，代表人类文明发展的必然趋势。马克思主义创始人从"人的发展"与"物的发展"这两条思路，全面而深刻地揭示了人类社会终将进入最理想社会的历史必然性。从"出发点"看，这个历史必然性是着眼于全人类的全面发展和真正解放，这正是人的发展的必然趋势；从"着眼点"看，是物质生产力，而生产力有自身发展的无限要求和必然趋势，由此推动社会不断进步，这是任何人都改变不了也阻挡不了的；从"落脚点"看，是人类追求更高水平文明的强烈愿望，这是人类改造社会、不断向更高社会形态迈进的精神动力。因而，共产主义不仅是社会历史发展的必然，也是人类最伟大的事业。

马克思、恩格斯认为，社会主义社会只是共产主义社会的第一阶段，人类社会真正的理想境界是共产主义社会形态。共产主义不仅要把人从私有制统治下解放出来，而且要为人的自由而全面的发展开辟无限广阔的前景。一切民族，不管他们所处的历史环境如何，都注定要走这条道路，以便最后都达到在保证社会劳动生产力极高度发展的同时又保证人类最全面的发展这样一种经济社会形态。

马克思、恩格斯指出，人的解放和自由全面的发展只有在历史转变为世界历史的条件下才能实现。每一个单独的个人的解放程度是与历史完全转变为世界历史的程度相一致的。仅仅因为这个缘故，各个单独的个人才能摆脱各种不同的民族局限和地域局限，而同整个世界的生产

（也包括精神的生产）发生实际联系，并且可能有力量来利用人类创造的一切文明成果。各个个人的全面的依存关系、他们的这种自发形成的世界历史性的共同活动的形式，由于共产主义革命而转化为对那些异己力量的控制和自觉的驾驭，人终于成为自己的社会结合的主人，从而也就成为自身的主人——自由的人。到那时，人们才完全自觉地自己创造自己的历史。

马克思、恩格斯认为，随着私有制的废除和共产主义制度的普遍实行，民族国家将逐渐自行消亡。国家真正作为整个社会的代表所采取的第一个行动，即以社会的名义占有生产资料，那时，国家政权对社会关系的干预在各个领域中将先后成为多余的事情而自行停止下来。那时，对人的统治将由对物的管理和对生产过程的领导所代替。国家不是“被废除”的，它是自行消亡的。与国家的消亡相联系的是阶级和阶级对立、旧的社会分工和城乡差别的逐步消除，人的自我异化以及人与自然的对立的逐步消除。“代替那存在着阶级和阶级对立的资产阶级旧社会的，将是这样一个联合体，在那里，每个人的自由发展是一切人的自由发展的条件。”

“人的全面而自由的发展”，是人类极其崇高的价值追求。共产主义之所以被提出，首先必定基于一种动机和态度、一种追求和渴望，即一种价值观。可以断言，“全面而自由的发展”是人类最简洁、最崇高、最能反映最大公约数的价值表达。

马克思在《〈政治经济学批判〉序言》中深刻指出，无论哪一种社会形态，在它所能容纳的全部生产力发挥出来以前，是绝不会灭亡的；而新的更高的生产关系，在它的物质存在条件在旧社会的胎胞里成熟以前，是绝不会出现的。资本主义世界虽然发生了几次大的经济危机，但仍然具有很强的修复能力。近年来，西方主要资本主义国家增加国家干预、提高工人福利、重视科技创新，使它的生产力发展获得了一定的空间和回旋余地。但必须看到，资本主义生产资料私有制和社会化大生产的基本矛盾没有变，它的固有弊端无法根除，西方国家所作的政策调适，只是局部的修修补补，无济于事，不能从根本上治愈资本主义的绝症。资本主义必然灭亡，社会主义必然胜利，资产阶级的灭亡和无产阶级的胜利是同样不可避免的。

马克思说："我们不想教条地预料未来，而只是希望在批判旧世界中发现新世界。"马克思、恩格斯揭示了人类社会发展的一般规律与资本主义社会的基本经济规律，指明了资本主义必然灭亡，社会主义、共产主义必然胜利的历史必然趋势。

共产主义作为科学理论具有真理性。共产主义学说是建立在辩证唯物主义和历史唯物主义哲学基础之上的科学理论，它为正确分析社会发展问题提供了科学的认知方法，为未来社会发展描绘了美好蓝图。共产主义的真理性不是与生俱来的，它是马克思恩格斯在深入研究总结人类历史发展规律的基础上形成的科学理论。科学社会主义的创立不是一次完成的、而是一个在实践基础上由萌芽到形成，由不完善到逐步完善的过程。一百多年来，这一科学理论经受了严峻考验，表现出强大的生命力。

中国共产党人以马克思主义理论作为自己的行动指南，站在马克思主义唯物辩证法与唯物史观的高度，坚信实现社会主义、共产主义符合事物发展的规律，符合人类社会发展规律，代表着人类文明发展进步的方向，符合历史发展的必然趋势。坚持社会主义道路，追求共产主义的远大理想，是在走"历史的必由之路"。

共产主义的崇高理想之所以与其他社会理想相区别，根本原因在于它是符合人类社会历史发展的客观规律的，具有历史的必然性。历史发展到今天，共产主义的崇高理想依然是我们党的凝聚力、向心力、战斗力的重要源泉，依然是共产党人团结奋进的精神动力。共产党员要在新形势下坚定理想信念，必须坚信共产主义远大理想的科学性，牢固确立为共产主义理想而奋斗的远大目标。

二

共产主义终将实现而非虚无缥缈

自马克思、恩格斯创立科学社会主义理论以来，世界上很少有一种学说像共产主义这样反复遭到来自不同方面的偏见、误解、调侃甚至仇恨，很少有一种学说承担了比共产主义更为沉重的历史负担。有人说共产主义“没有见过”，有生之年可能也不会见到，它只是人们头脑中的“乌托邦”；有人认为共产主义理想的实现遥遥无期，进而将共产主义看成虚无缥缈的海市蜃楼、与现实毫不相关的东西。这种认识是错误的。

共产主义是马克思在科学研究社会发展规律后提出的人类社会发展的终极目标。马克思、恩格斯认为，按其成熟程度，共产主义社会形态可分为低级阶段和高级阶段，通常分别称之为社会主义社会和共产主义社会。我国还处在社会主义的初级阶段，离恩格斯描绘的社会主义状态还需要几代甚至几十代人的努力。于是一些人认为，共产主义既然很遥远，那就成为水中月、镜中花，可望不可即了。

某些人以“没有见过”为理由讥讽为崇高理想奋斗，这无异于根本否认一切社会理想。因为理想之所以为理想，正因为它还不是实际存在的事物。科学的理想来自现实，又高于现实，可以通过人们的实践转化为新的现实。今天的现实，可能是昨天的理想；今天的理想，可能成为明天的现实。“没有见过”，才名之曰“理想”。理想一旦成为人皆见之的现实存在，就不再是理想，而被新的更高的理想所取代了。只有形而上学思维方式支配下的不思进取的庸人，才拒斥和嘲讽一切“没有见过”的理想，把现存社会凝固化、永恒化，当作他们的“理想”。

科学共产主义理想与空想的区别，不在于人们“见过”或“没有见过”，而在于现实中是否有其客观根据。共产主义理想的客观根据，就存在于现实的资本主义社会之中。列宁说：“马克思提出共产主义的问题，正像一个自然科学家已经知道某一新的生物变种是怎样产生以及朝着哪个方向演变才提出该生物变种的发展问题一样。”① 马克思所根据的是，共产主义是历史地从资本主义中发展出来的，是资本主义的社会基本矛盾、资本主义内部所产生的社会力量发生作用的必然结果。对于未来的共产主义社会，马克思主义只是指出其发展趋势和基本特征，历来反对幻想式地去预测未来。1881 年，荷兰社会民主党人写信向马克思请教：假如取得了政权，为了保证社会主义的胜利，在经济和政治方面的首要的立法措施应当是什么？马克思在复信中严肃地指出，现在提出这个问题是不着边际的，这是一个幻想的问题，“对这个问题的唯一的答复应当是对问题本身的批判”。因为，“如果一个方程式的已知各项中不包含解这个方程式的因素，那我们就无法解这个方程式。”② 正是因为具有这种严格的科学精神，共产党人没有陷入空想，而是一步一个脚印地向着远大理想前进。

在 1949 年之前，人民民主专政的社会主义的新中国是“没人见过”的理想；在 20 世纪末之前，基本建成小康社会也是“没人见过”的理想，但它们都已经在中国共产党人和中国人民的奋斗中变成了现实。全面建成小康社会、建成富强民主文明和谐的社会主义现代化国家、实现

① 《列宁专题文集·论马克思主义》，人民出版社 2009 年版，第 255—256 页。
② 《马克思恩格斯文集》第 10 卷，人民出版社 2009 年版，第 458 页。

中华民族伟大复兴的“中国梦”，尽管今天仍然只是美好的梦想，但是已经比历史上任何时期都更接近于实现。马克思主义指导下确立的奋斗目标一个接着一个从理想变成现实，这是亿万中国人民的实践对共产主义理想必然实现的最强有力的证明。

其实，共产主义并非是抽象的、看不见摸不着的东西，而是现实的运动。在马克思主义的语境里，共产主义不是思想家头脑里的乌托邦，而是活生生的实践、现实的运动。共产主义是遵循客观规律的现实运动。对人的解放的共产主义的追求是马克思恩格斯毕生的信念。但必须看到，马克思恩格斯的共产主义概念，涵盖了共产主义理想、共产主义运动、共产主义社会和共产主义信仰等丰富内涵。从社会形态看，对于未来的共产主义社会，马克思主义经典作家只是指出其发展趋势和本质规定，他们从来没有幻想式地去预测未来，更是明确反对对未来社会做细枝末节的具体描绘。

人类走向共产主义是基于历史发展规律的结论。这一规律是以唯物史观为哲学基础的，它揭示的是事物发展的必然性，但这并不意味着坐等就可以等来共产主义社会。人们唯有通过艰苦的社会实践，克服重重障碍和巨大阻力才能迎来光明的未来。在《德意志意识形态》中，马克思恩格斯指出：“共产主义对我们来说不是应当确立的状况，不是现实应当与之相适应的理想。我们所称为共产主义的是那种消灭现存状况的现实的运动。这个运动的条件是由现有的前提产生的”。这就是说，共产主义既是科学的理论，又是社会实践；既是一种理想，又是为实现理想而展开的现实的运动。实现共产主义必须行动起来，必须在实践中为其不懈奋斗。

当下一些人之所以认为共产主义可望而不可即，是虚无缥缈的“空中楼阁”，最根本的原因就在于没有把共产主义看成科学理论、实践运动和崇高信仰的有机统一体。马克思和恩格斯创立了辩证唯物主义和历史唯物主义，发现了人类历史发展规律，揭示了资本主义生产方式和资本主义社会的运动规律，指明了资本主义必然灭亡的历史趋势和人类社会发展的共产主义前途。时代前行，风云变幻，马克思主义基本原理不会过时，资产阶级灭亡和无产阶级胜利的趋势不会改变。当然，共产主义代替资本主义是一个长期、艰巨、曲折的历史过程，共产主义只有到了全世界生产力和文明水平高度发达的时候，在社会主义充分发展的基础上才能实现。只有深悟这一历史发展规律，才能在任何艰难困苦的情况下都坚信共产主义一定会实现。

懂得科学社会主义基本原理的人都知道，我们所说的共产主义，指的是共产主义社会的高级阶段，而社会主义社会是共产主义社会的第一阶段，但并没有否认这两者是一个有机整体，更没有否认社会主义社会是广义共产主义社会的一个发展阶段。从这个意义上说，今天我们已经走在共产主义（第一阶段）的路上。坚持和发展中国特色社会主义，就是向着最高理想、向着共产主义高级阶段所进行的实实在在的努力。

共产主义绝不是“土豆烧牛肉”那么简单，不可能唾手可得、一蹴而就。客观地讲，我们现在的发展水平距“各尽所能、按需分配”的共产主义还有很大距离，还有很长的路要走。但有很长的路要走并不意味着遥遥无期，我们绝不能把“长期”当成“无期”，绝不能因为实现过程漫长就认为共产主义是虚无缥缈的海市蜃楼。如果大家都觉得共产主义是看不见摸不着的东西，没有必要为之奋斗和牺牲，那共产主义就可能真的永远实现不了。作为共产党员，必须坚定共产主义理想，为实现这个美好理想而不懈奋斗。

我们并不否认，人类要完全达到共产主义社会所规定的程度，确实是一个相当长的历史过程。但只要人类朝着发展生产力、推动文明进步和人的全面发展的方向不懈努力，总有一天我们能够到达理想的彼岸。更重要的是，实现共产主义作为一个历史的过程，在每一个历史时期都有其特定的现实的历史任务，并根据具体的历史条件实施符合实际的路线方针和政策，恩格斯将其称为“现实的共产主义运动”。对于中国共产党人来说，中国特色社会主义事业的最终发展方向必然是共产主义，而现阶段就是要为实现中华民族伟大复兴、建设富强民主文明和谐的社会主义现代化国家而奋斗。

这一伟大实践既不虚无，更不缥缈，共产主义一直就在我们身边，是和我们的社会主义事业、个人的理想追求实实在在地结合在一起的。几十年来，我们党的理想的力量和作用，就是活生生地贯穿在党的事业的历史进程中，就是表现在我们工作的现实中，就是体现在广大共产党人的行动中。为建立新中国英勇奋斗、为建设新生活顽强奉献的许许多多的英模，就是我们党的理想的化身。我们今天所从事的中国特色社会主义建设，就是在共产主义理想的指引下，朝着实现共产主义远大目标奋进！我们现在正在做的工作、干的事业，正是与共产主义相一致、相连接的，我们现在每时每刻都在朝着共产主义一步步地迈进！

共产主义远大理想虽然要经过几代甚至几十代人的努力，但它也是可期待的将来，而非虚幻。共产主义必胜，但不会速胜；实现共产主义是长期的过程，但绝不是虚无缥缈。树立共产主义远大理想，为实现共产主义添砖加瓦，必须从现在做起、从自己做起。只要一代又一代共产党人前赴后继、接力奋斗，共产主义理想就一定能实现。

三

中国特色社会主义是共同理想也是现实事业

中国特色社会主义共同理想，是在改革开放背景下、在中国特色社会主义道路开辟中逐步形成的全国各族人民的共同奋斗目标，它的形成经历了一个过程。党的十二届六中全会首次提出了“中国各族人民的共同理想”，即“建设有中国特色的社会主义，把中国建设成为高度文明、高度民主的社会主义现代化国家，这就是现阶段全国各族人民的共同理想”。党的十四届六中全会报告正式提出了“中国特色社会主义的共同理想”，并把“在全民族牢固树立建设有中国特色社会主义的共同理想”确定为社会主义精神文明建设的主要目标。党的十六届三中全会通过的《中共中央关于构建社会主义和谐社会若干重大问题的决定》，明确指出中国特色社会主义的共同理想对构建和谐社会、实现中华民族伟大复兴具有重大而深远的意义。党的十九大报告指出：“共产主义远大理想和中国特色社会主义共同理想，是中国共产党人的精神支柱和政治灵魂，也是保持党的团结统一的思想基础。”要求全体党员自觉做共产主义远大理想和中国特色社会主义共同理想的坚定信仰者和忠实实践者。

共同理想首先是相对于个人理想而言的，它指的是群体的理想。从这方面说，共同理想比个人理想有更大的广泛性。当一种理想只为个别人所持有而没有为更多的人所接受时，就不成其为共同理想。只有当这一理想为一个社会或一个团体中多数人或至少是许多人所接受而成为他们的行动的目标时，才成为共同理想，当我们说到共同理想时就是从它的广泛性上说的。虽然任何一种理想都是尽可能地力图为更多的社会成员所接受，但是并不是每一个理想都能如愿以偿。有的理想还没等成为共同理想，就已经销声匿迹了。当然，一种理想从社会中产生，往往总不至于只有一个人接受它，而是总会成为某些人的理想。从这个意义上说，每一种理想都算是共同理想。这样，共同理想就分为少数人的共同理想和多数人的共同理想，但两三个人的“共同理想”只是在小圈子内，它只是少数人的共同理想。而我们党的文献中讲的共同理想则指多数人的共同理想，指的是我国社会中大多数人都接受的关于建设中国特色社会主义事业这一理想。

从实践性上来说，理想是来源于实践的，是一个人的世界观、人生观综合的产物，个人理想是我们对生活的一种未来预期，是我们对未来发展的规划。我国现在正处于社会主义发展初级阶段，建设中国特色社会主义、实现中华民族伟大复兴是现阶段我国各族人民的共同理想，在这样的一个大环境下，无论是工人、农民还是知识分子或其他的劳动者，都会把实现中华民族伟大复兴作为自己的本职任务，因此，当我们想要为自己设立一个理想时，是会受到社会的影响的。现阶段我国各民族的共同理想正在被社会所实践，我们是不可能摆脱社会的大环境去设立理想的。脱离了社会实践，与社会主义共同理想相违逆的理想是没有实践性的，所以我们只有将个人理想与社会主义共同理想结合，才能获得有实践性的理想。

从实现可能性方面来说，在社会主义共同理想已经被确立的环境下，为了进行社会主义的建设，社会创造了很多实现中国特色社会主义共同理想的条件。中国特色社会主义共同理想是能够保证全体人民团结奋斗、克服困难、争取胜利的理想，在这种条件下，不能成就社会主义共同理想的个人理想是孤立的，是难以与别人的理想产生共鸣的，是没有实现可能性的，可以说是错误的理想，甚至可以说只是一种空想，是没有任何意义的。只有当个人理想与社会主义共同理想相结合时，我们的理想才更容易实现，才有实现的可能性。

当我们树立个人理想时，个人理想必须服从社会主义共同理想。因为个人是社会的一部分，没有社会就没有个体。当个人理想不够进步时，一个崇高的社会主义共同理想可以让我们的个人理想变得进步。

共同理想是相对于最高理想而言的，它指的是现阶段的理想，或最高理想在现阶段的具体体现。与最高理想相比，共同理想有更大的现实性。它之所以有更大的广泛性，就在于它有更大的现实性。理想的实现是一个过程，越是高远的理想，其实现的过程也就越长。在这方面，共同理想是最高理想的现实体现，它与现实条件密切相关，它的实现也比最高理想的实现更容易，也可以说有更大的现实性。当然，共同理想的现实性也反映了最高理想的现实性。

我们当前的共同理想是建设中国特色社会主义，在 21 世纪中叶实现社会主义现代化，把我国建设成为富强、民主、文明、和谐、美丽的社会主义国家。这个共同理想也是中国人民的共同信念。这个共同的理想和信念具有丰富的内涵，它是社会主义理想信念和爱国主义理想信念的有机统一。

中国特色社会主义的共同理想和信念，首先是一种社会主义理想信念。我们搞的是社会主义事业，社会主义事业对我们来说既是现实，又是理想：一方面，我们是生活在社会主义制度下，并实际地从事着建设社会主义的工作，社会主义对我们来说是现实；另一方面，社会主义对我们来说也是理想，因为我们现在的社会主义还不完善，现代化也没有实现，我们还要为此而奋斗。邓小平指出："现在虽说我们也在搞社会主义，但事实上不够格。只有到了下世纪中叶，达到了中等发达国家的水平，才能说真的搞了社会主义，才能理直气壮地说社会主义优于资本主义。现在我们正在向这个路上走。”不仅如此，在邓小平关于社会主义本质的规定中，既包括了社会主义的现实，也包括了社会主义的理想。比如共同富裕就是现在人们热切期盼的一种理想。

中国特色社会主义的共同理想和信念，也是一种中华民族的爱国主义理想和信念。国家的统一和富强，民族的振兴和进步，是几代中国人的理想和信念。它鼓舞着一代代中国人为此而奋斗牺牲。中国共产党人具有最为坚定的爱国主义理想和信念，并把它与社会主义理想和信念融为一体。在这个理想信念鼓舞下，中国共产党带领中国人民取得了新民主主义革命的胜利，建立了新中国，现在正在为建设有中国特色社会主义而奋斗。这个共同理想既是现阶段社会主义理想信念的集中体现，也是当代爱国主义理想信念的最高体现。

中国特色社会主义共同理想不是一句简单的口号，而是具有丰富具体的内涵。我们党提出的中国特色社会主义共同理想，包含了人们对美好生活的向往，包含了实现人的全面发展和社会全面进步的共同愿景，包含了建立公平公正的社会制度的价值诉求等。具体来说，中国特色社会主义共同理想包含三方面内容：一是实现在物质文明和精神文明共同发展基础上的小康社会的生活目标，如国泰民安、民富国强、社会安定、生活殷实、人际和谐、精神充实等；二是实现健全合理的价值诉求，如物质需求与精神需求的统一、效率与公平的平衡、人与自然环境的和谐、社会资源分配的公正等；三是建立和完善社会制度，如中国特色社会主义的经济制度、政治制度和文化制度等，为前两方面目标的实现提供制度保障。

我们应当坚信，中国特色社会主义共同理想是符合历史发展规律的。中国特色社会主义既坚持了科学社会主义基本原则，又根据时代条件赋予其鲜明的中国特色，是党的最高纲领和最低纲领的统一，与共产主义远大理想具有根本一致性，充分体现了中国社会发展的历史规律。它植根于中国大地，反映了中国人民共同意愿，适应了中国和时代发展的进步要求，科学回答和解决了中国这样一个人口多底子薄、发展中的社会主义大国面临的历史性课题，使我国综合国力大幅提升，人们生活显著改善，国际地位空前提高，经济总量跃居世界第二，从根本上改变了中国人民和中华民族的前途和命运。历史和实践充分证明：只有用中国特色社会主义共同理想指引方向、凝聚人心、鼓舞士气，才能形成全民族奋发向上的精神力量，巩固全国各族人民团结奋斗的共同思想基础，战胜前进道路上的一切困难，实现中华民族的伟大复兴。

党的领导是实现中国特色社会主义共同理想的最根本保证，只要党员尤其是党员领导干部自觉做中国特色社会主义共同理想的坚定信仰者、忠实实践者，保持在理想追求上的政治定力，在各项工作中充分发挥先锋模范作用，中国特色社会主义共同理想就一定能够变成现实。

四

坚持远大理想与共同理想的辩证统一

理想分为远大理想和共同理想。

中国共产党始终坚持马克思主义的指导地位，始终具有远大的共产主义理想，具有中国特色社会主义共同理想。

远大理想是一个政党依据社会发展的客观规律对未来社会发展图景所作的科学预设和构想，规定了人类社会发展的最终目标或长远目标，从思想上鼓舞人们不懈追求和奋斗。如果说共同理想具有一定的实效性、相对的可变性、目标的渐进性等特征，那么远大理想则具有相对的稳定性、目标的长远性、宏观的指导性等特征。建立共产主义社会的远大理想，是人类社会发展的最高级的社会形态。在共产主义社会里，每个人得到自由而全面的发展，整个人类获得彻底的解放和自由，从必然王国进入自由王国。共产主义远大理想是共产党人的最高理想，它树立了共产党员的奋斗目标，使全体共产党员明确了前进方向，更好地激励共产党员在中华民族伟大复兴的征程中发挥主动性、积极性和创造性。

共同理想指建设中国特色的社会主义，把我国建成富强民主文明和谐美丽的社会主义现代化强国，实现中华民族伟大复兴。中国特色社会主义共同理想是社会主义核心价值体系中的基本内容，主要表现为坚定对中国共产党的信任，坚定走中国特色社会主义道路，坚定实现中华民族的伟大复兴。中国特色社会主义共同理想的理论基础是中国特色社会主义理论体系，这一理论体系包括邓小平理论、“三个代表”重要思想、科学发展观、习近平新时代中国特色社会主义思想等在内的科学理论体系，它正确地回答了和正在不断地解决中国特色社会主义建设中的重大理论问题与现实问题，如：中国的发展道路、发展阶段和根本任务等一系列问题。中国特色社会主义共同理想既是对中国社会发展规律的正确认识，也是中国人民共同利益和愿望的根本体现。这个共同理想把中国共产党在社会主义初级阶段的目标、国家的发展、民族的振兴和个人的幸福紧密地联系在一起，把各个阶层、各个群体的共同愿望有机结合在一起，具有令人信服的必然性，具有强大的感召力和凝聚力，能够为中国社会的各个阶层和群体广泛接受，是民心所向，是凝聚全民族、全社会的旗帜。

共产主义远大理想是建立在科学基础之上的社会理想，它是人类历史上最崇高的社会理想；中国特色社会主义共同理想是全体中国人民现阶段的共同理想。建设中国特色社会主义的共同理想与实现共产主义的远大理想是相互统一的。

共产主义远大理想作为人类社会发展的必然趋势，是中国特色社会主义共同理想的价值目标和理论来源，是中国特色社会主义共同理想的目的和归宿，是中国特色社会主义共同理想的思想基础和最高原则，指导和引领着中国特色社会主义共同理想的发展方向。从我国的社会主义发展阶段看，实现共产主义始终是我们党的最高理想和最终目标，从毛泽东领导的新民主主义革命，到邓小平引领的改革开放，再到习近平同志提出的“中国梦”，尽管社会主义的发展道路随着具体历史条件的变化有了新的表述，但是共产主义的价值追求贯穿始终，随时检验并调整着我们社会发展的方向和性质。从我国社会主义建设的国际环境看，资本的恣意扩张带来了全球性的分工不合理和贫富差距拉大，国与国之间的经济、政治、文化利益冲突不断，人类社会的和谐秩序时时经受挑战，马克思、恩格斯在共产主义理论中对人类社会不合理状况的批判仍然有效，共产主义远大理想仍然是我们应对现实矛盾的价值指引和思想武器。从我国社会主义建设的国内环境看，共产主义远大理想为我们提供了科学的制度理念和价值引导。党的十九大明确提出在中国特色社会主义新时代，我们坚持以人民为中心的发展思想，不断创造美好生活，不断促进人的全面发展，逐步实现全体人民共同富裕，这是共产主义远大理想在新时代的阶段性落实。在实现中国特色社会主义共同理想的过程中，我们不能忘记和偏离共产主义远大理想的方向。

中国特色社会主义的共同理想是远大理想的基础和前提条件，是实现远大理想的必经阶段。根据唯物史观的基本原理，共产主义不是意识决定存在，由主观臆想确定的状况，而是由客观现实、现有的前提条件决定的，它要求一切从实际出发、实事求是，把马克思主义基本原理与各国实际情况相结合，通过实现各阶段代表人民利益的共同理想，逐步实现共产主义远大理想。中国特色社会主义共同理想体现了马克思主义基本原理与中国具体国情相结合，成为实现远大理想的一个阶段和环节，通过制定基本路线和方针政策，把远大理想具体化。全国各地的历史、地理方位、资源禀赋、人文资源等客观情况是千差万别的，因而要因地制宜，结合本地区的实际，制定本地区的发展规划和具体措施，把共同理想的落实具体化。

中国特色社会主义共同理想是共产主义远大理想的过程体现，是共产主义运动的当代实践。共产主义远大理想的实现是一个实践过程，必须与一定的历史条件相结合，与国家的具体国情民情相结合，在不同的发展时期转化为一个个具体的阶段性目标。在我国社会主义建设过程中，我们党在改革开放以后提出了社会主义现代化建设“三步走”的战略目标；在解决人民温饱问题、人民生活总体上达到小康水平这两个目标提前实现之后，又提出了到建党一百年时建成小康社会、到新中国成立一百年时建成社会主义现代化国家的目标；党的十九大报告指出，坚持和发展中国特色社会主义，总任务是实现社会主义现代化和中华民族伟大复兴，在全面建成小康社会的基础上，分两步走在本世纪中叶建成富强、民主、文明、和谐、美丽的社会主义现代化强国。2020 年是全面建成小康社会决胜期；从 2020 年到 2035 年，基本实现社会主义现代化；从 2035 年到本世纪中叶，把我国建成富强、民主、文明、和谐、美丽的社会主义现代化强国。因此，中国特色社会主义共同理想是共产主义远大理想在当代中国阶段性的具体实践。共产主义远大理想不是空想，它需要一代代共产党人坚持不懈地探索和实践。中国共产党带领全国各族人民在革命、建设和改革过程中形成的中国特色社会主义共同理想，是我们党将共产主义远大理想与中国实际相结合的产物，是共产主义运动在当代中国的具体呈现。

共产主义远大理想同中国特色社会主义共同理想是辩证统一的。前者是党的最高纲领和最终奋斗目标，后者即把我国建设成为富强、民主、文明、和谐、美丽的社会主义现代化国家，是党在现阶段的基本纲领和奋斗目标。远大理想是共同理想的航标，没有共产主义远大理想的指引，共同理想就会丧失社会主义的性质，迷失前进的方向。共同理想的实现则是实现远大理想的必要条件和必经阶段，没有中国特色社会主义共同理想的实现，共产主义远大理想就会因缺乏现实基础而成为空想。

因此，任何把中国特色社会主义共同理想和共产主义远大理想完全分割开来或者对立起来的观点都是片面的、错误的。我们既要树立共产主义的远大理想，坚定信念，以高尚的思想道德要求和鞭策自己，同时我们也应认识到，远大的共产主义理想目标作为人类最美好的社会制度，是社会发展的高级阶段，它需要我们几十代人经过长期奋斗才能完成。作为一种在资本主义条件所形成的无产阶级和广大人民群众改造现实社会、争取全人类解放的运动，是通过分阶段有步骤地进行的长期发展的历史过程。我们为建设中国特色社会主义而奋斗，虽然还不是共产主义理想的最终实现，但却是实现共产主义最终目标必须经历的一段路程，是我们在现实条件下通向理想目标的桥梁。当我们为眼前利益和最切近的目标工作的时候，我们不能忘记我们所从事事业的未来，当我们运用现实的手段一步一步地完成现有条件下能够完成的任务时，就会使共产主义的社会理想逐步地从一种现实的可能性转变成现实。

实现共产主义，是共产党人的最高理想。共产主义只有在社会主义社会充分发展和高度发达的基础上才能实现，这将是一个非常漫长的历史过程，想一下子、两下子就进入共产主义，那是不切实际的。建设中国特色社会主义是实现共产主义的必经阶段，中国特色社会主义共同理想是共产主义最高理想在现阶段的具体体现。因此，中国特色社会主义是党的最高纲领和基本纲领的统一，实现共同理想与实现最高理想本质上是一致的。忘记最高理想而只顾当下，就会迷失方向，变成功利主义、实用主义；离开现实目标而空谈最高理想，就会脱离实际，变成空想主义。对共产党人来说，既要反对“一蹴而就论”，也要反对“虚无缥缈论”，既不能天天高喊共产主义口号、干“跑步进入共产主义”那种事，也不能心中没有共产主义这盏明灯。

当代中国共产党人，要把共产主义远大理想同中国特色社会主义共同理想紧密统一起来，正确处理实现共产主义的最高纲领同中国特色社会主义基本纲领的关系，不因实现最低纲领而忘记最高纲领，也不罔顾实际一味追求尽早实现最高纲领而忽视最低纲领，做最高理想和最低理想的统一论者，始终胸怀共产主义的崇高理想，坚定走中国特色社会主义的信念，扎扎实实做好每一项工作，矢志不渝为党的远大理想而不懈奋斗。

五

正确认识把握人类历史发展的大势

认识大势，就是要认识世界和中国发展大势，即历史和时代的大势。认清大势、把握历史规律，是坚定理想信念的前提和依据。只有建立在对基本国情及其未来走向准确把握上的理想信念，才可能坚定而持久。

在新形势下坚定理想信念，离不开对当代世界和中国发展总趋势即大势的准确把握。准确把握大势，是我们坚定理想信念的科学根据，对大势的看法发生倾斜或颠倒，就会悲观失望或迷失方向。面对当代资本主义发展过程中出现的新情况，社会主义在前进道路上遇到的新挑战，以及现实生活中各种矛盾和问题，更必须强调对大势的准确把握。然而，在复杂的社会生活中，把握大势并不容易。“只见树木，不见森林”，是说囿于事物的局部、支流而丢掉了事物的整体、主流；“夏虫不可以语冰”，是说只看事物的一时一事而忽视了发展的全过程，犹如生命周期只有一个夏季的小虫子一样看不到冰雪飞舞的冬天。用辩证唯物主义全面地、历史地分析当代世界和中国的发展趋势，是我们应有的大势观。

把握大势，要正确看待社会主义的前途。这个问题，要从两方面看：一方面，社会主义代替资本主义仍然是世界历史发展的大趋势，是社会发展的必然规律；另一方面，社会主义代替资本主义是一个艰难的、曲折的、复杂的、漫长的历史过程，将会遇到很多的困难和挫折。尽管社会主义在发展进程中遇到了一些新的挫折，国际共产主义运动还处于低潮，但社会矛盾运动的客观规律告诉我们，社会主义代替资本主义是不可抗拒的历史潮流，人类最终将会走向社会主义。在这个问题上，我们应该看得远一点，想得深一点，善于透过现象看到本质，不被暂时的、表面的现象所迷惑。

历史表明，在人类社会发展进步的过程中，社会形态更替中出现反复甚至倒退，不是偶然现象。在这个过程中，社会主义遭遇重大挫折也是在所难免的。20 世纪 80 年代末 90 年代初的东欧剧变、苏联解体，虽然使国际共产主义运动遭受严重的挫折，在世界范围内跌入低潮，但它改变不了社会主义必然取代资本主义的历史规律，只是表明这一规律和前景实现过程的曲折性。邓小平同志充分估计到了建设和发展社会主义的长期性和艰巨性，针对东欧剧变以后人们思想上出现的疑惑，他一方面指出，巩固和发展社会主义制度，还需要一个很长的历史阶段，需要我们几代人、十几代人甚至几十代人坚持不懈地努力奋斗，道路是曲折的；另一方面又说，他坚信世界上赞成马克思主义的人会多起来，因为马克思主义是科学，社会主义经历一个长过程发展后必然代替资本主义，这是社会历史发展不可逆转的总趋势，我们对社会主义的前途充满信心。他指出：资本主义代替封建主义的几百年间，发生过多少次王朝复辟？所以，从一定意义上说，某种暂时的复辟也是难以完全避免的规律性现象。一些国家出现严重曲折，社会主义好像被削弱了，但人民经受锻炼，从中吸取教训，将促使社会主义向着更加健康的方向发展。邓小平还指出，中国的社会主义是变不了的，中国肯定要沿着自己选择的社会主义道路走到底。只要中国不垮，世界上就有五分之一的人口在坚持社会主义；只要中国社会主义不倒，社会主义在世界上将始终站得住。

事实已经做出了有力证明。当前，无论是共产党执政的社会主义国家，还是资本主义世界的各国共产党，经过近 30 年的努力，通过组织重建和政策调整，基本上克服了东欧剧变的冲击，动荡与混乱的局面结束，一些党的力量还有所发展。在当今世界的社会主义国家中，中国、越南、老挝和古巴都相继推行了改革开放或革新开放政策，社会主义的面貌发生了重大变化。仅从经济成就来看，40 年改革开放，我国经济增速始终保持在世界前列，总量已经跃居世界第二，创造了一个个“中国奇迹”。古巴从 1994 年开始致力于建设“有古巴特色的社会主义”，开始成为拉美地区经济增长最快的国家之一。社会主义国家所取得的成就，特别是中国的成就，一方面表明了共产主义事业具有强大生命力，另一方面是在世界社会主义运动陷入低谷时稳住了阵脚。

俄共总书记久加诺夫认为：“苏联的解体不是社会主义的崩溃，而是社会主义的一种具体历史形式的瓦解；新的、更加有效的社会主义形式正在酝酿之中，终究会取代当前的资本主义化和殖民化，不转向社会主义，世界就不能摆脱危机。”在经历挫折之后，共产主义事业迎来了更多的信仰者。事实上，在国际金融危机的冲击下，资本主义已显露了自身问题，而坚持社会主义的中国率先走出危机。如今，生机勃勃的中国正高举中国特色社会主义伟大旗帜，昂首阔步地走在中国特色社会主义道路上。中国奇迹诠释这样一个事实：社会主义不仅巍然屹立在世界东方，而且以政治稳定、经济繁荣、社会安定的良好态势成为世界社会主义运动的一面旗帜。可以说，当代世界大势是社会主义在探索中前进，在曲折中发展，已经进入了同资本主义竞争并存、斗争共处的新阶段。可以预料，经过长期发展，社会主义终将赢得同资本主义相比较的优势。事实告诉我们：要以更加宽广的视野认识社会主义同资本主义斗争的长期性、复杂性和曲折性。共产主义取代资本主义，是不以人的意志为转移的客观规律。

把握大势，要正确看待社会主义的优越性。中国特色社会主义有根、有源、有生命力，是我们党将马克思主义基本原理同中国具体实际相结合的历史性成就。中国特色社会主义制度始终站在最广大人民群众的立场上，坚持发展为了人民、发展依靠人民的原则，它的制度逻辑究其本质上讲是有利于保证和实现人民群众根本利益的。中国特色社会主义制度始终指向公平正义与共同富裕，以共同富裕、让人民群众共享改革发展成果为价值指向，把实现社会公平正义放到更加突出的位置，妥善协调社会各方面的利益关系，既允许一些地区、一些人先富起来，更着眼于消除两极分化最终达到共同富裕。中国特色社会主义制度可以集中力量办大事，它的内在机理与运行模式决定了它可以形成强大的统一意志和组织力量，让全国成为一盘棋，把一切经济政治社会资源都组织调动起来，同心同德、同舟共济，上下贯通、统一行动，快速高效应对各种突发事件，完成各种任务。中国特色社会主义制度在统筹兼顾、求同存异，消除不利于人民群众发挥积极性的不利因素，克服阻碍社会群体创新奋进的不良现象，营造各尽其能的氛围和环境，把各个社会阶层和群体的积极性创造性充分调动起来等方面，创造了广阔的制度空间，提供了有效的制度保障。

改革开放以来，我们开辟中国特色社会主义道路，形成中国特色社会主义理论体系，完善中国特色社会主义制度，取得了中国发展进步的道路优势、理论优势、制度优势；既把成功实践上升为理论，又以正确理论指导新的实践，还把实践中已见成效的方针政策及时定型为党和国家的制度，极大地解放和发展了社会生产力、改善了人民生活、提高了综合国力。

今天，中国特色社会主义优越性在国际比较中不断彰显。我国已成为世界第二大经济体、第一大货物贸易国、第二大服务贸易国、第二大对外投资国，我国成为世界经济增长的重要引擎，国内生产总值占世界生产总值的比重由改革开放之初的 1.8％上升到 15.2％，多年来对世界经济增长贡献率超过 30％，超过了所有国家之和。我国更成为多边贸易体系的坚定支持者，成为国际公共产品的提供者。我国正以负责任大国的担当，积极为国际秩序更加公正、完善而努力，向全世界展现了中国特色对外开放之路的魅力。我们完全可以从科学比较中正确认识世界和中国发展大势，坚定我们的信心。

由于美国经济民族主义和逆全球化倾向抬头，推动经济全球化的主导力量也在美中之间发生了互换。这是一件牵动世界格局、关乎人类未来的大事。经济全球化是社会生产力发展的客观要求和科技进步的必然结果。战后由美国主导的附带政治条件和排他性的经济全球化已难以为继。随着我国“一带一路”倡议由理想转化为行动，由愿景转变为实践，两种不同版本全球化的经纬已清楚地展现在世人面前。在当前世界经济处于不确定的背景下，各国期待中国扮演新的经济全球化推动者角色。中国的成功和秉持的和平合作、开放包容、互学互鉴、互利共赢的全球化的理念，更使广大发展中国家看到了希望。

需要指出的是，中国特色社会主义制度的确立，让我们有了一个大体的制度框架与制度轮廓，让我们在形成中国特色社会主义制度体系方面迈出了至关重要的第一步。但制度的确立并不等于制度的定型，中国特色社会主义制度依然处在不断变革过程中，巩固和发展社会主义制度需要几代人、十几代人甚至几十代人坚持不懈地努力奋斗。

把握大势，要正确看待社会主义改革和建设中遇到的困难和问题。当前，我们的国家正处在改革和发展的关键时期，国内的政治经济形势总的是很好的，但也遇到了一些新的矛盾和困难。对此，有的同志往往把存在的问题往社会制度上扯，因而不能正确地看待社会主义的优越性，甚至于对社会主义信念有所动摇。应当看到，建设有中国特色社会主义是一项前无古人的事业，是一个不断探索实践的过程，在这个过程中，不可避免地会遇到一些困难、矛盾和问题，特别是在改革发展的关键阶段，热点难点问题凸显，社会矛盾增多。正确看待这一现象，关键是看主流、看大局、看根本。

人类社会正是在解决问题中不断前进的。矛盾无时不在，问题无处不有。问题有很多种类型：有些是暂时的问题，有些是长期的问题；有些是历史问题，有些是现实问题；有些是违背历史发展潮流的问题，有些是前进和发展中的问题等。弄清楚问题的性质，可以在很大程度上帮助人们正确分析和解决问题。不可否认，现实生活中的矛盾和问题很多，但其中的许多矛盾和问题尤其是那些深层次矛盾和问题并不是突然产生的，而有着深刻的历史和现实原因，总体上看属于前进中、发展中的问题。比如，当前我国收入差距较大，对此就应用发展的眼光来看待：一方面，保持一定的收入差距具有必要性和合理性，有利于提高效率；如果固守过去“平均主义”“吃大锅饭”的分配方式，社会发展就会失去动力与活力。但另一方面，收入差距过大会损害公平，最终也会影响效率的提高。因此，我们应在加快发展、不断做大蛋糕的同时，加快推进收入分配制度改革，努力把蛋糕分好，使收入差距保持在合理的范围内。

对待问题应保持理性，不能走极端。我国在经过 40 年的深刻变革和快速发展后，各种矛盾和问题凸显并不奇怪，问题将伴随我国经济社会发展的整个过程，旧的问题解决了，新的问题又会出现。从某种意义上说，问题是推动发展的重要动力。有的人谈问题色变，不承认问题存在的客观必然性，容不得改革发展过程中出现任何问题，这不是一种正确的态度。面对当前经济社会发展中的矛盾和问题，我们应当理性看待、积极面对、辨证施治。

初级阶段的现实存在着种种不尽如人意的地方，与共产党人的美好理想形成反差，然而，科学理想具有预见性和导向性，它来自现实，高于现实，指导、鼓舞人们改造现实。共产党人的理想，就是解决现实生活中各种问题的方向和决心。现实中存在的东西不一定是合理的，更不一定是永存的。共产党人的理想，包括了对这些问题的科学态度，就是承认它，通过改革和发展逐步解决它。有了这种态度，就不会在现实面前消沉和退缩，更不会和消极现象同流合污。相反，更能激发改造现实的决心和勇气。实践证明，只有树立辩证思维，认识大势，把握大局，才能对纷繁复杂的客观事物和现实形势特别是经济社会发展中的问题作出正确分析和判断，进一步坚定理想信念，坚定不移地走中国特色社会主义道路。

六

坚持用科学理论武装头脑

坚定马克思主义、共产主义信仰，就要用科学理论武装头脑。科学信仰建立在正确的认识基础之上。政治上的坚定，源于理论上的清醒。对理论学习越深入、越有效，在行动上就会越自觉、越坚定。共产主义、社会主义的理论基础是马克思主义，中国共产党信仰的定力来源于马克思主义。习近平同志指出："坚定的理想信念，必须建立在对马克思主义的深刻理解之上，建立在对历史规律的深刻把握之上。"马克思主义、共产主义来自实践，反映了社会历史的本质和规律，是一个科学的理论体系，作为信仰是建立在理性、科学的基础上的。学习理论，是学习实践的有效途径，是为坚守信仰打下牢固的理论根基。我们党一贯主张，加强理论学习是共产党人掌握马克思主义、坚定理想信念的第一位方法。

第一，思想理论上的坚定清醒是政治上坚定的前提。马克思主义是迄今为止最科学、最严密、最有生命力的理论体系。马克思主义坚持辩证唯物主义和历史唯物主义的世界观和方法论，深刻揭示了自然界、人类社会和思维发展的普遍规律，为人类社会发展进步指明了方向。在中国革命、建设、改革各个历史时期，我们党把马克思主义基本原理同中国具体实际相结合，运用马克思主义立场、观点、方法研究解决各种重大理论和实践问题，取得了新民主主义革命、社会主义革命和建设、改革开放的伟大胜利。共产主义、社会主义的理论基础是马克思主义，中国共产党信仰的定力来源于马克思主义。毛泽东同志早在延安时期就说过："如果我们党有一百个至二百个系统地而不是零碎地、实际地而不是空洞地学会了马克思列宁主义的同志，就会大大地提高我们党的战斗力量。"背离或放弃马克思主义，我们党就会失去灵魂、迷失方向。习近平同志一针见血地指出："一些人认为共产主义是可望而不可即的，甚至认为是望都望不到、看都看不见的，是虚无缥缈的。这就涉及是唯物史观还是唯心史观的世界观问题。我们一些同志之所以理想渺茫、信仰动摇，根本的就是历史唯物主义观点不牢固。"历史唯物主义和剩余价值理论深刻揭示了人类社会发展的一般规律和资本主义社会发展的特殊规律，从而使社会主义由空想变成了科学。我们只有深刻认识和把握马克思主义的科学性、先进性、实践性，才能深刻把握历史发展的规律和方向，切实解决好世界观、人生观、价值观这个"总开关"问题，从根本上坚定共产主义远大理想和中国特色社会主义共同理想，才能始终保持清醒的政治头脑，坚定不移坚持和发展中国特色社会主义，理想信念就能坚定，思想就不会动摇。因此，坚定理想信念必须加强马克思主义理论武装。

第二，坚定理想信念，必须全面掌握并善于运用马克思主义的基本原理和贯穿其中的立场、观点、方法解决实际问题。马克思主义是宏大而完备的科学理论体系，包括哲学、政治经济学、科学社会主义三个组成部分，涉及自然、社会和人类思维的各个领域，论及经济、政治、文化、社会、历史、科技、军事和意识形态等各个方面，内容丰富、逻辑严密。全党必须毫不动摇坚持马克思主义指导思想，党的各级组织必须坚持不懈抓好理论武装，广大党员、干部特别是高级干部必须自觉抓好学习、增强党性修养。把马克思主义理论作为必修课，认真学习马克思列宁主义、毛泽东思想、邓小平理论、“三个代表”重要思想、科学发展观，认真学习习近平新时代中国特色社会主义思想，系统掌握马克思主义基本原理，学会用马克思主义立场、观点、方法观察问题、分析问题、解决问题，特别是要聚焦现实问题，有效解决改革发展稳定中的重大问题。

坚定理想信念，必须深入学习中国特色社会主义理论体系。中国特色社会主义理论体系与马克思列宁主义、毛泽东思想既一脉相承又与时俱进，是指导党和人民沿着中国特色社会主义道路实现中华民族伟大复兴的科学理论。要持续深入地学习邓小平理论、“三个代表”重要思想、科学发展观，深刻认识中国特色社会主义理论体系的历史地位、时代背景、科学内涵、精神实质和根本要求，深刻把握中国特色社会主义形成和发展的历史进程，切实增强走中国特色社会主义道路的自觉性坚定性。

2008年3月1日，在中央党校2008年春季学期开学典礼上，习近平同志全面论述了中国特色社会主义理论体系的重要内涵和重大意义，就党员干部学习中国特色社会主义理论体系提出了要求。习近平指出，“中国特色社会主义理论体系是改革开放历史新时期我们党推进马克思主义中国化所取得的理论创新成果。我们党在领导中国革命、建设、改革的长期实践中，把马克思列宁主义基本原理同中国具体实际和时代特征相结合，不断推进马克思主义中国化，实现了两次历史性飞跃。第一次飞跃发生在新民主主义革命时期，中国共产党人经过反复探索，在总结成功和失败经验的基础上，找到了农村包围城市、最后夺取全国胜利的有中国特色的革命道路，并在革命胜利后积极探索适合我国国情的社会主义建设道路，形成了被实践证明了的关于中国革命和建设的正确的理论原则和经验总结——毛泽东思想。第二次飞跃发生在党的十一届三中全会以后，中国共产党人在总结我国经验和研究国际形势的基础上，开辟了中国特色社会主义道路，形成了被实践证明了的关于中国建设、巩固和发展社会主义的正确的理论原则和经验总结，这就是中国特色社会主义理论体系。中国特色社会主义作为新时期以来我们党继续推进马克思主义中国化的伟大历史性创造，体现在实践上，就是开辟了中国特色社会主义道路；体现在理论上，就是形成了中国特色社会主义理论体系；体现在政治上，就是要高举中国特色社会主义伟大旗帜。”

习近平指出：“建设和发展中国特色社会主义，最根本的是要清醒认识和科学回答三大基本问题，这就是：什么是社会主义、怎样建设社会主义，建设什么样的党、怎样建设党，实现什么样的发展、怎样发展。对这三大基本问题的认识程度和把握程度，决定着中国特色社会主义实践和理论的创新程度、丰富程度和深刻程度。中国特色社会主义理论体系紧紧围绕探索和回答这三大基本问题展开，从实践到理论进行了卓有成效的创造，用一系列紧密联系、相互贯通的新思想、新观点、新论断，深化和丰富了对共产党执政规律、社会主义建设规律、人类社会发展规律的认识。”

2008 年 5 月 13 日，在中央党校春季学期第二批进修班暨师资班开学典礼上，习近平再次就学习中国特色社会主义理论体系作出强调：“要深入学习中国特色社会主义理论体系，使认认真真学习成为不断增强政治上坚定、理论上清醒的过程。一个政党要走在时代前列，一刻也离不开理论指导；一个领导干部要做好本职工作，一刻也离不开理论学习……加强理论学习，最重要的是要深入学习中国特色社会主义理论体系……各级领导干部要带头学习和运用中国特色社会主义理论体系，学深一些、学透一些，努力掌握贯穿其中的马克思主义立场、观点、方法，做到真学、真懂、真信、真用。”

深入学习中国特色社会主义理论体系，要重点学好习近平新时代中国特色社会主义思想。习近平新时代中国特色社会主义思想是马克思主义中国化的最新成果，是党和人民实践经验和集体智慧的结晶，是中国特色社会主义理论体系的重要组成部分，是全党全国人民为实现中华民族伟大复兴而奋斗的行动指南，必须长期坚持并不断发展。要注重从原文原著入手去深研，以习近平同志系列重要讲话学习读本为基本依据，原原本本学习领会，努力掌握蕴含其中的立场、观点、方法，不断提升政治觉悟和思想境界。

第三，坚定理想信念，必须广泛学习中国特色社会主义事业发展所需要的一切知识。我国改革开放和社会主义现代化建设的伟大进军，全面建成小康社会的生动实践，进行具有许多新的历史特点的伟大斗争，有许多重大理论和实践课题迫切需要回答。今天，我国经济社会发展的广度和深度远远超出了马克思主义经典作家当时的想象，也远远超出了马克思主义在发展过程中的已有理论积累。党员、干部必须适应时代进步和事业发展要求，广泛学习经济、政治、文化、社会、生态文明以及哲学、历史、法律、科技、国防、国际等各方面知识，提高战略思维、创新思维、辩证思维、法治思维、底线思维能力，提高领导能力专业化水平，以更好地推进经济建设、政治建设、文化建设、社会建设、生态文明建设和党的建设，以经济社会发展的新成就和中国特色社会主义事业的新发展为坚定理想信念提供现实依据和实践支撑。

广大党员只有注重强化理论武装，把学习马克思主义基本理论和中国特色社会主义理念作为“新常态”，不断提高马克思主义思想觉悟和理论水平，保持对远大理想和奋斗目标的清醒认知和执着追求，才能坚定主心骨，把稳“定盘星”，始终坚定对马克思主义的信仰、对社会主义和共产主义的信念。

七

坚定中国特色社会主义 “四个自信”

中国特色社会主义是改革开放以来党的全部理论和实践的主题，是党和人民历尽千辛万苦、付出巨大代价取得的根本成就。坚定中国特色社会主义共同理想，就要坚定中国特色社会主义道路自信、理论自信、制度自信、文化自信，坚持党的基本路线不动摇，不断把中国特色社会主义伟大事业推向前进。

自信，是一个国家、一个民族、一个政党对自身价值的充分肯定、对自身生命力的坚定信念。“四个自信”是对中国特色社会主义道路、理论、制度、文化的高度认同和自信，它来源于中国革命、建设和改革的伟大实践，来源于人民群众的伟大创造，来源于中华民族对真理的不懈追求，是历史和时代赋予我们应有的精神状态。坚定“四个自信”，是不断把中国特色社会主义伟大事业推向前进的内在动力，也是全面建成小康社会和实现中华民族伟大复兴的根本保障。

确保中国特色社会主义实现路径的科学，需要坚定道路自信。

坚定道路自信，就是要深刻认识中国特色社会主义道路是实现社会主义现代化的必由之路，是创造人民美好生活的必由之路。

中国特色社会主义道路是我们党和人民历尽千辛万苦、付出巨大代价探索出来的。习近平同志指出，“无论搞革命、搞建设、搞改革，道路问题都是最根本的问题”，“中国特色社会主义这条道路来之不易，它是在改革开放 40 年的伟大实践中走出来的，是在中华人民共和国成立 70 年的持续探索中走出来的，是在对近代以来 170 多年中华民族发展历程的深刻总结中走出来的，是在对中华民族 5000 多年悠久文明的传承中走出来的”。“四个走出来”深刻说明了中国特色社会主义道路的深厚历史渊源和广泛现实基础，体现了一脉相承和与时俱进的内在统一。

中国特色社会主义道路，就是在中国共产党领导下，立足基本国情，以经济建设为中心，坚持四项基本原则，坚持改革开放，解放和发展社会生产力，建设社会主义市场经济、社会主义民主政治、社会主义先进文化、社会主义和谐社会、社会主义生态文明，促进人的全面发展，逐步实现全体人民共同富裕，建设富强、民主、文明、和谐的社会主义现代化国家。

为什么必须坚定道路自信呢？一是因为中国特色社会主义道路既坚持了科学社会主义基本原理又赋予其鲜明的中国特色，是马克思主义基本原理与当代中国实际有机结合的成果。二是因为中国特色社会主义道路在短短几十年的时间里使我国生产力得到快速发展，综合国力得到快速增强，人民生活水平得到快速提高。理论的科学性和实践的成效性是我们坚持道路自信的最根本的内在依据。

确保中国特色社会主义指导思想的正确，需要坚定理论自信。

坚定理论自信，就是要深刻认识中国特色社会主义理论体系是指导党和人民沿着中国特色社会主义道路实现中华民族伟大复兴的正确理论。

中国特色社会主义理论体系，是马克思主义基本原理同当代中国改革开放和社会主义现代化建设实践有机结合而形成的科学理论体系，它包括邓小平理论、“三个代表”重要思想、科学发展观等。党的十九大以来形成的习近平新时代中国特色社会主义思想，是马克思主义中国化最新成果，是党和人民实践经验和集体智慧的结晶，是中国特色社会主义理论体系的重要组成部分，是全党全国人民为实现中华民族伟大复兴而奋斗的行动指南，必须长期坚持并不断发展。

中国特色社会主义理论体系是在和平与发展成为时代主题的历史条件下，立足我国社会主义初级阶段的基本国情，总结我国社会主义建设基本经验的基础上形成和发展起来的。它紧紧围绕“坚持和发展中国特色社会主义”这一主题，深刻回答了新形势下党和国家事业发展的一系列重大理论和现实问题，进一步深化了我们党对共产党执政规律、社会主义建设规律、人类社会发展规律的认识，开辟了当代中国马克思主义发展的新境界，续写了中国特色社会主义理论的新篇章。

发展中国特色社会主义之所以必须坚定理论自信，一是取决于中国特色社会主义理论体系自身的科学性。这个理论体系同马克思列宁主义、毛泽东思想，既一脉相承又与时俱进。在当代中国，坚持中国特色社会主义理论体系，就是坚持马克思主义。二是取决于中国特色社会主义理论体系的正确性。理论的正确性主要取决于它指导实践取得成功的程度和效果。中国特色社会主义理论体系是指导党和人民沿着中国特色社会主义道路实现中华民族伟大复兴的正确理论，指引全党和全国人民取得了巨大胜利，并正在继续指引我们取得新的更大胜利。

确保中国特色社会主义制度体系的完善，需要坚定制度自信。

制度问题关系党和国家的前途命运。制定和实行什么样的制度，不仅关系到党和国家的生机与活力，也关系到人民当家作主权利的实现，关系到中国特色社会主义事业健康有序地推进。

邓小平曾说，“制度问题更带有根本性、全局性、稳定性和长期性”，党的制度“关系到党和国家是否改变颜色，必须引起全党的高度重视”。

中国特色社会主义制度体系，包括人民代表大会制度这一根本政治制度，中国共产党领导的多党合作和政治协商制度、民族区域自治制度以及基层群众自治制度等基本政治制度，中国特色社会主义法律体系，公有制为主体、多种所有制经济共同发展的基本经济制度，以及建立在这些制度基础上的经济体制、政治体制、文化体制、社会体制等各项具体制度。这一先进的制度体系是建立在中国特色社会主义道路基础之上、以中国特色社会主义理论体系为指导而形成的符合中国特色的制度体系，集中体现了中国特色社会主义的性质、特点和优势，是中国特色社会主义事业发展进步的根本制度保障。

发展中国特色社会主义必须坚定制度自信，一是因为中国特色社会主义制度为中国特色社会主义道路的确立和发展提供了坚强的政治保障，同时也为中国特色社会主义事业的不断发展和进步提供了强大政治动力。二是因为中国特色社会主义制度为中国特色社会主义理论体系的形成和发展提供了坚强的政治基础和政治保障。在发展中国特色社会主义伟大事业过程中，我们必须毫不动摇地坚持和完善中国特色社会主义制度。

确保中国特色社会主义精神文明的进步，需要坚定文化自信。

文化是民族凝聚力之源，是国家实现兴旺发达的科学支撑。

文化自信是一个民族、国家或政党对本民族传统文化和现代文化价值的积极认同、充分肯定和积极践行，是对自身文化及其生命力持有的坚定信心。文化自信的提出充分彰显了共产党人对文化的高度关注，标志着我们党对文化功能、文化作用的认知已达到新高度。正像习近平同志所指出的那样：“在5000多年文明发展中孕育的中华优秀传统文化，在党和人民伟大斗争中孕育的革命文化和社会主义先进文化，积淀着中华民族最深层的精神追求，代表着中华民族独特的精神标识。”

在庆祝中国共产党成立95周年大会上，习近平同志指出：“文化自信，是更基础、更广泛、更深厚的自信”。提出坚持文化自信，是对道路自信、理论自信和制度自信内容的进一步深化和完善，体现了我们党高度的文化自觉，彰显了我们党鲜明的文化立场，进一步凸显了文化在中国特色社会主义事业全局中的重要地位。

为什么必须坚定文化自信？理由有两个：一是博大精深的中国优秀传统文化，是中国特色社会主义道路、制度和理论形成和发展的基因、命脉，这些宝贵文化资源，铸就了中华民族持久而强大的凝聚力和向心力，是中华民族自强不息、创新发展的精神支柱。二是在党和人民伟大斗争中孕育的革命文化、社会主义先进文化，尤其是贯穿其中的科学理论、理想信念和价值追求，为中国特色社会主义发展指引着前进方向、提供着精神动力。离开文化自信，道路自信、理论自信和制度自信就会失去精神支撑和文化滋养。

“四个自信”是中国特色社会主义的一个有机统一的整体，相辅相成，缺一不可。坚持“四个自信”，必须把握好它们之间的内在联系。习近平同志指出：“一个国家的治理体系和治理能力是与这个国家的历史传承和文化传统密切相关的。”如果说道路自信、理论自信和制度自信体现的是政治认同、思想认同和制度认同，那么文化自信则更具有广泛性意义，更容易直抵人的心灵。坚持和实施中国特色社会主义道路、理论和制度，必然会增强文化认同和自信意识。而文化自信，又能使理论自信更有理性、道路自信更有行动、制度自信更有保障，四者之间是一个相互联系不可分割的有机整体。

“四个自信”来源于我们的道路、理论、制度和文化，都植根于中国的发展实际，并且都经过了实践的检验，是科学的和符合中国实际的。当今世界，要说哪个政党、哪个国家、哪个民族能够自信的话，那中国共产党、中华人民共和国、中华民族是最有理由自信的。今天，我们走自己的路，具有无比广阔的舞台，具有无比深厚的历史底蕴，具有无比强大的前进定力，每一个中国人都应该有这个信心。

“四个自信”关系到新时代中国特色社会主义事业的方向和未来，关系到“两个一百年”奋斗目标和中华民族伟大复兴中国梦的实现路径和现实保障。在全面建成小康社会到基本实现社会主义现代化，再到全面建成社会主义现代化强国的伟大进程中，广大党员必须牢固树立“四个自信”，保持政治定力，坚持实干兴邦，既不走封闭僵化的老路，也不走改旗易帜的邪路，始终坚持和发展中国特色社会主义，克服前进道路上的一切困难和挑战，不断夺取新时代中国特色社会主义建设新胜利。

案例 3

杨善洲：坚守共产党人的精神家园

杨善洲（1927.01—2010.10.10），男，汉族，中共党员，云南省保山市施甸县姚关镇人，1951 年 5 月参加工作，1952 年 11 月入党。曾任云南省施甸县委书记、保山地委书记。

作为一名共产党员，杨善洲同志 60 年如一日，始终坚定共产主义理想信念，牢记党的宗旨，时时处处以共产党员的标准来衡量和要求自己。他曾说：“我 1952 年入党，其实当时自己没想到入党，觉得自己条件不够，是组织上看我表现不错，把我确定为重点培养对象。随着思想觉悟的提高，越来越觉得加入中国共产党是一种正确的选择。共产党的宗旨是全心全意为人民服务，远大目标是使整个中华民族富裕起来，这正是我一直想做的事情。入党后，我很快找到了人生方向和奋斗目标。”作为有事业心和社会责任感的杨善洲，把信仰马克思主义科学理论、探求真理、报效祖国、服务人民当作他最根本的信仰，如此的信仰也正是人生价值的根本。

坚持共产党人的初心，就是对共产主义理想的坚定信仰，就是对党和人民事业的永远忠诚。杨善洲从分到“一亩三分地”参加土改工作后，看到了共产党为穷苦大众谋幸福的决心和勇气，就开始相信共产党、紧跟共产党。从 1952 年入党到 2010 年去世，他始终坚信共产主义，跟着党走、领着群众干，从来没有违背自己的入党誓言，从未迷失过信仰动摇过信念丧失过信心，最终成为他那个时代最优秀的党的领导干部之一。杨善洲曾说：“我是共产党员，哪能光想着自己？把自己的家庭搞得富丽堂皇，别人却还过着艰难日子，那么，我们常说的完全、彻底地为人民服务，不是成了骗人的假话吗？无论在什么时候，何种环境中，我们都不能忘记了党的根本宗旨，都应该把坚持党的宗旨作为一切行动的出发点和归宿。”

杨善洲一生对党和人民的事业无限忠诚，把群众的利益看得比天高。他曾说：“群众的任何小事都是事关自己切身利益的大事，不管什么时候都不能马虎。”“不管什么时候，都不能脱离群众，都不能损害人民的利益，要多为老百姓办实事。”他是这样说的，也是这样做的。杨善洲在工作期间很少待在机关，总是到群众中去调查研究，时刻把群众的冷暖挂在心上，帮助群众解决的大事小事不计其数。他任地委书记时常常顶个草帽，穿双草鞋，随身带着锄头、镰刀等各种农具，碰到插秧就插秧，碰到收稻就收稻，人民群众都亲切地称他为“草帽书记”“草鞋书记”。

杨善洲在普通群众眼中就是“杨老当”“杨老倌”，是人人可以亲近的人。1980 年 10 月 23 日，时任中共中央总书记的胡耀邦到保山视察工作时，看到满身泥土从田间赶回来的杨善洲，亲切地说：“像你这样朴实的地委书记不多了！”于是，送杨善洲一副对联：“心在人民原无论大事小事，利归天下何必争多得少得。”这句话也成了杨善洲毕生的追求和座右铭。

1988 年 3 月，杨善洲从保山地委领导岗位退休后，为了兑现“帮家乡办点实事”和“只要生命不结束，服务人民不停止”的诺言，他主动放弃到昆明安享晚年的机会，卷起铺盖一头扎进大亮山，带领大家植树造林。1999 年 11 月，手提砍刀给树修枝时，杨善洲不幸踩到青苔滑倒，左腿粉碎性骨折，但半年后他又拄着拐杖执意爬上了大亮山。开始办林场那几年困难很大，但是杨善洲艰苦奋斗，尽量少花钱多办事。没有钱盖房子，就花 7000 多元钱盖 40 多格油毛毡房，一住就是 8 年，有三个职工住了 9 年半才出去。没有钱购买农具，就地取材自己动手，办公桌、板凳、床铺都是自己动手做的；晚上照明没有电，每人买一盏马灯。杨善洲在大亮山一干就是 22 年，硬是把 5.6 万亩荒山秃岭变成了绿洲。去世前，他把价值 3 亿元的林场无偿献给国家，还把当地 20 万元特别贡献奖中的 16 万元捐献了出去，只留下了 4 万元给没有收入跟自己吃了一辈子苦的妻子，作为养老的费用。

杨善洲是一个“矛盾”的人，他对群众充满热情，却对自己和家人近似残酷无情。他从来就没有用公权为家人办过一件事，也没为自己办过一件事，家里房子坏了他没有钱也没时间回去修，女儿结婚他没时间参加，女儿工作他不开“后门”，他自己生病从来不去住大医院，总是到小诊所解决一下，从不到单位报账。1964 年，杨善洲担任施甸县委书记时，组织上提出把他爱人转为城镇户口，他谢绝了。1978 年，组织部门有文件规定他家除大女儿外，都符合进城的条件。当组织部门写报告上去时，被他要求撤销了。他说：“身为领导干部，我应该带个好头。我相信我们的农村能建设好，我们全家都乐意和 8 亿农民同甘共苦建设家乡。”

1975 年夏天，家里的房子因年久失修，每逢下雨便到处漏雨，全家老小实在无法居住，妻子张玉珍专程跑去找杨善洲拿点钱给家里修房子，杨善洲掏出身上仅有的 30 元钱交给妻子，说：“你先拿这 30 元钱回去，买几个瓦盆接一下漏，暂时艰苦一下。”张玉珍接过 30 元钱，含着泪水回到了老家……1995 年，杨善洲退休回到大亮山种树。出于对杨善洲进城给林场办事住宿方便考虑，全家想方设法借了 5 万多元钱在施甸县城的附近买了一块地盖起了一间房子，妻子张玉珍找杨善洲凑钱还账，杨善洲东拼西凑拿出了 9600 元。“你一辈子就攒了这么点钱?”老伴问。杨善洲摆了摆手：“别人不理解我，你还不理解我? 我真的没钱!”张玉珍只好又一次含着泪水回去，把刚盖起来还没住的房子卖了。

杨善洲病逝后被中央组织部追授为“全国优秀共产党员”。时任中央政治局常委的习近平同志说：“杨善洲同志之所以能够 60 年如一日坚守共产党人的精神家园，60 年如一日为党和国家事业不懈奋斗，60 年如一日淡泊名利、一尘不染，最根本的就在于他树立了马克思主义世界观，毕生笃定社会主义和共产主义理想信念，并且把坚定的理想信念化作一心一意为国家为人民利益奋斗终身的实际行动。”

对党的信仰犹如人生的长明灯，照亮了杨善洲的人生之路。杨善洲用一生践行共产党人的信仰和使命，筑造了一座共产党人的精神富矿，撰写了一本党员干部的生动教科书。

第五章

以忠诚守护信仰

*

坚定理想信念，必须始终做到对党忠诚。衡量党员干部是否有理想信念，关键看其是否对党忠诚。对共产党人而言，忠诚是第一位的政治品格，它不仅是党章明确规定的党员义务，是入党宣誓时的庄严承诺。作为党的一分子，就应当在党爱党、在党忧党、在党为党，不忘自己的入党誓言，不断强化政治意识、大局意识、核心意识和看齐意识，始终听党的话，坚定不移跟党走，一辈子对党忠诚不渝。

一

用忠诚坚守自己的信仰

在古代，“忠”“诚”都是影响深广的道德规范和人际关系准则，却是两个不同的概念，各自有独立的内涵。《说文解字》解释“忠”：“敬也，从心”，是崇敬、恪守的意思；“诚”：“信也，从言”，是真心实意，说话算数，言行一致的意思。忠诚，是对特定对象执着坚定、尽心竭力的思想觉悟和道德情操，是人类社会的基本伦理规范。

忠诚，是中国传统文化和中国文化传统中必不可少的内容。从传统文化的角度看，忠诚是家族亲和、社会管理、国家维系的基石和必要条件。国人一直以来最看重的品德就是忠诚。春秋晋国大夫赵孟讲过：“临患不忘国，忠也；思难不越官，信也；图国忘死，贞也”。此后，曹植的“捐躯赴国难，视死忽如归”，陆游的“位卑未敢忘忧国”，岳飞的“精忠报国”，文天祥的“人生自古谁无死，留取丹心照汗青”，林则徐的“苟利国家生死以，岂因祸福避趋之”等，都是对忠诚文化的阐释。从文化传统的角度看，中国文化整体上的道德，忠诚是必备的内涵，有厚重的积淀，可以说是代代相传、生生不息。东汉经学家马融认为：“天下至德，莫大于忠。”

忠诚，作为一种发自内心的而且具有极大稳定性的感情和态度，与信仰有相同之处。就其发自内心而言，它不能被强迫，就像一个人的信仰不能被强迫一样。就其具有很大的稳定性而言，它是颇为执着不渝的，就像一个人的信仰是执着不渝的一样。而且忠是专一的，针对着明确的对象，从对一个对象的忠诚变成对另一个对象的忠诚，是相当困难和费力的。这一点也正是信仰的特点。《史记》中说，“忠臣不事二君”。

忠诚，作为一种由下而上、由卑向尊的单向的绝对化的态度，与信仰非常相似。信仰是一种处理至上与至下之间、至尊与至卑之间的单向要求和态度，我们只能说人信仰神，而不能说神信仰人；同样，忠也是这样一种单向态度，只能说臣下忠于君主，而不能反过来说。中国封建社会中，臣民对君主的忠也是一种信仰态度和要求，尤其是随着封建帝王的被神化，更是如此。这不是一般的忠诚，而是绝对的无条件的忠诚，实质上是一种准宗教的崇拜。如果说一般的忠诚是一种普通的伦理道德要求，那么无限的忠诚和绝对的忠诚，就无疑是一种信仰态度了。

忠诚，作为一种道德范畴，集中体现了信仰的献身精神。“忠”的含义尽管在历史上表现出许多不同的方面，并不专指献身精神，但献身精神无疑是其中最重要最突出的方面。古人所谓“文谏死，武战死”，讲的就是文臣和武将对皇帝的忠，而且是忠的极致。正如孙中山所说的：“我们做一件事，总要始终不渝，做到成功，如果做不成功，就是把性命去牺牲亦所不惜，这便是忠。”如果没有了献身精神，忠也就不存在了。因此，如果把“忠”作为信仰的一个相关性概念或替代性概念来加以定位，就应把它定位于信仰的献身精神上。当然，献身精神并非单指献出生命，而是泛指一种无私的态度和奉献的精神，献出生命是其最高和最后的表现。

曾子讲：“忠者，德之正也；诚者，天之道也；忠诚者，为人之正道也。”忠诚作为百德之首是不分年龄、不论古今的，是为官做人都应崇尚的美德。忠诚问题是一个传统、永恒的命题。忠孝节义，在中华民族的传统规范中，忠诚是百德之首；“对党忠诚”，在共产党员的入党誓词中，忠诚是核心所在。可以说，讲忠诚，就是有史以来中华民族延续到今天的一种优秀文化和高尚追求，是中华民族精神脊梁的传承。

信仰的可贵在于自觉性和长期性。信仰行为不应是一时一地而采取的行为，而是应长期坚持而不懈的活动。真正具有理想信念的人，都要善始善终，持之以恒，要具有行动的一贯性。

信仰有选择，更要有坚守。没有坚守的选择，只会如“墙头草”，风吹两面倒，在不断选择中滑入歧途、滑向深渊。1927 年，蒋介石、汪精卫先后发动“四一二”“七一五”反革命政变。对共产党人而言，背叛信仰意味着高官厚禄，坚守信仰则意味着陷入被通缉杀头的险境。意志薄弱者选择了脱党、叛变，意志坚定者坚守“主义不变、革命到底”的信仰，让星星之火最终得以燎原。今天，为什么总会出现口必称信仰、心却为物役的“两面人”？说到底，是信仰信念的坚守出了问题。要在多元社会中把握主流，要在价值沉浮中坚守正道，就必须挺立起理想信念的主心骨。

能经受检验的信念才是真正的信仰，对信仰要始终保持坚强的政治定力。“疾风知劲草，板荡识诚臣”。在革命战争年代，判断一个党员干部是否合格，需要经过血与火、生与死的考验。如今，在和平建设时期，虽然没有了战争的考验，但我们面临的执政考验、改革开放考验、市场经济考验、外部环境考验，却是长期的、复杂的、严峻的，对这些现实挑战，能做到不为噪声所扰、不为歪风所惑、不为暗流所动，在纷繁复杂的形势变化中，始终保持强大的政治定力，坚持正确政治方向，这就是牢固的信念。

做一名合格党员，就要把时刻坚定理想信念作为人生的终生课题，共产党人坚持把共产主义理想作为终身奋斗目标，保持认准之后就坚韧不拔的政治定力，始终奔着共产主义理想去，从未彷徨犹豫，永不偏向。哪怕面对重重艰难险阻、蜿蜒曲折，始终以坚定不移的意志披荆斩棘、坚毅前行，永不言弃。无论考验多么严峻，始终对党忠贞不渝，一辈子做党的坚定追随者，永不叛党，始终如一地坚守内心的信仰。在面对大是大非、重大原则问题上的鲜明态度、坚定立场上，体现在对错误思潮、言论、观点的正面回击、发声亮剑上，无论何时何地，始终做到“咬定青山不放松，任尔东西南北风”。

对共产主义信仰的绝对忠诚，不是来自朴素感情或自发意识，也不是喊喊口号、嘴上说说就能奏效的，而是要通过长期的实践、不断地学习改造和修养锤炼。“忠诚”说起来容易，做起来难。一个党员是否对信仰绝对忠诚，不仅要在平时看得出来，更在于关键时刻站得出来、危急关头豁得出来。情况越是复杂，越是有不同声音，越要坚决听党话、跟党走而不能含糊。当个人利益受损时，也最能考验一个人的信仰。李大钊、方志敏在敌人的诱逼面前坚贞不屈，就是对信仰绝对忠诚的真实写照。信仰之灯需常擦拭，信仰问题当常自省，只有这样，才能使信仰更纯粹、思想更纯洁；只有这样，“在临死的时候，才可以说，我的整个生命和全部精力，都献给了世界上最壮丽的事业——为人类的解放而斗争。”

习近平同志指出：“每个同志都有改造自己、提高自己的职责，打扫思想灰尘、祛除不良习气、纠正错误言行永无止境，永远都是进行时。”在新形势下，形形色色的诱惑很多，一旦放松了对自身的审查和改造，自身的世界观、人生观就会发生改变，甚至发生背离，就会出大问题，甚至会栽大跟头。面对新形势下的新要求、新特点，全体党员要坚持不懈地、长期地改造自身的世界观和人生观，切实树牢“四个意识”，始终做到坚定理想信念。

行源于心，力源于志。信仰从来不是虚无缥缈的楼阁，而存在于现实的生活中；忠诚从来不是空洞的说教，而体现为具体的行动。面对鲜红的党旗，党员要常问问自己是否守诺如初、践诺不辍，是否不忘初衷、拼搏不止？从而激励自己像夸父逐日那样执着地追随党、赤诚地忠于党、奋不顾身地为党和人民的事业奋斗，让信仰之根越扎越深，确保在任何时候任何情况下都经得起考验和检验。

二

忠于信仰体现在对党忠诚

共产党人的信仰体现在对党忠诚上，要以对党忠诚为根本保障。

中国共产党从诞生之日起，就确定最终的奋斗目标是实现共产主义，就致力于用马克思列宁主义武装自己，推进马克思主义中国化，团结带领中国人民为完成民族独立和人民解放、国家富强和人民共同富裕两大历史任务进行可歌可泣的斗争。在中国近现代历史舞台上，数以百计的党派走马灯式地过场、谢幕，唯有五四运动后诞生的中国共产党始终居于舞台的中心，承担起救亡图存、民族复兴的伟大历史使命。中国共产党不断总结、不断成熟，紧紧依靠人民完成新民主主义革命、社会主义革命与改造、实行改革开放这三件大事，不可逆转地结束了旧中国积弱积贫、分崩离析、受欺挨打的悲惨命运，不可逆转地开启了浴火重生、国家富强、民族振兴的伟大历史进程。“领导我们事业的核心力量是中国共产党，指导我们思想的理论基础是马克思列宁主义。”这是从中国近现代发展历程得出的必然结论。

正是因为对无产阶级政党的高度信任，我们国家在中国共产党的领导下不断推进改革开放的伟大历史进程，取得革命战争的胜利和社会主义现代化建设的一个又一个胜利。无产阶级信仰马克思主义，共产党是无产阶级的先锋队，共产党就是马克思主义信仰的社会与政治载体，是信仰的具体化，也就是说，马克思主义信仰与共产党的信仰是紧密联系在一起的，对于共产党的绝对信任，就是马克思主义信仰的具体表现，也是马克思主义信仰得以巩固的现实因素。这是因为，无论是社会主义事业的发展、共产主义理想的达成，还是马克思主义信仰的坚持，都需要有政治载体去推动，而共产党无疑就扮演了政治载体的作用。

中国共产党是用马克思主义科学理论武装起来的先进政党，是伟大、光荣、正确和勇于坚持真理、修正错误的党。我们党系共产主义远大理想、全心全意为人民服务的根本宗旨于一身，会集中国工人阶级的先进分子和中华民族的优秀儿女，在理论和实践的结合中开创中国革命、建设、改革之路，在新的历史时期开辟了中国特色社会主义康庄大道。共产党人坚定理想信念，必须以对党忠诚为根本保障。

对党忠诚是由马克思主义的建党理论和我们党的性质、使命、奋斗历程所决定的。对共产党员来说，对党忠诚是绝对的、无条件的政治要求。对党忠诚，同对共产主义的信仰、对中国特色社会主义的信念紧密联结在一起。坚定理想信念，必然对党忠诚；对党忠诚，必然具有坚定的理想信念。

对一个政党来说，忠诚是对其成员的基本政治要求。党章明确要求：共产党员要对党忠诚。这里的忠诚，就是要求党员在任何情况下都视党的事业高于一切，坚定不移地贯彻执行党的路线方针政策，永远对党襟怀坦白、高度负责，为了党的事业甘于牺牲奉献。可以说，党员对党的忠诚是由我们党自身的先进性决定的，是我们党在推动民族独立和人民解放、实现国家富强和人民幸福的历史进程中赢得的。在中国，从来没有任何一个政治组织像我们党这样集中了这么多先进分子，组织得这么严密和广泛，为中华民族作出了这么多牺牲，同人民群众保持着这么密切的联系。广大人民群众正是从我们党艰苦卓绝的奋斗历程中受到教育，看到了党的伟大，看到了国家的前途、民族的希望，因而更加信党、爱党，自觉听党的话、跟党走。

忠诚，在战争年代意味着流血甚至付出生命。从一定意义上可以说，一部中国革命史就是千千万万中国共产党人无私无畏、前赴后继、英勇献身的忠诚史。信仰铸就了红军铁心向党的忠诚。共产党是红军官兵崇奉信仰的“图腾”，他们认定一条信念：党就是真理、就是方向、就是力量，铁心跟党走才有目标、才是前途、才能胜利。地可动、山可摇，但忠于党的坚贞不可撼；流可断、海可枯，但跟党走的意志不可移。今天，仰望历史的天空，一张张面容依旧鲜活，一个个事例依然感人至深。在长征翻越雪山时，一群冻僵的官兵遗体被埋在雪中，一名烈士的右胳膊伸出雪堆，战友们发现他手里紧紧攥着什么东西，掰开一看，竟是一枚作为党费的银圆和一张亮眼的党证：“刘志海，中共正式党员，1933 年 3 月入党。”这是长征中，钢铁一样的队伍对党坚贞不渝的忠诚印证。

忠诚之所以宝贵，在于它对于组织之成其为组织、政党之成其为政党，具有关系存亡续绝的决定性意义。因为一旦千百万人的忠诚联合起来，就会创造出惊天地、泣鬼神的业绩，而任何一个失去了忠诚的组织、政党，都将陷入崩溃。忠诚是所有政党、政权都极为珍视的政治品质。我们党从来都把忠于马克思主义、忠于人民、忠于祖国等作为自己的神圣义务和永恒品质。“对党忠诚老实”“永不叛党”始终是党章中明确规定的党员义务，也是每一个共产党员入党誓词中的庄严承诺。

党员对党忠诚既是过去我们党夺取一个又一个胜利的重要基础，也是未来我们党始终保持先进性、长期执政的必然要求。毋庸讳言，在改革开放和发展社会主义市场经济的条件下，一些不良习气在党内有所滋长。比如，有的党员个人主义突出，形式主义、官僚主义严重；有的“两面人”善于表演作秀，修身不真修、信仰不真信；有的党员丧失原则、趋炎附势，庸俗化、功利化倾向明显；有的党员弄虚作假，对党的事业不负责任，满嘴空话、大话、套话等。这些问题的产生有着多方面的原因，但都与对党不忠诚、党性不纯洁有关。大量事实警示我们，党员不注重党性修养、对党不忠诚，就容易在思想上蜕化变质，脱离人民群众，甚至走上腐化堕落的道路。

党员干部对党忠诚是一种无私、可贵的忠诚。党员干部只有做到对党绝对忠诚，才能实现追求个人价值与意义、追求国家发展与进步、追求人类进步与理想三者的完美结合。今天，我们党正在为国家富强、人民幸福而奋斗，为实现中华民族伟大复兴而奋斗，这些奋斗目标是当今中国最崇高、最神圣的追求。党员干部在践行对党忠诚的过程中，可以使个人的才干与美德在最崇高的层面上获得认可与证明，使个体生命的价值在最神圣的层面上得到实现。我们党员应当发自内心热爱党、拥护党、信任党，永远跟党走，用毕生的奋斗与奉献书写对党和人民的满腔忠诚。

忠诚跟党走必须坚持党的领导。党的领导是我们立国兴邦的根本，是中国特色社会主义最本质的特征，决定着社会主义旗帜永远飘扬，决定着 14 亿多人口的中国力量的凝聚，决定着国家和民族的前途命运。我们必须保持清醒的政治头脑，认清党的领导的科学真理性、历史必然性、现实紧要性和不可动摇性，把坚持党的领导作为最根本的立场来坚守，作为最重要的政治资源来保卫，作为最高的政治原则来维护。越是在世情、国情、党情都发生重大变化的新形势下，我们越要坚定理想信念不动摇，越要增强对党的政治认同、理论认同、感情认同。

对党忠诚就要大公无私、先公后私。习近平同志强调："作为党的干部，就是要讲大公无私、公私分明、先公后私、公而忘私，只有一心为公、事事出于公心，才能坦荡做人、谨慎用权，才能光明正大、堂堂正正。"可以说，能不能做到大公无私、公而忘私，是检验党员干部是否对党绝对忠诚的试金石；能不能做到无论在任何时候任何情况下个人的利益都绝对地、无条件地服从党的事业发展的需要、服从最广大人民的根本利益，是检验党员干部是否对党绝对忠诚的根本标准。这是因为，我们党始终代表中国最广大人民的根本利益，始终坚持立党为公、执政为民。作为党员干部，必然要把推进党的事业发展，把实现好、维护好、发展好最广大人民的根本利益作为一切工作的出发点和落脚点。如果党员干部念念不忘一己私利、个人得失，一事当前先私后公、私而忘公，对党绝对忠诚就只能是一句空话，就会对党的事业造成损害，自己也会身败名裂。

对党忠诚要自觉维护党的形象。像珍惜自己的生命一样珍惜党的威望，绝不允许任何人以任何形式破坏、歪曲党的形象。维护党的形象，党员要从自我做起，始终坚持为民务实清廉，始终坚持埋头苦干、艰苦奋斗；同时，党员要敢于坚持立场、挺起腰杆，理直气壮地同一切诋毁党的形象、损害党的声誉、破坏党的团结的言行作斗争；要不断增强政治鉴别力，时刻保持清醒头脑，站稳脚跟、明辨是非、坚定立场，旗帜鲜明地站出来批驳错误言论、纠正错误做法、消除认识偏差。

对党忠诚还必须做到心怀坦荡、言行一致、表里如一，这是对党员干部道德修养的基本要求，要求党员干部“正心诚意”，必须向组织说真话、道实情，始终与组织一个方向、一个声音、一个步调，决不能当“两面人”，决不能阳奉阴违、口是心非，决不能拉帮结派、搞庸俗关系和人身依附那一套。党员干部高度重视个人道德修养，带头弘扬社会主义核心价值观，坚决反对口是心非、虚情假意，自觉讲诚信、守纪律、懂规矩，襟怀坦白、言行一致，真正做到里里外外一个样、人前人后一个样、台上台下一个样，真正做到对党绝对忠诚。

三

树牢“四个意识” 做到“两个维护”

中国共产党的领导是中国特色社会主义最本质的特征，也是中国特色社会主义制度的最大优势。坚持党的领导，就必须坚持党中央集中统一领导，维护党中央权威，维护党中央的核心和全党的核心。这是马克思主义政党必须坚持的一条重要原则。

“两个维护”，就是坚决维护习近平总书记党中央的核心、全党的核心地位，维护党中央权威和集中统一领导。“两个维护”既是党的政治建设的首要任务，也是进行伟大斗争、建设伟大工程、推进伟大事业、实现伟大梦想的内在要求，也是对党员干部的政治要求。

“两个维护”是根本的政治纪律和政治规矩。沧海横流显砥柱，万山磅礴看主峰。党的十八大以来，党和国家事业之所以能取得历史性成就，发生历史性变革，最根本的原因，就在于以习近平同志为核心的党中央的坚强领导，就在于习近平新时代中国特色社会主义思想的科学指引。坚决维护习近平总书记党中央的核心、全党的核心地位，维护党中央权威和集中统一领导，是党和国家前途命运所系，是全国各族人民根本利益所在，是最根本的政治纪律和政治规矩。

坚决维护以习近平同志为核心的党中央权威和集中统一领导，是对我们党历史经验的科学总结。习近平总书记在2016年12月主持召开中央政治局民主生活会时指出："党的历史、新中国发展的历史都告诉我们：要治理好我们这个大党、治理好我们这个大国，保证党的团结和集中统一至关重要，维护党中央权威至关重要。"这是我国革命、建设、改革的重要经验，是一个成熟的马克思主义执政党的重大政治原则。

坚决维护以习近平同志为核心的党中央权威和集中统一领导，是新时代推进"四个伟大"的根本保证。新时代推进"四个伟大"，其中起决定作用的是党的建设新的伟大工程。正如习近平同志所指出的："党的领导是中国特色社会主义最本质的特征，是中国特色社会主义制度的最大优势，是决胜全面建成小康社会、夺取中国特色社会主义伟大胜利的根本保证。事在四方，要在中央。坚持党的领导首先是坚持党中央集中统一领导。"

坚决维护以习近平同志为核心的党中央权威和集中统一领导，是党的政治建设的首要任务。政治建设是党的根本性建设，政治建设的首要任务是保证全党服从中央、坚持党中央权威和集中统一领导。对此，习近平总书记提出明确要求："加强党的政治建设就是要发挥政治指南针作用，引导全党坚定理想信念、坚定'四个自信'，把全党智慧和力量凝聚到新时代坚持和发展中国特色社会主义伟大事业中来。"

令之不行，政之不立。中国共产党的领导，是时代和人民的选择。坚决维护习近平总书记党中央的核心、全党的核心地位，维护党中央权威和集中统一领导，才能形成万众一心的磅礴力量，应对国内外各种风险和考验，不断夺取中国特色社会主义事业新胜利。

做到"两个维护"，必须牢固树立"四个意识"。

我们党是高度集中统一的马克思主义政党，思想上的统一、政治上的团结、行动上的一致是党的事业不断发展壮大的根本所在。坚决维护习近平总书记党中央的核心、全党的核心地位，维护党中央权威和集中统一领导，必须牢固树立政治意识、大局意识、核心意识、看齐意识，自觉在思想上政治上行动上与党中央保持高度一致。“四个意识”是“两个维护”的重要思想基础，“两个维护”是“四个意识”的集中体现。

“四个意识”是一个意蕴深刻、相互联系的有机整体，集中体现了根本的政治方向、政治立场、政治要求，是检验党员干部政治素养的基本标准。增强“四个意识”、自觉维护习近平总书记的核心地位，对于维护党中央权威、维护党的团结和集中统一领导，对全党全军全国各族人民更好凝聚力量抓住机遇、战胜挑战，对全党团结一心、不忘初心、继续前进，对保证党和国家兴旺发达、长治久安，具有十分重大的意义。

“四个意识”的根本是贯彻落实“两个维护”。只有紧紧抓牢“两个维护”这个大局，坚定不移地向习近平总书记在党中央、全党的核心地位看齐，才能真正领悟“四个意识”的本质和意义。对于“四个意识”，我们不但要“知其然”而且还要“知其所以然”，在正确认知的基础上，解决好“怎么办”的问题，也就是如何把增强“四个意识”转化为实践行动。“四个意识”与党章规定的“四个服从”一脉相承。党员个人服从党的组织、少数服从多数、下级组织服从上级组织、全党各个组织和全体党员服从党的全国代表大会和中央委员会，这“四个服从”是党的民主集中制的基本原则之一，也是党的纪律建设的核心内容。党的各个组织和全体党员，只有切实增强“四个意识”，自觉坚持和维护“四个服从”，才能使全党产生无比的向心力、凝聚力和战斗力。

增强政治意识。“四个意识”中，政治意识是打头的、管总的。我们党作为马克思主义政党，讲政治是突出的特点和优势。政治意识表现为坚定政治信仰，坚持正确的政治方向，坚持政治原则，站稳政治立场，保持政治清醒和政治定力，增强政治敏锐性和政治鉴别力。政治意识是立党之本，党员干部都要有清醒的政治意识，鲜明的政治立场，坚定的理想信念和远大的抱负，善于从政治上看待、分析和处理问题，始终坚持共产党的领导，高举中国特色社会主义伟大旗帜，不走改旗易帜的邪路，与党中央始终保持高度一致，听党的话，永远跟党走，做政治上的明白人。

增强大局意识。自古不谋万世者，不足谋一时；不谋全局者，不足谋一域。只有顾全大局，才能摆正位置，确保同心同德、步调一致。党员干部做人谋事、干事创业，凡事都要始终胸怀大局，把工作放到大局中去定位，做到正确认识大局、自觉服务大局、坚决维护大局；善于站在大局高度观察和思考问题，切实把思想和行动统一到中央对形势的研判和总体部署上来，真正做到想问题、作决策、抓落实都能围绕大局，一切从大局出发，又主动作为以重点牵引全局、以局部支持大局；强化组织意识，时刻想到自己是党的人、是组织的一员，时刻不忘自己的义务和责任。

增强核心意识。政治从来就需有核心。党的全部历史证明，“任何一个领导集体都要有一个核心，没有核心的领导是靠不住的。”党员干部牢固树立核心意识，紧紧围绕以习近平同志为核心的党中央，以人民群众为主体，树立正确的世界观、人生观、价值观、权力观，认真践行社会主义核心价值观念，爱国、敬业、诚信、友善；自觉在思想上政治上行动上同以习近平同志为核心的党中央保持高度一致，坚持党的领导特别是党中央的集中统一领导，坚决维护党中央的权威，使全党产生强大的向心力、凝聚力和战斗力，使我们党更加团结统一、坚强有力，始终成为中国特色社会主义事业的坚强领导核心。

增强看齐意识。看齐是基准，看齐是号令。只有天天喊、时时喊，不断增强全党的纪律意识和命令意识，才能心往一处想，劲往一处使，步调一致得胜利。习近平总书记以身作则、率先垂范，要求了多少，自己就做到多少。见贤思齐，见不贤而内自省。要始终向以习近平同志为核心的党中央看齐，向党的理论和路线方针政策看齐，向党中央决策部署看齐，做到党中央提倡的坚决响应、党中央决定的坚决执行、党中央禁止的坚决不做，不断校正坐标，以中央要求为行动指南，保证全党统一意志、统一行动、步调一致，把中央的决策部署坚决落实到位。

在实践中，广大党员干部要不断提高马克思主义理论水平，筑牢信仰之基、补足精神之钙、把稳思想之舵，以理论上的清醒保证政治上的坚定，真正紧跟核心、维护核心，绝不能有丝毫的犹豫和动摇；把“两个维护”和“四个意识”转化为在党爱党、在党言党、在党忧党、在党为党的实际行动，坚持围绕核心发力、向党中央看齐，坚持从政治上考量、在大局下行动，做到党中央提倡的坚决响应、党中央决定的坚决执行、党中央禁止的坚决不做，对以习近平同志为核心的党中央绝对忠诚，确保政治信仰不变、政治立场不移、政治方向不偏。

四

牢记第一身份是共产党员

习近平同志指出："全党同志要牢记自己的第一身份是共产党员，第一职责是为党工作，做到忠于组织，任何时候都与党同心同德"。看似朴实的话语，却让人倍感"党员"二字分量之重、称号之光荣、责任之重大。共产党员必须时刻牢记自己是党的人，把对党绝对忠诚作为基本政治素养，始终保持忠于党、忠于国家、忠于人民的政治品格。

党员，是一种身份的认定。"我志愿加入中国共产党，拥护党的纲领……"当面向党旗举起右手庄严宣誓时，短短几分钟完成了从普通群众向一名共产党员的身份转变。这种颇具仪式感的认定，仅仅是对"党员"二字认同的开始。换言之，需要知道"我是谁"，还远远不够。

回眸党的历史，老一辈革命家践行着党员的知行合一。谢觉哉从秀才到党员，坚信"我已以身许党"；罗瑞卿虽身处险境，也"宁可冻死饿死，绝不背离共产党"；漆鲁鱼"行乞"数千里寻党，身处困境心不变……这里有对理想的坚定不移，也是对成为党员并做好党员的承诺。20 世纪 50 年代末和 60 年代初，周恩来提醒身边工作人员，"在党内活动时我是一个普通党员"，就是要让人记住"第一身份"。

时代在变，对共产党员的要求始终如一，但"身份麻痹""意识放空”不时出现，就像不少落马干部在忏悔录中说到的，“忘记了自己的党员身份”。其实何止于此，有些干部违纪违法时不觉自己是党员；有些干部在交党费时才知自己是党员；有些干部在开民主生活会时像一名党员；有些干部在“组织圈”内是党员，在“朋友圈”“生活圈”就失去党员本色……凡此种种，身份的飘忽不定，让人很难不质疑他们是否还有入党时的热切，是否记得宣誓时的承诺，是否坚守作为党员的行为标准。

现实中，一些党员党的意识淡化了，没有承担起在党言党、在党忧党、在党为党的神圣责任：有的淡忘了党员身份，有的人甚至刻意隐瞒、不愿意提及，甚至把自己当作旁观者，不仅对诋毁党的言论不加以抵制，还随波逐流、乱发牢骚，甚至妄加评论；有的淡忘了党员责任，心中装的不是党的事业、党的利益，一事当前总是先替个人打算。为什么会出现这样的问题？根子是党的意识树得不牢。

身份与自我是一体两面，认同什么样的身份就能塑造出什么样的自我。每个人在社会生活中都有特定角色，社会心理学认为，角色是社会对个人职能的划分，它指出了个人在社会中的地位和社会关系的联系位置，也代表了每个人的身份。让党员有党员样儿，才能获得“同一感的坚强”。否则，党员缺乏对身份的基本认同，缺少身份意识，很容易滑向深渊。

职务可以变动，职级可以调动，地域可以流动，但党员的身份始终不动。不管身处何地、身居何位，都理应“牢记自己的第一身份是共产党员，第一职责是为党工作，做到忠诚于组织，任何时候都与党同心同德”。那些时而清醒时而糊涂、时而自我要求紧一些时而自我约束松一些的党员，工作不扎实、为人不老实、作风不务实，职位显赫至周永康、官阶低微如马超群，都在权色诱惑面前失矩了。

“中国共产党党员必须全心全意为人民服务，不惜牺牲个人的一切，为实现共产主义奋斗终身。”党章赋予了党员神圣的使命，也使拥有党员身份成为一种个人荣誉。然而，这种个人荣誉的实现是以履行党员义务为前提的。比如，合格的党员要坚持党和人民的利益高于一切，个人利益服从党和人民的利益，吃苦在前，享受在后，克己奉公，多作贡献；要自觉遵守党的纪律，模范遵守国家的法律法规，严格保守党和国家的秘密，执行党的决定，服从组织分配，积极完成党的任务等。认真履行这些义务，就意味着我们要把党员身份当作自己的人生底色，而非随意穿戴的“马甲”。一名合格的共产党员，就要践行党的宗旨、拥护党的领导、履行党员的义务，充分发挥党员先锋模范作用，不断为党员身份增光添彩，让“我是党员”真正成为一种人生的自豪。

党员干部只有不断强化“第一身份”“第一职责”的意识，才能保持“咬定青山不放松”的政治定力，涵养“一枝一叶总关情”的爱民情怀，发扬“春蚕到死丝方尽”的奉献精神，始终保持入党誓词中为共产主义奋斗终身的火热情怀，在岁月深处写下随时准备为党和人民牺牲一切的崇高。

强化党的意识，要求党员干部自觉增强角色意识和政治担当，按党提出的标准严格要求自己、磨炼自己、提高自己，无论何时何地何种情况下，都始终把党摆在心头正中，始终做到爱党、信党、护党、跟党走。

严格遵守党章。党章作为我们立党、管党的总章程，集中体现了党的性质和宗旨、党的理论和路线方针政策。习近平同志指出：“党章就是党的根本大法，是全党必须遵循的总规矩。”严格遵守党章，是党员发挥先锋模范作用的重要前提。共产党员必须自觉学习党章、牢固树立党章意识，真正把党章作为加强党性修养的根本标准，作为指导党的工作、党内活动、党的建设的根本依据；把学习党章作为加强党性修养的必修课，进一步明确党的指导思想、奋斗目标和路线纲领，明确党的重大原则和基本制度，明确党员的权利义务以及领导干部应具备的基本条件，不断强化党性观念、党的意识和党员意识。

忠于党的事业。我们党的入党誓词强调，为共产主义事业奋斗终身。我们党是中国特色社会主义事业的领导核心，无论是全面建成小康社会，还是实现中华民族伟大复兴的中国梦，需要全体党员率先垂范、恪尽职守、努力工作。共产党人都姓党，不仅要在党言党，更要在党兴党，为党的事业服务一辈子，奋斗一辈子，奉献一辈子，自觉把对党、对人民的感恩之情，转化为听党指挥、服务人民的崇高追求，转化为爱岗敬业、任劳任怨的奉献精神，转化为苦干实干、勇创佳绩的实际行动。

学习党的理论。增强党的意识，首先党员心中要有党，强化对党的思想认同、感情认同、理论认同。要把学习摆在第一位，加强对马克思主义经典著作和基本理论的学习，深入领会精神实质和核心要义，掌握贯穿其中的立场、观点、方法；加强对党章、党史和党纪党规的学习，尊崇党章、遵守党规，牢记党的性质、宗旨、纪律和党员权利、义务，做到知党爱党；加强对习近平新时代中国特色社会主义思想的学习，准确把握蕴含其中的新理念新思想新战略，坚定中国特色社会主义道路自信、理论自信、制度自信和文化自信。

锤炼坚强党性。人非圣贤，孰能无过。个人在工作和生活中的缺点、毛病和错误在所难免，共产党人也不例外。党性修养实质上就是共产党人不断反省改正自身缺点错误，实现自我改造、自我净化、自我革新、自我完善、自我超越的过程。我们要经常对照党章这面镜子，打开心扉“吾日三省吾身”：自己的党性有没有、纯不纯、强不强。我们要经常清扫思想意识中的“灰尘”，反省并切实改正自身存在的缺点错误。通过对自己党性修养的强化和提升，坚守共产党人的精神家园，永葆共产党人的政治本色。

党员身份不是一阵子的坚持，而是一辈子的坚守。朱德同志生前常说："我别无他求，只求做一个自自然然的共产党员。""自自然然"发于内心，出自本能，本性的流露胜过豪言壮语。牢记自己的党员角色是"全天候"的，没有上下班之分；是全地域的，没有此地彼地之别；是伴随终生的，没有在位与退休之说，在任何时候、任何情况下都要充分发挥示范带头作用、树立先锋形象。做一个"全天候"、自自然然的共产党员，发挥好先锋模范作用，不仅仅是把党徽端端正正地挂在胸前，更要把党员意识牢牢刻在心中，既要立足岗位创佳绩，又要服务社会作贡献；既要联系群众带头干，又要团结群众一道干；既要在平时看得出来，又要在关键时刻站得出来。如此，才能得到组织的信任、群众的拥护，书写属于共产党人俯仰无愧的人生乐章。

五

对党忠诚须严守党的纪律规矩

人不以规矩则废，党不以规矩则乱。自古以来，纪律和规矩就是一种约束，一种准则，更是一种责任，一种境界。守纪律、讲规矩是对党员干部讲党性的重要考验，更是对党员干部对党忠诚度的重要检验。

守纪律是党章对党员的基本要求，讲规矩是对党忠诚的重要表现。对党员干部来说，纪律、规矩都是思想和行为应遵循的准则。党的纪律是为维护党和人民利益、保证全党行动一致而要求党员必须遵守的各项规定，包括政治纪律、组织纪律、廉洁纪律、群众纪律、工作纪律、生活纪律等。党内规矩是党的各级组织和全体党员必须遵守的行为规范和规则，其中党章是总规矩、党纪是硬约束、国法是铁规则。

现代政党是为了共同的政治目标而组成的政治组织，必须有政治上的规矩来维护本党目标的实现。一个政党如果没有政治纪律的约束，允许党的组织和党的重要干部在政治主张、政策主张上各有一套、我行我素，允许广大党员在政治上行动上与党离心离德、为所欲为，那这个政党就是一群乌合之众聚焦地，很快就会分崩离析。如果党的政治纪律成为摆设，就会形成“破窗效应”，使党的章程、原则、制度、部署丧失严肃性和权威性，党就会沦为各取所需、自行其是的“私人俱乐部”，就会失去号召力、影响力和战斗力，党的政治理想和政治目标也就无从谈起。

政治纪律和政治规矩是党内政治生活最为重要的遵循。在党的全部纪律中，政治纪律是打头的、管总的。习近平同志指出：“党的纪律是多方面的，但政治纪律是最重要、最根本、最关键的纪律。”政治纪律一旦突破，其他纪律就会“全线失守”。“干部在政治上出问题，对党的危害不亚于腐败问题，有的甚至比腐败问题更严重。”讲规矩，首先要讲政治规矩；守纪律，首先要守政治纪律。抓住严肃政治纪律和政治规矩这个纲，把严肃其他纪律带起来，正是管党治党的治本之策。

没有正确的政治观点，就等于没有灵魂；不遵守党的政治纪律，就等于忘记党员的第一身份。说起政治纪律，可能少数党员干部认为那是中高级领导干部的事，其实不然！政治纪律是维护党的政治原则、政治方向和政治路线，规范党组织和党员的政治言论、政治行动、政治立场的行为准则，每名党员都应当遵守，不能有丝毫触犯。

当然，也必须看到，少数党员干部纪律观念淡漠，违反政治纪律的现象仍然存在：极少数党员干部口无遮拦，惯于传播小道消息，对党的重大决策说三道四、我行我素；有的党员干部搞“上有政策、下有对策”，对上级的决策和领导的要求阳奉阴违，导致政令不畅；有的公然歪曲党的历史、否定党的政治原则、诋毁党的领袖和党的优良传统；还有的不负责任地道听途说，甚至捕风捉影，编造传播政治谣言，丑化党和国家形象等。这些违反政治纪律的言论和行为，尽管发生在少数党员干部身上，但在党内和社会上的影响是恶劣的，给党的事业造成的损害是严重的。

这最重要的纪律和规矩为何时有人犯？这与一些党员干部认识不清甚至心存侥幸有关。在一些党员干部看来，政治纪律和政治规矩很抽象、比较虚，不像财经纪律、工作纪律那样丁是丁、卯是卯，来不得半点含糊。只要自己不贪不腐，在经济上不出问题，政治纪律和政治规矩上出点格、跑点偏，谁也不会较真，较真了也奈何不得。正因如此，一些党员干部对政治纪律和政治规矩缺乏敬畏、等闲视之，平时嘴上喊的“政治方向不偏，政治立场不移”只是用来装点门面，在实际的政治言论和政治行动上却是我行我素。这显然是一个极大的误解，犯了政治上的幼稚病，做了政治上的糊涂人。

没有政治规矩就不成其为政党，更不成其为马克思主义政党。党的团结统一，党的战斗力、凝聚力、创造力，党的先进性、纯洁性，党自我净化、自我完善、自我革新、自我提高的能力，都要靠政治纪律来保证。只有坚持把严守政治纪律和政治规矩排在首要位置，紧紧抓住严守政治纪律和政治规矩这个正风肃纪的关键，才能取得从严治党的新成效，让党的组织更严密、党内生活更健康、党的领导更有力。

有纪律，就要执行，不然，就是纸上谈兵，毫无意义。而执行纪律除了严格以外，还必须做到纪律面前人人平等，否则就无法执行下去。所谓纪律面前人人平等，就是说任何一个党员都必须遵守党的纪律，党内决不允许存在不受纪律约束和凌驾于党组织之上的特殊党员。毛泽东多年在党内担任重要领导职务，然而，他坚决地维护和执行党的纪律，不分亲疏，坚持纪律面前人人平等。在长征途中，贺子珍的弟弟贺敏仁违反纪律，擅自进入喇嘛庙拿了藏民的铜板，后被报告拿了藏民的银圆。师部得到报告后按照纪律枪毙了他。贺子珍得知弟弟被枪毙的消息后深感震惊，为了不影响毛泽东工作，等红军到达了延安后她才把情况告诉了毛泽东。毛泽东听后沉默不语，过了许久，他说：“红军就应该有铁的纪律，我们应该用红军铁的纪律来要求自己的亲人！”

党的纪律是铁的规矩，是不可触碰的红线，严守党纪是党员的行为底线。习近平同志指出，守纪律、讲规矩是对党员干部党性的重要考验，是对党员干部对党忠诚度的重要检验。党员干部必须遵守政治纪律和政治规矩，必须维护党中央权威，在任何时候任何情况下都必须在思想上政治上行动上同党中央保持高度一致；必须维护党的团结，坚持五湖四海，团结一切忠实于党的同志；必须遵循组织程序，重大问题该请示的请示，该汇报的汇报，不允许超越权限办事；必须服从组织决定，决不允许搞非组织活动，不得违背组织决定；必须管好亲属和身边工作人员，不得默许他们利用特殊身份谋取非法利益。这“五个必须”，是党员、干部必须严格遵守的规矩。

遵守政治纪律和政治规矩，核心是坚持党的领导。坚持党的领导，是党和国家的根本所在、命脉所在，是全国各族人民的利益所系、幸福所系。现在，我们党正肩负着协调推进“四个全面”战略布局、实现中华民族伟大复兴中国梦的历史使命，面临着“四大考验”“四种危险”，加强党的建设任务比以往任何时候都更为繁重、更为紧迫。越是在这种时候，越需要坚持党的领导。

遵守政治纪律和政治规矩，要切实履行维护政治纪律的职责。对大是大非问题要有坚定立场，对背离党性的言行要有鲜明态度，不能听之任之、置身事外。对违反政治纪律政治规矩的人和事，要早发现、早指出、早提醒、早纠正，对造成危害的要敢于斗争，敢于严肃追责问责。特别是在民主生活会中，要敢于坚持原则、敢于追根问底、敢于动真碰硬，坚决不搞一团和气、相互吹捧，不搞“好人主义”，不以假和谐掩盖不讲原则、不讲批评、不讲斗争的事实。各级党员干部应当按照中央要求，严格对照检查自己在遵守政治纪律和政治规矩方面存在的问题，做到抓早、抓小、抓苗头，防止小错酿成大错，小利益链条变成大利益输送，给党和国家的事业造成不可挽回的损失。

党员干部要牢固树立纪律意识、规矩意识，严格遵守党章、党的纪律、国家法律以及党在长期实践中形成的优良传统和工作惯例，自觉做到遵守党的纪律不动摇，执行党的纪律不走样。党的十八大以来，以习近平同志为核心的党中央制定完善一系列党内法规，健全党内组织生活制度，使管党治党从宽松软走向严紧硬，重塑了党内政治生态，体现了党中央全面从严治党的坚强决心。对党忠诚，就要把党规党纪作为铁律来执行，时刻做到心有所畏、言有所戒、行有所止，做到表里如一、襟怀坦白；就要坚决贯彻执行政治纪律，严守政治规矩，切实按照中央部署要求开展工作，确保令行禁止、政令畅通；就要加强自重自省自律、慎初慎独慎微，坚决克服特权思想，防止侥幸心理，真正从思想上、工作上、作风上严起来、实起来，永葆共产党人的政治本色，铸就对党绝对忠诚的政治品格。

六

一辈子对党忠诚不渝

对党忠诚不是空洞的口号、高调的表态、抽象的概念，而是具体的、实在的行动。对党忠诚作为一个政治要求，需要广大党员干部终生恪守、终生实践。党员干部必须始终把政治忠诚融入血液、浸入骨髓，做到忠于党、忠于国家、忠于人民，为党和人民的事业不懈奋斗。

忠诚贵在长久。闽东苏区失陷，曾志从福建找到广州，后来又到上海，“尝尽了失群孤雁的辛酸苦辣”，历时 20 个月终于重新“投进了党的温暖怀抱”。大将许光达誓言“死不退出共产党”，大革命失败后两度与党失去联系，两度重新找到党组织。这些共产党人，以坚定的意志、不懈的追求，刻写出对党的忠诚，对信仰的坚守。

“石可破也，而不可夺坚；丹可磨也，而不可夺赤。”胸有忠心，就能入火海而不退缩、遇烟雾而不迷失、出淤泥而不沾染、面诱惑而不动摇。故而，从土地革命、抗日战争、解放战争乃至改革开放新时期，不管形势任务千变万化，但入党誓词的主音符万变不离其“忠”——“永不叛党”。缘于这种赤胆忠心，方有“砍头不要紧，只要主义真”的无畏，方有腹中满是草、饿死不变节的骨气，方有竹签钉十指、痛彻心扉不叛党的坚贞。先烈的壮举和生命，诠释了忠诚的内涵、奏响了忠诚的强音、谱写了忠诚的壮歌。

身陷囹圄，面对威逼利诱不辱气节，决不从“狗洞”爬出来，这是革命先烈叶挺对忠诚的解读；有权不谋私、有福不安享，去世后把退休开垦的价值数亿元的林场捐给国家，这是干部楷模杨善洲对忠诚的展示。对党忠诚，是恪守党的理想和纲纪的全心践诺，不唯面对生死考验的义无反顾，且是淡泊明志的崇高心志；不唯经受血与火洗礼的钢铁意志，且是不计得失的操守品行；不唯大是大非面前的政治定力，且是敞开心扉的坦荡胸怀。因此，忠于党始终是共产党人励志前行的座右铭、大义凛然的正气歌。

有人说，当今是众声喧哗的时代，也是价值多元的年代。“乱花渐欲迷人眼”，多样多变和诱惑迷眼，使一些党员干部对党的忠诚渐次弱化而变异。现实中，信权力而忠于“靠山”，把上下级关系变为人身依附关系者有之；信帮派而忠于“圈子”，把同事关系变为江湖关系者有之；信私情而忠于裙带，把亲友关系变为徇私关系者有之；信金钱而忠于私利，把政商关系变为寻租关系者有之；更有甚者，“一边吃着党的饭，一边砸着党的锅”……凡此种种对党“身在曹营心在汉”的行为，是灵魂的出卖、价值的扭曲、品质的恶化，其害如蛀虫在啃噬党的肌体、侵蚀党的纯洁性、先进性和战斗性。

有的党员干部以人无完人、金无足赤为借口，不以绝对忠诚要求自己，大错不犯、小错不断，还沾沾自喜；有的则投机钻营，心存侥幸，游走于党的事业与个人利益之间等。习近平同志指出：“对党绝对忠诚，要害在‘绝对’两个字，就是唯一的、彻底的、无条件的、不掺任何杂质的、没有任何水分的忠诚。”就对党忠诚的“纯度”而言，没有99%，只能100%。党员忠诚度上欠缺的“1%”，很可能成为信念滑坡的第一块石子，一旦遇到特定环境，剩余的99%很容易土崩瓦解。回顾历史，向忠发、张国焘之流在某一时期对党的忠诚度不可谓不高，但就因为没达到100%，以致沦为可耻的叛徒。现在，一些违纪违法的领导干部，不少也曾怀着对党的满腔忠诚投入事业，但却因政治定力不够，在一些小事上开了口子，导致底线不断退守，最终滑向深渊。

以投机之心对党，或对党忠诚不坚贞，迟早是要出问题的。从落马贪官的忏悔录中，往往看到他们痛心疾首自己从忠于党的热血青年，一步步堕落为背叛党的可耻之徒。每一名共产党员都曾面向党旗宣誓“永不叛党”，但总有人渐渐忘却初心，与党离心离德。这警示我们，对党忠诚，必须是绝对而不是相对的，必须是一辈子而不是一阵子。

有的党员干部“为山九仞，功亏一篑”，没做到永远忠诚。有的在符合个人意愿时对组织一心一意，个人诉求得不到满足时就对组织心生怨言；有的在工作生活顺风顺水时信念坚定，一遇到困难挫折，就迷茫动摇；有的在事业处于上升通道时对组织充满信心和感激，一旦进入瓶颈期或升迁受阻就觉得组织亏欠自己，走上岔路；有的一辈子小心谨慎，清廉自守，临近退休时环顾左右，心理失衡，产生了用权力最后一搏的念头，晚节不保。

对党忠诚不是一份入党申请书所能体现，也不是获得党籍就能彰显的，关键要一辈子去践行对党忠诚的承诺、履行党员义务、保持党员政治本色。“有的人活着，他已经死了。有的人死了，他还活着。”始终保持对党忠诚的共产党员永远活在人民心中，永远被历史铭记；而那些在关键时刻、危急关头、原则面前丧失底线、放弃信仰、背叛党的败类，将遗臭万年，被人民抛弃。世上事，最难在于坚持。对于共产党人，最难在于始终保持党员本色，即不管在任何情境下、面对任何诱惑，都能坚持信仰初心、坚守对党忠诚的底线。

一名共产党员不仅要在组织上入党，更要在思想上入党。正所谓组织上入党一生一次，思想上入党一生一世。检验一名党员对党是否忠诚，关键要看他是否把入党誓词贯穿到日常生活的方方面面、点点滴滴。革命老人谢觉哉曾写过《怎样做一个好的共产党员》一文，认为一个人了解与相信共产主义，不算党员；仅为共产主义事业奋斗，不算好党员；只有为共产主义事业奋斗到底，长期苦干，除死方休，才算是好党员。可见，只有思想上完全入党，把自己的一切交给党，矢志不渝跟党走，为实现共产主义理想而奋斗终身，才能保持先进性，保证不变质。

对党忠诚是一个严肃的政治要求，是每个党员干部终生都要面对的重大考验，尤其是在遇到诱惑和面临危难，以及在重大原则立场考验面前，是不是忠诚，会表现得一清二楚。战争年代，选择了入党，就意味着随时准备为党的事业牺牲生命。许多革命先烈被捕后，在高官厚禄的利益诱惑和生死考验面前，他们选择忠诚于自己的信仰和党旗下的誓言，毅然决然地慷慨赴义。和平时期，我们所处的环境和条件发生了很大变化，尽管生与死、血与火的洗礼少了，但对党忠诚面临的考验仍然是复杂的、严峻的，名利、金钱等方面的考验无时无刻不在，能否在这些考验面前坚守党性、坚持原则，才是对一名党员忠诚度的真正检验。

始终面临事业责任的考验，必须心无旁骛、恪尽职守。对党忠诚最重要的就是忠于党的事业，知责思为，履责能为，尽责善为。新形势下，党员干部肩上的担子越来越重，能力和作风方面的要求越来越高，履职尽责面临的考验越来越大。要戒懈怠、戒浮躁、戒安逸、戒虚假，始终保持蓬勃朝气、昂扬锐气和浩然正气，以对党和人民事业高度负责的精神干事创业。

始终面临进退得失的考验，必须服从大局、淡泊名利。如何对待进退得失，最见人的觉悟和境界，最能反映领导干部对党的忠诚度。现在，一些党员干部患得患失，这与共产党人的精神追求极不相符。党员干部要始终胸怀大局，把党和人民事业的成功视为个人的最大成功；正确对待组织，摆正个人与组织的关系，始终铭记组织的培养之恩；保持平常心态，在职务晋升、生活待遇等方面知足，在能力素质、履职尽责等方面知不足，以平常之心对待个人进退得失。

始终面临各种诱惑的考验，必须保持气节、严格操守。党员干部手中都掌握着一定权力，面临诱惑的考验更多一些，如果不保持警惕，就可能被“糖衣炮弹”击中，在各种诱惑面前打败仗、摔跟头。要守住思想道德的防线，始终坚守共产党人的精神家园；守住纪律规定的红线，做到任何情况下都稳得住心神、管得住行为、守得住清白；守住廉洁自律的底线，始终做到情趣健康、一身正气。

对党忠诚一阵子不难，难在一辈子忠诚。共产党人终其一生在党言党、在党忧党、在党为党，才算实现了“为共产主义奋斗终身”的入党誓言。“人之忠也，犹鱼之有渊”。每一名党员干部都应该不忘初心，真正把政治坚定、对党忠诚铭刻在自己的灵魂中，始终坚持党的原则第一、党的事业第一、人民利益第一，把对党忠诚作为自己毕生的选择，为党和人民的事业奋斗终生。

案例 4

漆鲁鱼：行乞千里寻党

漆鲁鱼（1902—1974），原名灵洁、宗曦，重庆市江津县人。1929 年加入中国共产党，先后任中华苏维埃共和国临时中央政府卫生部保健局局长、江西省军区卫生部长、国家卫生部办公厅主任、卫生部部长助理、成都市政协副主席等职。

1934 年，漆鲁鱼赴江西中央苏区，担任中华苏维埃共和国临时中央政府卫生部保健局局长。红军开始长征时，因陈毅同志身负重伤，党中央安排漆鲁鱼留下护理。之后，他在反击敌人的一次围剿中与部队走散，不久在赣南寻乌县不幸被捕。在法庭上，面对敌人的审讯，他急中生智，不慌不忙地辩称自己是“曾被红军俘虏的国民党军医”。敌人见他是留日归国的医生，经审讯也找不出什么破绽，数月后便释放了他。

1935 年 5 月，获释的漆鲁鱼急切盼望能与党组织尽快取得联系。可党中央和红军已经长征，原来的关系早已断绝，苏区已被敌人占领，要找到党组织极为困难。于是，身无分文的他靠乞讨生活，踏上了千里寻找党组织的艰辛征途。

漆鲁鱼最开始决定到广东兴宁寻找曾经共事过的战友。他从瑞金出发，经会昌、寻乌、定南、和平等地辗转来到兴宁，从这年的盛夏走到初冬，一路风餐露宿、乞讨度日，徒步行程 800 余里，但兴宁的战友却杳无音讯。

他又沿路南下，经丰顺、揭阳、潮州等地来到汕头，希望能在自己曾工作过的秘密联络站与党取得联系。然而，该联络站已经撤销，曾经患难与共的战友也不知去向。漆鲁鱼感慨万千，思来想去后决定：“只有回上海找党了。”然而赤手空拳，路途遥遥，再徒步前行何日可至？他设法找到汕头一家慈善机构，说服负责人为他买了一张到上海的船票，被当作难民送上一艘轮船，在底舱熬了几天，终于到达上海。

此时的上海，已然为白色恐怖所笼罩，党的组织活动基本处于沉寂状态。过去相处的革命同志都已撤离，可靠的亲友也不知去向。几个月过去了，衣衫褴褛、面色憔悴的漆鲁鱼仍未能找到党组织，但他仍然坚持在闸北区北四川路一带讨饭巡游，将最后一丝希望寄托在找到鲁迅先生身上，为此，他常常到鲁迅的日本朋友开办的“内山书店”附近守候。然而，两个月过去，他仍未如愿。长期的乞讨生活使漆鲁鱼身患疾病，以致两眼深陷、枯瘦如柴，身体极度虚弱。

正当漆鲁鱼陷入困境时，1935 年 11 月，他的老同学、复旦大学教授何鸣九在北四川路与他不期而遇。何鸣九思想倾向进步，将漆鲁鱼接到家中让他休养，还帮他打听消息，从此，漆鲁鱼结束了颠沛流离、饥寒交迫的行乞生活。在何鸣九的帮助下，漆鲁鱼与堂兄漆相衡取得了联系，但此时堂兄已脱党，何鸣九也与党组织失去了联系。漆鲁鱼得知情况后非常失望，他预感要在上海找到党组织一时不可能，于是辗转回到江津老家，次年春又前往重庆继续寻找。

在重庆安顿下来后，漆鲁鱼组织重庆救国会，发动进步运动。漆鲁鱼的叔父漆南薰烈士生前曾担任《新蜀报》主笔，经婶娘凌树珍介绍，《新蜀报》聘任漆鲁鱼为国际时评的编辑，漆鲁鱼开始在《新蜀报》写社论，经常在《商务日报》上发表抗日救亡的文章，形成了《新蜀报》和《商务日报·副刊》两个阵地，积极开展抗日救亡宣传。漆鲁鱼等与党失去联系的党员认为，重庆已没有党的组织，不能坐等党组织来找，只有自己行动起来，才容易找到党。时值北平“一二·九”爱国学生运动消息传到重庆，漆鲁鱼与一批在投稿中结识的进步青年研究了“一二·九”运动后重庆的救亡运动情况，决定组织一个秘密救亡团体。

1936年6月的一天，漆鲁鱼约集了重庆各中学从事抗日救亡工作的学生骨干二三十人，在西笑豆浆店内秘密集会。该店地处市中心区七星岗外黄家垭口附近，是凌树珍开的。会议决定正式筹组新的重庆学生界救国联合会。为吸取之前由重庆大学同学发起组织学生救国会的教训，新组建的重庆学生界救国联合会采取秘密方式，简称“秘密学联”，推选漆鲁鱼为总务干事。救国会开展工作需要经费，但救国会并无经济来源，全靠社会资助和骨干成员的薪金收入，在这一段时间，漆鲁鱼把在《新蜀报》领到的薪水的百分之六七十均用在救国会的工作开展上。

重庆各界救国会以秘密与公开相结合的方式开展活动，逐步发展成为重庆抗日救亡运动的核心。重庆救国会下属有重庆学生界救国联合会、重庆职业青年救国联合会、重庆文化界救国联合会、重庆妇女界救国联合会，还联系和团结了一些公开团体。救国会利用《商务日报》《新蜀报》《齐报》《人力周刊》《春云》等报刊宣传抗日救亡运动，发动社会各界为绥远抗战募捐，举行要求释放全国救国会“七君子”的宣传运动等，把重庆的抗日救亡运动推向了高潮。救国会以重庆文化界的名义召开“鲁迅先生追悼会”，各界人士300余人参加，推动了重庆文化界进步力量的联合。重庆救国会的积极行动引起了当时中共中央的注意和好评。

重庆救国会的活动和影响日益扩大，形成重庆群众性抗日救亡运动的核心力量，逐步建立了学生救国联合会、妇女界救国联合会、职业青年救国会、工人救国会、文艺界联合救国会、自强读书会、民众歌咏会等群众性组织，在抗日救亡运动中，成长了大批干部，为重庆党组织的恢复重建奠定了基础。

所幸的是，漆鲁鱼在重庆的活动引起了共产党员张曙时的注意。1937年10月，张曙时派刘传茀等人到重庆对漆鲁鱼进行了审查，审查清楚后，恢复了他的党籍，他终于重新回到党组织的怀抱。

漆鲁鱼与党组织失去联系后，怀着坚定的革命信念，立志一定要找到党组织。他在身无分文的情况下，辗转广东兴宁、汕头和上海等地，艰辛跋涉，坎坷连连，在党史上留下了一段奔波千里寻党的佳话。

第六章

坚持以人民为中心

*

共产主义信仰的核心和根基是人民。是否坚持全心全意为人民服务的根本宗旨，是衡量党员干部是否具有共产主义远大理想的首要标准。共产党人讲理想信念，就要牢记为人民服务这个根本，始终坚持人民主体地位，坚持以人民为中心，自觉贯彻党的群众路线，密切联系群众，热情服务群众，着力解决好人民群众最关心最直接最现实的利益问题，用良好作风和工作业绩造福人民，始终同人民群众同呼吸、共命运、心连心，永葆共产党人的初心和本色。

一

为人民服务是共产党人的根本信念

上帝是西方人的信仰；中国共产党的信仰是共产主义，共产主义信仰的核心是人民。共产主义社会是一个没有阶级制度、没有压迫、没有剥削的社会，是人人平等、自由生活的社会，这样的社会是人类终极的梦想，是人民的最大福祉。为这样的目标而奋斗，其实质就是为人民的最大利益而奋斗，为人民的最终幸福而奋斗。共产主义信仰在中国不同时期有不同的形态，从马克思主义到毛泽东思想，到中国特色社会主义理论体系；从联合政府到新民主主义，到中国特色社会主义，变化的形态背后，最大信仰始终未变——人民。

共产党人是信仰共产主义的，追求共产主义理想是他们的天职。但我们不能把共产主义信仰或马克思主义信仰简单地归结为追求共产主义理想。共产主义信仰是一个体系，在这个信仰体系中远大理想固然重要，但不是全部。除了远大理想之外，还有根本信念。我们通常讲“共产主义理想信念”，但涉及具体内容时，则只讲理想而不讲信念，或讲理想多而讲信念少，这是不全面的。其实，理想不是抽象的先验的，而是从基本理念或信念中引申出来的，是根本信念的具体体现。

在共产主义信仰中，与共产主义远大理想处于同等层次和重要地位的根本信念就是“为人民服务”，这是共产党人信仰体系中两个最根本的东西。尽管在共产主义信仰中基本信念也是多方面的，包括唯物主义哲学信念、历史规律和历史进步信念、人民是历史创造者和动力的信念等，但是“为人民服务”这五个大字，最强烈地体现出马克思主义者、共产主义者的信念特点。“为人民服务”作为根本信念内在地包含着其他相关信念，比如把人民作为历史创造者，就包含着对世界特别是人类历史的唯物主义解释，它否定了神灵创造世界的有神论，否定了英雄创造历史的英雄崇拜等。特别对于中国马克思主义者和中国共产党人来说，“为人民服务”是从中国革命中产生出来的，由中国共产党人的代表毛泽东提出来的，它是以鲜明的中国特色和中国气派集中体现着的共产主义基本信念。由此可以理解，为人民服务何以在中国如此深入人心。

正像马克思主义经典作家不主张脱离历史规律而抽象地谈共产主义理想一样，我国老一辈无产阶级革命家也不主张脱离为人民服务而孤立地谈共产主义理想。毛泽东认为，看一个人“是一个假马克思主义者还是一个真马克思主义者，只要看他和广大的工农群众的关系如何，就完全清楚了。只有这一个辨别的标准，没有第二个标准”。邓小平在回答国际青年代表团关于“中国共产党员的含意是什么”的问题时，明确提出：“中国共产党员的含意或任务，如果用概括的语言来说，只有两句话：全心全意为人民服务，一切以人民利益作为每一个党员的最高准绳。党的目的是要实现社会主义、共产主义。根据马克思列宁主义的原则，中国在过去民主革命没有完成的时候，首先要完成资产阶级民主革命，民主革命完成以后，现在要建设社会主义，将来再由社会主义发展到共产主义。这样就能把中国人民引导到完全脱离剥削和压迫的社会，建设共产主义的幸福生活。这就是中国共产党员的含意和任务。”从邓小平的回答可以看出，全心全意为人民服务和为实现共产主义而奋斗终生，是中国共产党员的根本任务。而且这两个方面是统一的，因为共产党人追求社会主义和共产主义的目的，是使人民摆脱剥削和压迫，建设幸福的生活。党章在讲到对党员的根本要求时，也是把两个方面讲在一起："中国共产党员必须全心全意为人民服务，不惜牺牲个人的一切，为实现共产主义奋斗终身。"

"为人民服务"既是一句通俗话语，也是一个理论命题。作为前者，它在实际生活中广为流传，作为后者，在理论上具有独特内涵。从理论上考察问题，就应该把"服务"作为一个重要人生观和世界观概念来理解。从这个层面上来阐释这一概念，就会发现："服务"就是为信仰而奉献。服务以信服、服从为前提，它一方面是内心的信服，另一方面是指在为自己所信服的对象工作。服务可以是举手之劳，但它绝不只是举手之劳的那种"与人方便"的事情，而是包括献出自己的生命的意思在内。毛泽东在《为人民服务》一文中，多次讲到要为人民而死。毛泽东还说过，"为什么人的问题，是一个根本的问题，原则的问题"。对每一个人来说，都有一个为谁活着，为谁服务，为谁献身的问题。这确实不是一个小问题，而是一个根本性的原则问题。邓小平也说，世界观的重要表现是为谁服务。这就把服务与世界观联系起来，实际上是把"为谁服务"的问题提到世界观的高度。

凡是信仰，都有崇拜对象或信仰对象。对于马克思主义者来说，对于共产党人来说，他们的崇拜对象或信仰对象是什么呢？马克思主义信仰中最高的崇拜对象不是别的，乃是"人民"。如果说这个信仰体系中有一个东西相当于宗教中的上帝，那么它就是"人民"。

共产党人不怕天不怕地，不怕鬼不怕魅，无所畏惧。但他们也有怕的东西，那就是人民。他们最怕的就是脱离人民，被人民所抛弃。一旦脱离了人民，失去了人民，共产党不仅失去力量源泉，无所作为，而且也失去了其存在的依据和根基。1945 年，在党的七大闭幕式上，毛泽东明确地把“人民”称作“上帝”。他说：“现在也有两座压在中国人民头上的大山，一座叫作帝国主义，一座叫作封建主义。中国共产党早就下了决心，要挖掉这两座山。我们一定要坚持下去，一定要不断地工作，我们也会感动上帝的。这个上帝不是别人，就是全中国的人民大众。全国人民大众一齐起来和我们一道挖这两座山，有什么挖不平呢”。

人民作为中国共产党人的信仰对象，作为他们的献身与服务对象，具有自身的特色，体现着一种新的信仰。对人民的崇拜与对神的崇拜不同：

人民是人而不是神。我们是为“人”服务，不是为“神”服务，是为“人”献身，不是为“神”献身。共产党人不是有神论，而是无神论。在这里，“人民”作为信仰对象具有现实性，不是像鬼神那样只是一种虚幻的存在。唯物主义虽不承认有神，但也认为人民是无限力量的来源。个人办不到的事情，单个阶级和政党所做不到的事业，人民就可以做得到。共产党人虽然也认为人民的力量是无穷的，只要赢得人民的支持，就没有做不到的事情，但这与相信上帝万能是不同的。

人民是多数人，而不是少数人或个别人。我们是为多数人服务，而不是为少数人或个别人服务。我们不是英雄崇拜，不是个人迷信，不是为了某个领袖或某个伟大人物而让大家献出生命。

人民作为崇拜对象在具有现实性的同时，也具有一定抽象性。尽管从人数上讲，在一定的社会和一定的时期，人民也总是有一定数量的，但人民之数代表着“大”，具有无限之数的意义。而且，人民之为物，不是一个数量概念，而是一个总体性概论，具有抽象性特点。这种抽象性有时为人所诟病，似乎“人民”是一种看不到摸不着的东西。事实上，这种抽象性不仅不是什么缺点，对信仰来说，正好是一个优点。因为对一个大的信仰体系来讲，它的信仰对象不应该是具体的有形物，而应是具有一定抽象性的存在者。人民不是特指张三或李四个人，而是一种群体存在，具有抽象性。

人民之所以具有如此高的地位，并不是出于什么神秘的原因，而是由人民在历史发展中的地位和作用所决定的。中国共产党人之所以热爱人民，是建立在马克思主义科学历史观基础上的，建立在对人民群众历史作用的科学认识上的。马克思主义认为，不是神灵创造历史，也不是英雄创造历史，而是人民群众创造历史。人民，只有人民，才是创造世界历史的动力。人民是历史的主人，是历史的创造者，人民的力量是无穷无尽的。

人民的事业具有无限性，为人民服务的过程也具有无限性。社会主义事业是人民群众的事业，它的发展直至实现共产主义，是一个漫长的历史过程。它是对每一代人的有限性的超越，在这个过程中，为人民服务是没有止境的。为人民服务是没有报酬的，它是一种单向的义务；为人民服务是终生的职责，不是一时一事的要求；为人民而死，就是死得其所。雷锋说："人的生命是有限的，而为人民服务是无限的。我要把有限的生命投入到无限的为人民服务之中去。"这句话具有深刻的含义，它说明，在为人民服务中可以找到自己的人生归宿。

"为人民服务"对共产党人来说，是从根本宗旨中生发出来的要求，是基本信仰的体现，是一种信仰伦理和信念道德，而不是一般的道德要求；对共产党人来说，是一个"绝对命令"，没有商量的余地，没有逃避的权利。是否履行为人民服务，不只表明一个人的道德水平，而且标志着他的政治信仰是否坚定与纯洁。

是否坚持全心全意为人民服务的根本宗旨，是衡量党员干部是否具有共产主义远大理想的首要标准。共产党人讲理想信念，任何时候都不能离开为人民服务这个根本。党员干部追求理想信念，就要把为人民服务当作共产党人的天职，全心全意为人民服务，就要诚心诚意为党和人民事业奋斗。

二

信仰人民必须坚持人民主体地位

信仰人民——人民至上是马克思主义的根本特征，信仰马克思主义，从本质上说是对人民群众是真正历史英雄的信仰。马克思主义是关于无产阶级和人类解放的学说，是人民群众根本利益的理论表达，其伟大之处在于运用历史唯物主义深刻洞察了人民群众的价值，指出了人民群众对社会历史发展的决定性作用，从一开始就打上了人民性的烙印。

马克思主义认为，人民是社会历史发展的鲜活实践主体，是社会历史发展的最高价值主体；人民群众既是社会物质财富的创造者，又是精神财富的创造者，同时也是社会变革的决定力量，是“真正的历史英雄”。是否承认人民群众是历史创造者的主体地位，是马克思主义政党区别于其他任何政党的试金石。

马克思依据唯物史观的实践观点，明确指出：“历史上的活动和思想都是‘群众’的思想和活动。”“历史活动是群众的事业，随着历史活动的深入，必将是群众队伍的扩大。”列宁把“历史活动是群众事业”的论点，称之为“历史哲学理论的最深刻最重要的原理之一”，强调“生气勃勃的创造性的社会主义是由人民群众自己创立的”。毛泽东也反复强调：“人民，只有人民，才是创造世界历史的动力。”人民主体思想贯彻于马克思主义理论发展和中国共产党人实践追求的始终。

坚持历史唯物主义关于人民群众在社会历史中的决定作用的观点，可以概括为“坚持人民主体地位”。这里所说的“主体”，第一，是历史的主体。人民是历史的主体，历史活动是群众的事业，“人民才是创造世界历史的动力。”第二，人民群众是实践和认识的主体。我们之所以说历史是人民创造的，人民是历史的主体，是因为在人类的实践和认识活动中，与客体相对应的认识、改造世界的主体，归根结底是人民群众，而不是个人。第三，人民群众既然是历史的主体、实践和认识的主体，也就理所当然的是价值的主体。人民是价值的创造者，也应该是价值的享有者。

人民群众是社会生产力、社会生活和社会历史的主体，这是马克思主义的基本原理。新的历史时期，党中央提出的“坚持人民主体地位”这一重要原则，同我们党在此前提出的人民群众是先进生产力和先进文化的创造主体，是科学发展的主体，是依法治国的主体和力量源泉一样，都体现了坚持马克思主义和尊重人民主体地位的一致性。

人民群众是社会物质财富的创造者。马克思主义认为，物质资料的生产是人类社会赖以存在和发展的基础，因此，人类的历史，首先是生产的发展史，是物质资料生产者本身的历史，是劳动人民群众的历史。劳动者在不断创造物质财富的生产过程中，不断改进生产工具，积累生产经验，促进生产力不断发展。这种发展引起生产关系的变化，推动着社会向前发展。无论当今现代科学怎样高度发展，归根结底离不开广大体力劳动者和脑力劳动者的辛勤劳动。

人民群众是社会精神财富的创造者。劳动群众创造物质生活资料的生产实践，为人们从事一切精神生产提供了物质基础。任何人要从事科学、文化、艺术等精神活动，都要有一定的物质生活资料和一定的物质手段，这些都是劳动人民通过生产实践创造的；人民群众的实践活动是一切精神财富产生的源泉，人民群众在生产实践中积累的丰富经验，构成了人类精神财富的原料或半成品，科学家、艺术家、思想家对其进行概括和总结、整理和加工或由此产生灵感并形成精神财富；劳动群众还直接创造了精神财富，劳动群众创造的物质成果总会凝结着人们的某种智慧，因此这种物质成果也是一种精神财富，劳动群众在实践中还创造了许多雕刻、绘画作品，它们是人类艺术宝库中的一个重要组成部分。

人民群众是社会变革的决定力量，在社会变革中起主体作用。马克思主义理论指出，生产力是人类社会发展的根本动力，生产力与生产关系的矛盾运动推动着人类历史由低级向高级发展。无论是社会生产力，还是代表历史发展要求的生产关系的革命，其主体都是人民群众。正是作为生产力中最活跃、最革命因素的人民群众，创造了社会的物质财富和精神财富；正是代表生产力发展要求的人民群众的社会革命，推动了生产关系的变革，为人类社会发展开辟了前进的道路。

唯物史观告诉我们，人民群众是历史活动的主体，是历史的创造者，是社会变革的决定力量。中国共产党人坚信人民群众是真正的英雄，是推动历史前进最伟大的力量，其他任何力量都不能与之相比。中国共产党 90 多年来能取得伟大成就，关键在于永远把人民群众作为我们党无往而不胜的力量源泉；党能从小到大、从弱到强，不断发展壮大，就是因为有广大人民群众的拥护和支持。这种支持不仅仅是看得见的有形支持，更包括人心的、精神的无形支持。人民群众的支持是我们党从胜利走向胜利的决定性因素，是我们党的最大靠山。我们党正是紧密联系人民群众，感动了人民群众这个“上帝”，才有取之不尽、用之不竭的力量源泉，党的事业才有了光明前途。

历史和现实都表明，坚持尊重人民群众的历史主体地位，我们党就能准确把握时代前进的脉搏，不断获得事业发展的新动力；就能从人民群众丰富多彩的社会实践中，不断获得事业发展的新思路；就能从最广大人民的衷心拥护和支持中，不断获得事业发展的新源泉。

人民情怀是共产党人必须坚守的力量源泉。人民是历史的创造者，群众是真正的英雄。无论是革命战争年代，还是和平建设时期，充分相信群众，紧紧依靠群众，保持同人民群众的血肉联系，始终是我们党和国家事业发展最具有决定性的因素。正是一代代共产党人对国家、民族、人民有担当，用模范行动实践着自己的理想信念，才感召和引领着人民群众，汇聚起强大的发展动力。正如邓小平所说："如果哪个党组织严重脱离群众而不能坚决改正，那就丧失了力量的源泉，就一定要失败。"共产党人必须时刻谨记，密切联系群众是党的最大政治优势，脱离群众是党执政后的最大危险，群众路线这个传家宝，无论何时都丢不得。

坚持人民主体地位，充分调动人民积极性，始终是我们党立于不败之地的强大根基。人民群众的实践活动是取之不尽、用之不竭的力量源泉。习近平同志多次重申："人民群众有着无尽的智慧和力量，只有始终相信人民，紧紧依靠人民，充分调动广大人民的积极性、主动性、创造性，才能凝聚起众志成城的磅礴之力。""坚持人民主体地位，充分调动人民积极性，始终是我们党立于不败之地的强大根基。在人民面前，我们永远是小学生，必须自觉拜人民为师，向能者求教，向智者问策；必须充分尊重人民所表达的意愿、所创造的经验、所拥有的权利、所发挥的作用。"

尊重人民群众的主体地位，就要坚定不移地相信群众、依靠群众，坚持问政于民、问需于民、问计于民，尊重群众的首创精神，充分发挥人民主人翁精神。人民群众中蕴藏着无穷无尽的创造潜力，蕴藏着促进社会进步的巨大热情和聪明才智。要坚持依法治国基本方略，最广泛地动员和组织人民依法管理国家事务和社会事务、管理经济和文化事业、积极投身社会主义现代化建设，更好保障人民权益，更好保证人民当家作主。凡事想到群众，始终依靠群众，遇事多与群众沟通，有困难借助群众力量解决。千万不要将自己凌驾于人民群众之上，更不可自以为比群众聪明，要努力避免漠视群众、违背民意等问题的发生。

尊重人民群众的主体地位，就要诚心诚意请人民当阅卷人。金杯银杯不如群众的口碑。人民是我们党的工作的最高裁决者和最终评判者，是执政党的检验者和阅卷人。在决策和推动改革中要把人民满意不满意作为一切工作的衡量标准，把是否促进经济社会发展、是否给人民群众带来实实在在的获得感，作为改革成效的评价标准。习近平同志指出："检验我们一切工作的成效，最终都要看人民是否真正得到了实惠，人民生活是否真正得到了改善，这是坚持立党为公、执政为民的本质要求，是党和人民事业不断发展的重要保证。"

三

始终坚持以人民为中心的发展思想

坚持以人民为中心，是习近平新时代中国特色社会主义思想的核心内容，是马克思主义唯物史观的历史传承和创新发展，是中国共产党领导中国革命、建设和改革发展实践的经验总结，是中国共产党人不忘初心和使命的时代要求。

坚持以人民为中心，是习近平同志反复强调的发展思想，也是贯穿党的十八大以来党中央治国理政新理念新思想新战略的一条主线。党的十八届五中全会提出了“坚持以人民为中心的发展思想”，并将“共享发展”纳入新发展理念。党的十九大报告将“坚持以人民为中心”概括为新时代坚持和发展中国特色社会主义的一条基本方略。习近平同志指出：“明确新时代我国社会主要矛盾是人民日益增长的美好生活需要和不平衡不充分的发展之间的矛盾，必须坚持以人民为中心的发展思想，不断促进人的全面发展、全体人民共同富裕”，“使人民获得感、幸福感、安全感更加充实、更有保障、更可持续。”鲜明回答了新时代“为了谁”“依靠谁”的马克思主义基本问题，彰显了我们党一以贯之、始终坚守的为民情怀，体现了我们党不忘初心、砥砺奋进的时代要求，为党在新时代发展中国特色社会主义进一步明确了目标指向和行动遵循。

坚持以人民为中心的发展思想坚持了马克思主义唯物史观的基本原理，反映了共产党执政规律、社会主义建设规律、人类社会发展规律的客观要求，是对党的科学发展思想的继承和发展，其基本内涵就是坚持人民至上，它至少包含三层意蕴：根本取向是坚持发展为了人民，核心思路是坚持发展依靠人民，根本目的是坚持发展成果由人民共享。

一是坚持发展为了人民。为谁发展，为谁执政，这是马克思主义执政党必须首先明确回答的命题。坚持以人民为中心的发展思想，鲜明回答了“为了谁发展”这一发展中的根本问题和原则问题，彰显了党的性质和宗旨，体现了人民至上的根本立场和感情，明确了发展的根本方向。

坚持发展为了人民，要把人民的期待和追求作为发展的根本方向。习近平同志指出：“人民对美好生活的向往，就是我们的奋斗目标。”党的使命就是让人民过上幸福生活。人民群众对美好生活的追求和期盼，应成为我们推进发展的根本方向。坚持发展为了人民，就要不断实现好、维护好、发展好最广大人民的根本利益，使经济社会发展顺应人民群众对美好生活的向往，实现人民生活水平和质量普遍提高、国民素质和社会文明程度显著提高、生态环境质量总体改善。

坚持发展为了人民，要把增进人民福祉、促进人的全面发展作为发展的出发点和落脚点。“我们中国共产党人干革命、搞建设、抓改革，都是为了让人民过上幸福生活”。我们的发展如果不能给广大人民群众带来实实在在的利益，没有给人民群众带来更多的获得感，我们的发展将失去意义，也不可能实现持续发展。因此，要始终把增进人民福祉、促进人的全面发展作为我们推进各项工作的出发点和归宿。

坚持发展为了人民，要积极回应人民的关切，不断实现人民的利益。发展为了人民，就要积极回应人民群众关心的问题，通过各种平台、利用多种形式，深入了解民情，感知群众冷暖，关注群众需求，回应群众关切，着力解决人民群众最关心、最直接、最现实的利益问题。要始终站在最广大人民群众的立场上把握和处理改革发展中的各种重大关系，切实保障人民群众的经济、政治、文化权益，让人民群众得到实实在在的利益。

二是坚持发展依靠人民。人民是推动发展的根本力量。坚持以人民为中心的发展，就要坚持发展依靠人民。唯物史观认为，人民群众是历史活动的主体，是推动历史发展的决定力量。发展，既包括物质财富的增加，又包括精神财富的丰富，还包括社会的变革。人民群众不仅是物质财富的创造者，而且是精神财富的创造者，还是社会变革的决定力量，可以说，人民始终是发展的根本力量，是发展最深厚的力量源泉。习近平同志指出："人民是创造历史的动力，我们共产党人任何时候都不要忘记这个历史唯物主义最基本的道理。"

三是坚持发展成果由人民共享。坚持发展成果由人民共享，是中国特色社会主义的本质要求，是社会主义制度优越性的集中体现，也是我们党坚持全心全意为人民服务根本宗旨的必然选择。坚持以人民为中心的发展最终体现在发展成果惠及全体人民上，要"让发展成果更多更公平惠及全体人民"，而不是少数人受益。十八届五中全会把"共享"确定为必须牢固树立的五大发展理念之一，这就是坚持发展成果由人民共享。人民共享，就是包括工人、农民、知识分子等各个阶级、各个阶层在内的人都能享受到发展成果，让人民成为发展的最大受益者。

坚持发展成果由人民共享，要坚持人民是发展成果的享有主体。人民是社会主义发展的主体，理应也是社会主义发展成果享有的主体。发展是人民的事业，人民是发展的主体、创新创造的主体，理所当然，也是发展成果的享有主体。人人参与发展，人人共享发展成果，人人可以从发展中享受实实在在的利益。

坚持发展成果由人民共享，要大力促进共同富裕。共同富裕是中国特色社会主义的根本原则，是中国共产党人始终不渝的奋斗目标，也是全面建成小康社会的重要目标。全面建成小康社会的核心在“全面”，这个“全面”体现在覆盖人群上是包括工人、农民等在内的所有阶级阶层，绝不让一个人掉队；体现在覆盖地区上是包括城市与农村、东部与西部等各个地区，全国都要迈入小康社会。十八届五中全会要求按照“人人参与、人人尽力、人人享有的要求，坚守底线、突出重点、完善制度、引导预期，注重机会公平，保障基本民生，实现全体人民共同迈入全面小康社会”。促进共同富裕，就要坚持和完善社会主义基本经济制度和分配制度，深化收入分配制度改革和社会保障制度改革，加大再分配调节力度，打好脱贫攻坚战，补齐短板、兜住底线，努力缩小城乡、区域、行业收入分配差距。

坚持发展成果由人民共享，要努力维护社会公平正义。坚持以经济建设为中心，协调推进“四个全面”战略布局，加大结构性改革力度，加快转变经济发展方式，实现更高质量、更有效率、更加公平、更可持续的发展，真正让人民群众实实在在共享改革发展丰硕成果；加快建立以权利公平、机会公平、规则公平为主要内容的社会保障体系，营造公平的社会环境，下大力气解决收入差距过大、公共服务供给不足、教育就业机会不均等有违公平正义的突出问题，使发展更具公平性、普惠性，实现好、维护好、发展好最广大人民的根本利益。

以人民为中心的发展思想，是坚持我们党的性质和根本宗旨的本质体现，体现了我们党以人为本、执政为民、造福人民的执政理念和价值追求。党的性质和根本宗旨决定了我们党必须始终坚持以人民为中心，任何时候都必须把人民利益放在第一位，把人民对美好生活的向往作为奋斗目标，把全心全意为人民服务作为党一切行动的根本出发点和最终目标。

以人民为中心的思想贯彻于马克思主义理论发展和中国共产党人实

践追求的始终，党的每一代领导核心都将“以人民为中心”的理念作为执政的根本指导，“以人民为中心”是党的事业长盛不衰的关键。坚持以人民为中心是马克思主义政党最为本质的先进性要求，是新时代中国共产党人的责任担当，是决胜全面建成小康社会的客观需要，是实现中华民族伟大复兴中国梦的必然要求。

习近平同志指出：“要着力践行以人民为中心的发展思想。人民为中心的发展思想，不是一个抽象的、玄奥的概念，不能只停留在口头上、止步于思想环节，而要体现在经济社会发展各个环节。”以人民为中心的发展思想是在落实党的全心全意为人民服务这一宗旨、解决人心向背这一根本问题时唯一正确的工作指针，是党的各项工作的方向和灵魂。

面对新的形势，我们党要适应新变化，顺应人民群众对美好生活的向往，更准确地把握我国社会主义初级阶段不断变化的特点，坚持党的基本路线，在继续推动经济发展的同时，更好解决我国社会出现的各种问题，更好实现各项事业全面发展，更好发展中国特色社会主义事业，更好推动人的全面发展、社会全面进步。

四

永远做人民利益的忠实代表

马克思主义认为，无产阶级政党的一切理论和奋斗都致力于实现以劳动人民为主体的最广大人民的根本利益，把全人类解放和人的全面发展作为最高价值追求。坚持马克思主义立场，就要始终坚持一切为了人民、一切相信人民、一切依靠人民，全心全意为无产阶级、始终为绝大多数劳动人民谋利益。是否坚持这一立场，是检验马克思主义政党先进性和纯洁性的根本标准，是判断马克思主义和非马克思主义的试金石。

中国共产党自诞生以来，就立志为人民的利益而奋斗，“随时准备为党和人民牺牲一切”是每个共产党员的崇高信仰。党的十九大报告指出，“把人民对美好生活的向往作为奋斗目标”。这一庄严承诺，既是我们党全心全意为人民服务根本宗旨一脉相承、一以贯之的体现，也突出反映了我们党对人民利益的高度重视。

人民群众是社会物质财富和精神财富的创造者，人民群众对切实利益的追求、对美好生活的向往，推动着社会历史的发展和进步。人民群众对美好生活的向往，就是我们党始终不渝的奋斗目标。除了人民的利益之外，我们党没有任何自身的私利。我们党就是要在全心全意为人民服务的过程中，切实维护和实现最广大人民的根本利益，以人民的根本利益和对美好生活的追求为归依。

中国共产党为什么能得到人民群众的拥护和支持，使人民群众成为党无往而不胜的力量源泉？从根本上说是因为中国共产党永远是人民群众利益的忠实代表。人民群众对我们党的支持程度，根本上取决于人民群众利益的实现程度。改革开放以来，我们党之所以能够赢得广大人民的衷心支持和拥护，就是因为人民群众从经济社会发展中得到了切实利益。“利民之事，丝发必兴；厉民之事，毫末必去。”利益关系是人类社会最基本的关系之一，马克思说过：“人们为之奋斗的一切，都同他们的利益有关”。无产阶级政党与其他政党的本质区别，就在于代表谁的利益、追求谁的利益。中国共产党是为绝大多数人谋利益的政党，全心全意为人民服务是我们党的根本宗旨。

始终坚持人民利益至上，是由社会主义初级阶段的主要矛盾决定的。我国社会主义制度建立后，社会的主要矛盾是人民日益增长的物质文化需要同落后的社会生产之间的矛盾。这就要求党进一步解放和发展生产力，不断满足人民群众日益增长的物质文化需要。党的十八大以来，我们党坚持人民利益至上，深入把握社会主义初级阶段基本国情、社会主要矛盾、世界上最大发展中国家的国际地位“三个没有变”，坚持以经济建设为中心不动摇，坚持改革开放不动摇，进一步解放和发展生产力，不断满足人民群众物质文化需要，以更好更全面地实现人民幸福。

我们党领导人民全面建成小康社会、进行改革开放和社会主义现代化建设的根本目的，就是要通过发展社会生产力，不断提高人民的物质文化生活水平，促进人的全面发展。在党的十八届一中全会上，习近平同志指出：检验我们一切工作的成效，最终都要看人民是否真正得到了实惠，人民生活是否真正得到了改善，这是坚持立党为公、执政为民的本质要求，是党和人民事业不断发展的重要保证。他反复强调这个道理，要求全党同志始终把人民放在心中最高位置，把人民立场作为根本政治立场，把人民利益摆在至高无上的地位，不断把为人民造福事业推向前进。

党的十九大报告指出："为什么人的问题，是检验一个政党、一个政权性质的试金石。带领人民创造美好生活，是我们党始终不渝的奋斗目标。"我们党在坚持群众史观的基础上，自觉地同人民群众的根本利益和要求保持一致，把实现好、维护好和发展好人民群众的利益作为自己"最大最重要的政治"，始终"以合乎最广大人民群众的最大利益，为最广大人民群众所拥护为最高标准"。

信仰和坚持共产主义，就要深刻理解、真正做到尊重社会发展规律与尊重人民主体地位相统一，坚持为共同理想奋斗与为最广大人民谋利益相统一，做好党的各项工作与实现人民利益相统一。

坚定共产主义信仰是一个理论问题，更是一个需要用终生来回答的现实考题。这个考题的核心，就是如何为人民谋利益、为人民服务。离开了这一点，共产主义信仰就难说是坚定的。我们必须始终牢记：一切的道路、理论和制度，一切的社会发展和变革，最终都必须回归到生产力标准上来，回归到群众福祉利益上来。

坚持人民主体地位，不仅是一种政治立场、政治要求，更是一个以实现好维护好发展好最广大人民根本利益为具体内容的实践过程。只有人民的根本利益得到尊重和维护，人民主体地位才有真实可靠的保障，否则就会流于形式、止于空谈。我们党是全心全意为人民服务的政党，除了人民利益没有任何自己的特殊利益。人民利益，既是党的领导机关一切决策的最高标准，也是每一个党员干部行动的最高标准。在新的历史条件下，坚持人民主体地位，必须始终把人民利益放在第一位，坚持以人为本，实现好维护好发展好最广大人民的根本利益。

实现好维护好发展好最广大人民的根本利益，就要尊重人民利益，充分考虑人民群众的意愿和感受。近些年来，在一些地方、一些部门，群体性事件屡屡发生，一个重要原因就是没有充分听取群众的意见和建议，没有回应好群众的合理合法诉求。我们要牢固树立以人民为中心的工作导向，从群众的现实需要出发，站在群众的角度思考问题，真诚倾听群众呼声，真实反映群众愿望，真情关心群众疾苦，依法保障人民群众经济、政治、文化、社会等各项权益。凡是涉及群众切身利益的重大决策，都要认真进行社会稳定风险评估，充分听取群众意见和建议，充分考虑不同群众的利益和承受能力，绝不能干劳民伤财、违反群众意愿的事。

实现好维护好发展好最广大人民的根本利益，就要着力解决人民群众最关心、最直接、最现实的利益问题。关心群众、维护群众利益不是空洞的口号，必须十分具体地落实到解决群众生产和生活的实际问题上。群众利益无小事，在领导干部看来或许很小的事，具体到某个群众身上就可能是件大事。对老百姓来说，他们身边的每一件琐碎小事，在他们眼里其实都是实实在在的大事。维护和发展人民根本利益必须从正视和解决人民群众身边的“小事”做起。凡是涉及群众切身利益和实际困难的事情，再小也要尽全力去办。要从群众最关心、最迫切需要解决的实际问题入手，下大气力解决好群众反映强烈的突出问题，重点解决好关系人民群众切身利益的教育、就业、收入分配、社会保障、住房、医疗、食品安全、空气污染等问题，切实帮助群众尤其是困难群众解决实际困难，努力使人民生活得更加幸福、更有尊严。

实现好维护好发展好最广大人民的根本利益，就要妥善协调好各方面的利益关系。人民群众的整体利益是由各方面的具体利益构成的，我们所有的政策措施和工作，都应该正确反映并有利于妥善处理各种利益关系，都应该认真考虑和兼顾不同阶层、不同方面群众的利益。应当看到，最大多数人的利益是最紧要和最具决定性的因素。这就要求我们在对待利益问题上，既不能漠视眼前利益，又不能吃祖宗饭、断子孙路，不考虑人民群众的长远利益；既不能忽视每个人的具体利益，又不能因小失大、只见树木不见森林，不顾及人民群众的整体利益。要把个人利益与集体利益、局部利益与整体利益、当前利益与长远利益正确地统一起来，在整个社会生产和建设发展的基础上，不断使全体人民得到并日益增加看得见的利益，让人民群众的利益实实在在、长长久久。

五

切实为群众把实事办实好事办好

党的十九大报告指出：“党的一切工作必须以最广大人民根本利益为最高标准。我们要坚持把人民群众的小事当作自己的大事，从人民群众关心的事情做起，从让人民群众满意的事情做起，带领人民不断创造美好生活!”

群众利益无小事。群众的一桩桩“小事”，是构成国家、集体大事的“细胞”。小的“细胞”健康，大的“肌体”才会充满生机与活力。党员干部是人民的勤务员，是国家的公仆。勤务员就是干实事的，公仆就是干好事的。党员干部要时时刻刻把群众的冷暖挂在心上，急群众所急、想群众所想，真心诚意地为人民群众办实事、做好事，真正实现好维护好发展好人民群众的根本利益。

为群众办事，就要跟群众商量。为群众办事一定要从群众的根本利益出发，从促进经济发展出发，从改善他们的生活质量增强幸福感出发，办群众期盼的事，办群众叫好的事。因此，越是为民办事，越要尊重群众的意愿，注重群众的感受。现实中有的党员干部则不然，拉架子，论身份，认为自己“当家”，就得自己说了算，把群众的意见和呼声抛在一边，固执己见，闭门造车、主观武断，一厢情愿，一意孤行，盲目决策，结果钱花了不少，可办的实事并没有取得应有的“暖心”效应。更有甚者，自以为是为群众做好事、办实事，为的是公共利益、社会秩序，为此可以不管方式手段、不顾群众意愿、不问现实效果，大搞粗暴执法、野蛮拆迁，出台费而不惠的“惠民政策”“民心工程”，结果“好事办坏，好经念歪”，费再大的力，群众也不领情，社会也不认同。好事没办好、实事落了空，在很多情况下是由于作风不民主、决策不科学。为人民群众办好事实事，当然应当从人民群众的利益和需要出发，让人民群众了解和参与，争取人民群众的理解和支持。哪些事情该办、该如何办、办的效果怎么样，都应当听取人民群众的意见。如果不管人民群众赞成不赞成，凭想当然、拍脑袋作决策，结果必然是事与愿违、招致不满。

为群众办事要注重实效。不管是公权力的运用还是基层事务的处理当中，从来都不缺创新的点子、前沿的想法和对策，难的是对政策和规定恰如其分的运用和对制度不折不扣的执行。党员干部在为群众办事的过程中，不仅要站在群众利益的角度看问题、想办法、做决策，更要以严谨的态度和实际的行动保证言必行、行必果，树立政府服务群众的形象和在群众中间的公信力，最大限度地为群众办实事办好事办群众真正需要的事，并主动接受群众评议和社会监督，确保权力在阳光下科学运行、在群众眼皮子底下得到运用。

群众中蕴藏着极大的聪明才智。尊重群众，依靠群众，是做好行政工作的根本条件，也是医治主观盲目决策的一剂良方。为群众办实事，必须坚持走群众路线，集中群众的智慧，坚决克服主观主义的做法。所以，在决定为群众办哪些实事、用什么样的办法去办之前，一定要深入基层、深入群众，通过“零距离”接触，了解群众苦乐酸甜、所思所愿，广征民意、问计于民、问需于民，把第一手的情况摸清楚，掌握最真实的材料。问题、难点找准了，解决起来才能把好脉、找好点，避免以长官意志代替群众意愿，把有限的财力用到刀刃上。在决策过程中真诚而充分地听取了群众意见，在落实的过程中就一定会得到群众帮助与支持，从而提高效率，达到事半功倍之效。对于那些人民群众反对办、没有能力办的事，不能一意孤行瞎忙活、好高骛远招实祸；对于那些人民群众希望办、具备条件办的事，应当毫不迟疑、尽心竭力去办，真正把为民之事办成惠民之举、办到群众的心坎上。

为群众办事，要集中力量解决群众反映强烈的问题。对待群众反映强烈的问题，必须要逐项研究，一个一个加以整改落实，只有脚踏实地、久久为功，才能给群众带来实实在在的利益。群众的“难事”推不走、拖不掉，推诿扯皮、推脱怠慢只能把事情越搞越糟、问题越搞越大，最终损害的是党群干群关系和政府形象。为此，党员干部必须牢固树立“一切为了群众”的工作理念，恪守为民的宗旨，切实做到民之所难我之所急、民之所呼我之所应，群众急什么、缺什么我们就办什么、做什么，优化服务流程，创新服务举措，让群众少跑一趟路、少进一扇门、少找一个人，让人民群众切实感受领导干部的好作风、好形象。

实际工作中，一些关系人民群众切身利益的事情都是难事、急事、大事，解决起来很不容易，有的是因为缺少基本的物质条件，心有余而力不足；有的是还没找到有效的解决办法，需要不断探索研究。对此，党员干部不能回避绕弯，不能望而却步，要敢于面对矛盾，勇于克服困难，切实想群众之所想、急群众之所急、谋群众之所需，越是困难越要下决心解决，不能使之成为“老大难”。对群众反映强烈、突出的问题，要怀着对群众的深厚感情，以只争朝夕的紧迫感，要全力以赴抓紧时间办好。对群众反映的难事、急事，要不等不拖，立说立行，办好“雪中送炭”的事。

要充分利用现有的财力、物力、政策，把工作做深入、做扎实、做细致，把方便让给群众，麻烦留给自己，办出让群众满意的事情。要从看得见摸得着的事情做起，切实解决好收入、就业、教育、住房、医疗、社保等群众最关心的现实问题，解决好就业难、看病难、上学难、住房难等问题，解决好征地拆迁、医疗纠纷、涉法涉诉、环境保护等群众反映强烈的突出问题，扎扎实实为群众办实事、办好事，让人民群众的收入更多一些，生活更好一些，满意度更高一些，以此来赢得群众的信任和理解。

要依法依规为群众办事。党员干部依法办事，是党的性质和宗旨的重要体现，是依法治国的基本要求。在改革发展不断深化的今天，一方面，群众法治意识、维权意识不断增强，要求党员干部必须不断提高依法办事、按政策办事的水平；另一方面，身处社会转型和矛盾凸显期，只有运用法律手段才能广泛凝聚共识，并从根本上预防和化解矛盾冲突、促进社会和谐。这就要求党员干部把依法办事作为行为准则，自觉地在宪法和法律的范围内活动。越是工作重要，越是事情紧急，越是矛盾突出，越要坚持依法办事，善于运用法律手段促进经济的繁荣发展和社会的全面进步，管理经济和社会事务，妥善处理人民内部矛盾和其他社会矛盾，切实维护广大人民群众的合法权益。

为群众办事，要解决“最后一公里”的问题。“最后一公里”，原意指完成长途跋涉的最后一段里程，被引申为完成一件事情时最后的而且是关键性的步骤。联系服务群众“最后一公里”问题，就是政策始终“走在路上”，服务始终“停在嘴上”，实惠没有真正“落在身上”，造成“神经末梢堵塞”的问题。解决联系服务群众“最后一公里”问题，还需要广大的基层党员干部来破解。

“神经末梢”通了，联系服务群众才能“零距离”。基层党员干部和群众打交道最多，是联系服务群众“最后一公里”的神经末梢。随着经济社会的发展，村社区办公条件明显改善，但有的地方却不同程度地沾染了“机关病”。比如，有的村社区的便民服务中心，半人高的柜台将办事群众和工作人员隔开，干群“近在咫尺、心隔天涯”。还有少数村社区办公室越来越大，设施越来越豪华，办事效率却越来越低，“等客上门”现象严重。有的基层干部，身在基层却脱离群众，上班到岗“点卯”，有事无事都待在办公室坐足钟点，“社区干部不开会、村干部不下队、乡干部回家睡”。

如何抓好解决“群众最后一公里”问题？这就要求党员干部必须到群众中听意见、真心听、听真言，了解群众所想所期所盼，俯听群众所恨所怨所言。如果一个党员干部连百姓的诉求都不知道，那么他一定不会是一个合格的党员干部。

“最后一公里”，表面看是距离，实是一种隔阂，是对群众缺乏感情。要畅通“最后一公里”，首先思想认识要疏通，要时刻想到路的那头群众在期盼。心通了，才能增强责任感，主动深入到问题和矛盾最多的地方去，到农民群众家里去，多走“土路”，多说“土话”，掌握原汁原味的情况，切实把准群众思想的“脉”，找准让群众闹心的“难”，开好推动发展的“方”。

党员干部应积极争做问题“终点站”，不做矛盾“中转站”。对于群众反映的问题，能当场解决的当场解决，不能当场解决的记录在案，列出计划逐步解决。让群众话有地方说、事有地方办、困难有人帮、问题有人管，切实打通联系服务群众的“最后一公里”。

六

以优良作风密切党群干群关系

我们党作为马克思主义执政党，不但要有强大的真理力量，而且要有强大的人格力量。真理力量集中体现为我们党的正确理论，人格力量集中体现为我们党的优良作风。作风建设的核心是保持党与人民群众的血肉联系，是以人民为中心价值取向对党自身提出的道德要求。

党的作风，不仅体现出共产党人的世界观、人生观、价值观和理想信念、思想作风、综合素质，更体现出党的性质、宗旨、纲领、路线；同时，还是党的创造力、战斗力和凝聚力的重要内容。优良的作风建设，是我们党的政治本色，是党先进性的集中体现。

党的十九大报告指出："我们党来自人民、植根人民、服务人民，一旦脱离群众，就会失去生命力。加强作风建设，必须紧紧围绕保持党同人民群众的血肉联系，增强群众观念和群众感情，不断厚植党执政的群众基础。"由此可见，加强作风建设是我们密切联系群众的根本。

历史证明，与人民风雨同舟、生死与共，始终保持血肉联系，是党战胜一切困难和风险的根本保证。回望 90 多年光辉历程，优良的作风是我们党始终能得人心、聚民力的重要原因。老百姓认识和评判一个政党，最直接、最有力的依据就是其作风。

党的作风关系到党的形象。作风与形象都具有外在性和直观性的特点，两者之间存在着必然联系。人们往往是通过体察作风而认清形象的。党的作风体现着党的性质和宗旨，是党的创造力、战斗力和凝聚力的重要内容，具体展现着党的形象。民主革命时期，许多人起初并不了解共产党的理论、纲领、路线、政策，是首先通过共产党的作风，通过观察共产党人的一言一行、一举一动，并和国民党做了比较，才逐步认识和相信共产党的。优良的作风是使我们党带领人民群众推翻国民党反动统治，夺取革命胜利的重要保证。进入社会主义建设时期，尤其是改革开放以来，党始终注意发扬优良作风，保持与人民群众的血肉联系，以焦裕禄、孔繁森为代表的共产党人，以自己的美好形象赢得了人民由衷的敬佩和永久的怀念，也为党的形象增光添彩。但也有一些人，经不起执政的考验，耐不住金钱美色的诱惑，“金玉其外，败絮其中”，玷污了“共产党员”的光荣称号，使党的形象受到损害。

党的作风关系到党的路线的贯彻落实。一个政党的兴衰成败，尤其是执政党执政地位的巩固与否，取决于它的路线是否正确，而正确的路线则需要党的各级干部和广大党员去贯彻落实。在此过程中，作风问题极其重要。没有一个好的思想作风，不能坚持解放思想，实事求是，一切从实际出发，而是思想僵化，因循守旧，党的生机就会停止，党的路线就无法贯彻。没有一个好的学风，以教条主义、本本主义的态度对待马克思主义，照抄照转，党的事业也就不能前进。没有一个好的工作作风，形式主义猖獗，官僚主义盛行，习惯于做表面文章、空喊口号，沉湎于文山会海、应酬接待，热衷于沽名钓誉、哗众取宠，工作上不落实、不扎实、不切实，搞形式主义摆花架子，应付上级，愚弄群众，就会导致党的路线方针政策无法落实，损害党和人民群众的利益。

党的作风关系到社会风气的好坏。社会主义现代化建设是个系统工程，精神文明建设是极其重要的方面。邓小平说过：“风气如果坏下去，经济搞成功又有什么意义？会在另一方面变质，反过来影响整个经济变质，发展下去会形成贪污、盗窃、贿赂横行的世界。”党风政风与社风民风紧密相连、相互影响、相互作用。党风是关键，社风民风是风向标。党风决定民风，民风影响党风。党员尤其是领导干部的作风，对广大群众具有重要的引导和示范作用。今天，如果听任不良作风滋长蔓延，党风就得不到好转，社会风气的根本好转就会成为一句空话。

党的作风关系到党的生死存亡。党风问题实质上是党同人民群众的关系问题。党风好坏决定着人心向背，人心向背决定着党的命运。“水能载舟，亦能覆舟”，得民心者得天下，失民心者失天下，这是一条被历史反复证明了的真理。党风好，党群关系如同鱼水关系，党就有力量，党的事业就兴旺发达；反之，党就会失去民心，失去力量的源泉，为人民所抛弃。

群众基础是执政党是否得民心、受拥戴的根基。对任何一个执政党来说，党风建设都是常抓不懈的大事，因为它关系着一个政党的执政之基是否牢固。

党内一度蔓延的形式主义、官僚主义、享乐主义和奢靡之风等“四风”问题，一些干部中存在的以权谋私、作风不过硬、经济上不廉洁等问题，是违背中国共产党的性质和宗旨的，是群众深恶痛绝、反映最强烈的问题，也是损害党群干群关系的重要根源。习近平同志指出：“如果不坚决纠正不良风气，任其发展下去，就会像一座无形的墙把我们党和人民群众隔开，我们党就会失去根基、失去血脉、失去力量。”面向未来，我们必须要以优良作风把人民群众紧紧凝聚在一起，这样才能为改革发展赢得更多民意资源，为攻坚克难争取更多时间空间，为实现中国梦汇集起不可战胜的磅礴力量。

习近平同志指出：“党的作风是党的形象，是观察党群干群关系、人心向背的晴雨表。党的作风正，人民的心气顺，党和人民就能同甘共苦。”作风建设永远在路上，没有休止符，没有停顿时；不忘作风建设初心，才能带领人民向更伟大的目标前进。

加强党的作风建设，必须准确把握形势。经过党的十八大以来的正风肃纪，“四风”问题总体上已经得到有效遏制，但党内存在的作风不纯问题尚未得到根本解决，一些“四风”问题在高压之下改头换面、隐形变异、潜入地下，形式主义、官僚主义一定程度上仍然存在，作风建设任务依然艰巨。这说明，“四风”问题具有顽固性和反复性。要针对“四风”问题的新动向新表现，从制度建设、落实“两个责任”等方面采取有效措施，进一步提高整治“四风”问题的效果。

加强党的作风建设，必须增强政治定力。整治“四风”问题必须常抓不懈、久久为功，不能三天打鱼两天晒网。这就需要进一步增强政治定力。对于作风建设，干部群众最担心的是问题反弹，最盼望的是保持长效常态，因此，加强作风建设的思想不能疲、劲头不能松、措施不能软。要锲而不舍、驰而不息，把整治“四风”问题这篇文章往深里做，把监督执纪的腰杆挺得更硬，保持坚定不移抓作风建设的恒心与定力，保持正风肃纪力度不减、节奏不变、尺度不松、氛围不淡，决不让享乐主义和奢靡之风卷土重来，坚决刹住形式主义、官僚主义“新表现”。

加强党的作风建设，必须完善方法举措。方法决定成效。整治“四风”问题既是攻坚战，又是持久战；既要坚持以往行之有效的好做法好经验，又要采用新思路新招数。尤其是针对“四风”问题在高压之下改头换面、隐形变异、潜入地下的情况，要采取更实的方法举措，让“四风”无处遁形。党的十九大报告强调：“凡是群众反映强烈的问题都要严肃认真对待，凡是损害群众利益的行为都要坚决纠正。”为此，要深入群众、问计于民，倾听群众的心愿心声，汲取群众的智慧力量，不断探索深入整治“四风”问题的好办法，持之以恒正风肃纪。

加强党的作风建设，必须狠抓制度执行。抓作风建设，为什么要扭住不放？就是要落到地，巩固下来，长效化。习近平同志指出：“作风建设和全面深化改革息息相关，必须从体制机制上堵塞滋生不正之风的漏洞”。针对一些地方和单位作风制度性规范只是写在纸上、贴在墙上，成为“稻草人”“纸老虎”的问题，他强调“狠抓制度执行，扎牢制度篱笆，真正让铁规发力、让禁令生威”，要“以钉钉子精神抓下去，一抓到底”，以刚性的制度规定和严格的制度执行，巩固既有成果，防止“四风”问题反弹。

随着社会的进步、事业的发展，党的作风建设也要不断注入新的时代内容。在新的历史时期，面对各种可以预见和难以预见的风险与挑战，我们必须坚持不懈地抓好作风建设，继续发扬党的光荣传统和优良作风，真正做到为民、务实、清廉，才能不断巩固与人民群众的血肉联系，使人民群众同党和政府真正“心往一块想，劲往一处使”，从而为全面建成小康社会、实现中华民族的伟大复兴提供有力保障。

七

始终不忘初心才能坚守信仰

“不忘初心，方得始终。”初心是指人们做某件事情的最初心愿，它真诚纯洁，只有始终坚持，才能使理想得以实现。“不忘初心”，其实就是要求我们要不忘来路、不忘初衷、不忘宗旨、不忘情怀。

我们党始终坚持以人民为中心的根本政治立场，把“为中国人民谋幸福，为中华民族谋复兴”作为初心和使命写在党的旗帜上；始终把人民利益摆在至高无上的地位，不断获得人民群众的磅礴力量；始终坚持依靠人民求胜利。中国特色社会主义进入新时代，面对更加艰巨复杂的任务，我们必须紧紧依靠广大人民群众，才能不断取得新的胜利。

在庆祝中国共产党成立 95 周年大会上，习近平同志提出了坚持不忘初心、继续前进的八方面要求，为的就是告诫全党，无论我们走多远，都不能忘记走过的路，不能忘记为什么出发；为的就是警醒全党，永远保持建党时中国共产党人的奋斗精神，永远保持对人民的赤子之心，我们党才能战胜一切艰难险阻、永远立于不败之地。

习近平同志指出：“一切向前走，都不能忘记走过的路；走得再远、走到再光辉的未来，也不能忘记走过的过去，不能忘记为什么出发。面向未来，面对挑战，全党同志一定要不忘初心、继续前进。”“不忘初心，方得始终。”一个人不忘初心，就是洗尽铅华不忘本；一个政党不忘初心，就能长期保持先进性和纯洁性。

不忘革命的初心，无数先烈抛头颅、洒热血。据民政部资料证实，革命战争年代以来，约有 2000 万名革命烈士为中国革命献出了自己宝贵的生命。可以说，我们今天的幸福生活，正是烈士们用牺牲换来的。他们是中华民族的优秀儿女，是我们人生的坐标、学习的榜样。今天，我们不忘初心，就是要牢记历史、缅怀英烈，传承好红色基因，从革命先辈那里汲取拼搏奋进的力量。

“最后一碗米送去做军粮，最后一尺布送去做军装，最后老棉袄盖在担架上，最后亲骨肉送他上战场……”从歌颂老区群众无私支援革命的民谣声中，我们也不难得出结论：中国革命的胜利，是人民力量的胜利、人民意志的胜利。“人民”二字，正是中国共产党人最宝贵的政治品格。不忘初心，最根本的就是要常思“我们当初是从哪里出发的、为什么出发的”，不忘人民的养育之恩，始终保持与群众的血肉联系，矢志不渝地为人民谋利益。

杨善洲在世时有人问他，放着好日子不过，何必自讨苦吃？他说：“入党时我们都向党宣过誓，干革命要干到脚直眼闭，现在任务还没有完成，我怎么能歇下来？共产党人就是要‘自讨苦吃’！”正因为有了为人民谋利益的初心，杨善洲在位时勤政廉政，带领群众改变家乡面貌；退休后仍不忘入党誓言，为人民留下一片“绿洲”。可以说，正是因为千千万万党员始终恪守这一初心，我们党才被历史和人民选为中国的领路人。从井冈山到古田，从瑞金到延安，从西柏坡到北京，中国共产党人始终把人民的根本利益放在最高位置，紧紧依靠最广大的人民群众，不断获得人民群众的磅礴力量，得到了人民群众的衷心拥护，书写了一个个人间奇迹。

信仰是一种精神力量，是一个人的精神支柱和动力源泉，是一种超越现实却又无比真实的东西。没有信仰的主心骨，就不会有党员干部同人民群众的鱼水情，就不会有共产党人团结奋进的奋斗史。正是坚定的信仰，赋予了共产党人视死如归、无坚不摧的力量；也正是忠诚的信仰，赋予了共产党人挺起脊梁，谱写河山的绚丽篇章。“在我们党 90 多年的历史中，一代又一代共产党人为了追求民族独立和人民解放，不惜流血牺牲，靠的就是一种信仰，为的就是一个理想。”

“一个政党，如一个人一样，最宝贵的是历尽沧桑，还怀有一颗赤子之心”。如果说爱的最高境界是爱别人，那么共产党员爱的应有境界就是爱人民。全国优秀县委书记廖俊波，坚持“能在现场就不在会场”“开局就是决战，起步就是冲刺”，带领干部群众扑下身子、埋头发展，常年奔波在协调工作、招商引资、项目建设的第一线。他之所以这么拼，就是要以只争朝夕的紧迫感务实奋斗，为百姓谋福祉。不忘初心，方得始终。对共产党人而言，人民即是最温暖的初心，最崇高的信仰。

初心是宝贵的，它如同一颗最纯朴的种子，播种在我们的心田。面对纷繁复杂的社会环境，广大党员干部只有不忘初心，才能铸好自己的“魂”，定好自己的“神”，始终以忠诚之心对待党和人民，以敬畏之心对待手中的权力，以进取之心对待事业和工作，进而成就有价值的人生。

不忘初心，就要经常回首，不要忘了为什么出发。每名党员干部都该扪心自问：入党为什么？活着做什么？身后留什么？党员干部只有时刻牢记宗旨意识，牢记职责使命，才能在岗位上干出实绩，留下好名声。回首，是为了更好的出发。对党员而言，重温入党誓词，是为了寻找初心；常问“为了谁、依靠谁、我是谁?”是为了不忘初心。带着初心，坚定信仰，党员心中就有方向，干事就有力量。

不忘初心，就是要把“初心”作为行动指南。正如习近平同志所指出的那样，中国共产党是以马克思主义为根本指导思想的政党，因此，背离或放弃马克思主义，我们党就会失去灵魂，失去方向。广大党员干部必须坚持马克思主义的指导地位，并坚持把马克思主义基本原理同当代中国实际和时代特点紧密结合起来，推进理论创新、实践创新，不断把马克思主义中国化推向前进。党员干部坚持“不忘初心”，就要自觉地把马克思列宁主义、毛泽东思想、“三个代表”重要思想、科学发展观和习近平新时代中国特色社会主义思想作为工作的导航目标、行动指南，坚持中国特色社会主义的“四个自信”，从而确保我们的思想和行动始终与“初心”保持高度一致，

不忘初心，就是要把“初心”作为“甄别剂”。一个党员干部是否保持“初心”，不是听他自己嘴上说得有多动听，也不是看报纸上、电视里、广播中对他的报道有多少分量，关键得看他的思想和行为，关键得看他对待老百姓的态度，看植根在他内心深处对群众的感情有多深、为老百姓排忧解难的心情有多急、攻坚克难的本领有多高，也就是说，要看其是否尊重人民主体地位，是否不忘对人民的赤子之心，是否实现好、维护好、发展好最广大人民的根本利益。“初心”就像一面镜子，能够甄别一个领导干部“察民情、听民意、纳民智、解民困、得民心”的真假与好坏，任何花招都会在这面镜子面前原形毕露而无处逃遁。

不忘初心，就是要把“初心”作为“发动机”。中国共产党走过90多年的成功秘诀之一就是“不忘初心”，并坚持“两个务必”。党员干部应当全面理解“两个务必”的深刻内涵，不断强化践行“两个务必”的责任意识和行为自觉。统筹推进“五位一体”总体布局，协调推进“四个全面”战略布局，全力推进全面建成小康社会进程，不断把实现“两个一百年”奋斗目标推向前进，是当前和今后一个时期的重要工作任务，各级党员干部尤其是领导干部必须强化担当意识，懂规矩守纪律，自觉把重任担在肩上，把措施抓在手上，以“初心”为砥砺，既回头看又向前走，勇于精进不停步。

党的十九大要求全党“不忘初心，牢记使命”，并进一步强调“中国共产党人的初心和使命，就是为中国人民谋幸福，为中华民族谋复兴。这个初心和使命是激励中国共产党人不断前进的根本动力”，要求“全党同志一定要永远与人民同呼吸、共命运、心连心，永远把人民对美好生活的向往作为奋斗目标，以永不懈怠的精神状态和一往无前的奋斗姿态，继续朝着实现中华民族伟大复兴的宏伟目标奋勇前进”。愿每一名党员干部心中保持入党时的初心，不忘本色、本来、本源、本根，一直为心中的信仰而奋斗，始终守住全心全意为人民服务的本真。

案例 5

谷文昌：一切为了群众，一切依靠群众

谷文昌（1915—1981），原名程栓，河南省林县（今林州市）人，1944年加入中国共产党，曾任林县的区长、区委书记。1950年5月随军南下，历任福建省东山县城关区委书记、县委组织部长、县长、县委书记，1964年任福建省林业厅副厅长，1972年后历任福建省龙溪地区行署林业局长、农办主任、副专员。

在福建南部的一个海岛东山县，30多年来，当地的老百姓有一个习俗：每年清明节，都要先祭谷公，再祭祖宗。“谷公”就是曾在东山县工作了十多年的老县委书记谷文昌。

1950年，当谷文昌随解放军南下来到东山时，他看到的是风沙肆虐的景象。一年中刮六级以上大风的时间长达150多天，在全岛194平方公里的土地上森林覆盖率仅为0.12%。海岛东南部横亘着30多公里长的沙滩，茫茫一片，寸草不生，还有40多个流动沙丘，沙随风势不断向人们进逼，曾经有11个村庄被风沙掩埋。有田无法种，种了无收成。恶劣的环境使人们不得不成群结队外出乞讨。面对受灾受难的群众，谷文昌吃不好饭、睡不好觉，做梦也在想着战胜风沙，根治旱涝，让人民过上好日子。他下定决心：为了人民群众的幸福生活，一定要向风沙宣战！

治理风沙，说起来容易，做起来却不容易。谷文昌每天亲自带领技术人员探风口，查沙丘，在风沙扑打中前进，用血肉之躯感受狂风的力度、飞沙的流向。他几乎走遍了东山的大小山头，走访了每一户群众，制定了“筑堤拦沙、种草固沙、造林防沙”的方案。林草防沙的方案虽好，可适合东山县种植的林草却难找。1956年，东山县第一次党代会就全面实现绿化、根治风沙通过决议。谷文昌号召全县人民“苦干几年，将荒岛勾销，把灾难埋葬海底!”谷文昌带领大家植树造林，先后种过10多个树种，几十万株苗木，一次也没有成功。许多人摇头叹息：“东山这个鬼地方，神仙也治不住风沙!”面对困难，谷文昌没有被吓倒，而是与工作人员总结经验，寻找合适的林木品种。坚持就有收获，经过大量翻阅资料，他们找到了木麻黄有效防治风沙的资料，并且攻克了大量培植木麻黄树的技术难关。

谷文昌带领大家在东山岛风沙最严重的3个灾区种下了2万多株木麻黄。然而，一场倒春寒让刚刚种下的木麻黄几乎全部死掉，仅仅存活了9株。这个时候，谷文昌来到白城林地，把活下来的9株木麻黄看了又看，摸了又摸。他满怀信心地对群众说：“你们看不是还活了9株吗?有这9株，就有90株，就有900株、9000株”。他指天发誓，“我们要向沙滩宣战，不制伏东山风沙，就让风沙把我埋掉”。

到1964年，全县造林就已经达到82000亩，400多座小山丘和3万多亩荒沙滩基本完成了绿化，筑起了30多公里长的沿海“绿色长城”，荒芜的东山岛终于变成了美丽的绿岛。

东山的山山水水闪动着他的身影，村村寨寨留下他的足迹，在田头他与农民席地而坐谈生产，在村舍他与农民一道卷着土烟拉家常。全县四五百位生产队长，他大都能叫出名字来。干部找他汇报工作，群众找他反映问题，他什么时候都不烦，三更半夜也不嫌。他自己常年穿一双黑布鞋，一套灰中山装，深入到田间，挽起袖筒植树，卷起裤脚犁田，拿起钢钎打石头，群众想什么，盼什么，他就带领群众干什么。这样的县委书记，怎能不赢得群众的信任呢?

东山岛地处福建东南海域，与大陆的最近距离只不过五六百米，但水深浪高，给群众的生产生活带来很大困难。千百年来，舟覆人亡的惨剧时有发生。世世代代的海岛人都盼望能修一条海堤，架一座彩桥，把东山与大陆相接，使孤岛变成半岛。几百年、几千年过去了，奇迹没有出现，人们面对滚滚怒涛，无不望而生畏。当时的东山，人力、财力都非常有限，修一条海堤谈何容易！“把海岛变半岛”是人民群众的愿望。谷文昌说：“人民的需要就是我们的工作。我们要敢闯新路，勇往直前！”他反复听取群众和技术人员的意见，与县委、县政府的同志酝酿讨论，毅然拍板：修一条海堤！把海岛与大陆连接起来，将会促进海岛发展，扩大对外联系；方便群众，免除舟楫之苦；有利于加强战备，巩固国防；促进发展养殖，利用苦卤制造化工原料；围垦盐田，扩收渔盐之利；沿堤修筑渡槽，引大陆淡水入岛，解决人畜饮水、浇地用水……谷文昌担任建堤领导小组组长。

1960 年初工程动工，谷文昌经常到工地检查指导，参加劳动。经过一年多的艰苦奋战，1961 年 6 月海堤竣工，天堑变通途、海岛变半岛的美梦终于成了现实。如今从东山开往四面八方的大小车辆，日夜在海堤上穿梭；高 21 米长 4 千米的雄伟渡槽，跨过海堤，把云霄县的淡水引入东山，造福人民。谷文昌经常告诫自己：“世上没有永远不变的事物，必须不断前进。党要求什么，群众需要什么，我们就去做什么。”东山原来没有一条像样的公路，谷文昌就带领群众修路，到 60 年代中期实现了村村可以开进汽车、拖拉机。如今四通八达、纵横交错的公路网，就是在当年基础上建成的。

1981 年，谷文昌病逝，当地群众把他的骨灰埋在了木麻黄掩映的东山岛上。每逢敬宗祭祖时节，老百姓都要首先祭奠这位为东山人民造福的共产党人。

“不带私心搞革命，一心一意为人民。”这是谷文昌一生的信仰。习近平同志多次赞扬谷文昌，说他在“老百姓心中树起了一座不朽的丰碑”。至今东山的老百姓仍然对谷文昌念念不忘，尊敬地称他为“谷公”。

第七章

以奋斗彰显信仰

*

信仰不是一种学问，而是一种行为，它只在被实践的时候才有意义。信仰不能坐而论道、凌空蹈虚，而是需要在体悟践行中慢慢建构。对美好事物的向往，从来都不可能唾手可得，都离不开筚路蓝缕、手胼足胝的艰苦奋斗。只有坚持知行合一，把信仰的坚定性贯彻体现到内化于心、外化于行的实践中，在改造客观世界的同时不断改造自己的主观世界，细致打磨精神世界，让清风正气润泽心灵，用崇高追求充实灵魂，信仰之花才会常开不败。

一

理想信念要与实践结合才有生命力

信仰只有付诸行动，才会变得神圣。

追求信仰不分早晚，工作成就不分大小，但信仰是实是虚、是真是假，则是真正要害的问题。唯有最日常的场景、最细小的言行，才是对信仰的最好检验；信仰，也当融于平凡的日常之中，落在随时随地的行动和选择里。而那些属于共产党员最基本的认知和原则——是否始终对党忠诚，是否真正以人民利益为上，是否准备好奋斗终身，也都落在最日常的实践里。

信仰的生命力，体现在走向未来的伟大实践中。马克思主义信仰只有在实践中才能彰显它的生命力和创造力。信仰马克思主义，归根结底是对致力于现实社会实践的信仰。“理论是灰色的，生活之树常青”。在马克思主义看来，哲学家们只是用不同的方式解释世界，而问题在于改变世界。实践性是马克思主义区别于其他哲学的根本属性。信仰马克思主义，最根本的是要立足实践、勇于实践、融入实践，真正把马克思主义作为武装头脑、指导实践、推动工作的行动指南。

“千尺高台，起于垒土，凡有成者，必务于实。”在建党后的一段时间内，党内曾存在着脱离现实工作而空谈理想信念的现象，给中国革命带来了巨大损失。以毛泽东为正确代表的中国共产党人深谙中国历史与中国国情，深知理想信念要与现实结合起来，才能发挥引领作用。他们坚持把马克思主义与中国革命实际结合起来，将远大理想与当前任务结合起来，把共产主义远大目标与人民群众现实利益结合起来，最终取得了新民主主义革命的伟大胜利。

毛泽东指出："在中国，任何忠实的马克思主义者，他是同时具有现时实际任务与将来远大理想两种责任的。并且应该懂得：只有现时的实际任务获得尽可能彻底的完成，才能有根据有基础地发展到将来的远大理想那个阶段去。""一切中国共产党人，一切中国共产主义的同情者，必须为着现阶段的目标而奋斗。"在整个革命时期，毛泽东一方面强调绝不能放弃马克思主义、共产主义理想，另一方面强调绝不能离开现实任务去空谈社会主义和共产主义。全面抗战爆发后，民族矛盾上升为社会主要矛盾，抗日救国成为中国共产党和中国人民的主要任务。毛泽东针对形势变化，及时把党的理想信念和爱国主义结合起来，把抗日救国融入党的理想信念教育之中，鼓励广大党员发挥先锋模范作用，为了民族独立和解放而英勇奋斗，得到了全党同志的一致拥护，也得到了全国人民的认同，极大地鼓舞了全党和全国人民的斗志。正是将理想信念与民族利益结合起来，使党的主张得到了全党和全国人民的一致拥护，我们党的影响力才与日俱增。

所以说，理想信念要与现实工作结合起来才有生命力。理想和现实既存在对立的一面又是统一的，理想是在对现实认识的基础上发展起来的，受现实的规定和制约，不能脱离现实而幻想未来，现实是理想的基础，理想是未来的现实。党员干部应当立足自己的工作实践，既要志存高远，又要脚踏实地，树立理想，实现理想。

理想，看上去很远，其实很近。实现共产主义是一个漫长的过程，需要一代又一代共产党人的长期奋斗，这就需要我们把共产主义远大目标与达到这个目标的具体步骤和具体措施紧密联系起来。现在，建设中国特色社会主义就是全体党员的共同理想，党在现阶段的基本路线、方针、政策，无一不是为实现这一理想所采取的具体步骤和措施。对于每一个党员来说，坚持崇高理想的具体表现，就是在胸怀共产主义远大理想的同时，坚定不移地走中国特色社会主义道路，坚定不移地贯彻执行党的路线、方针和政策，从实际出发，立足岗位，做好每一项具体工作。

实践是检验信仰的试金石，也是坚定信仰最生动的课堂。信仰不是华丽的辞藻，不是漂亮的口号，而是要用实实在在的行动去实现一个又一个具体的目标。只有将理想信念落实于实际行动，才能避免“纸上谈兵”“虚谈废务”。检验党员干部的理想信念是否坚定，不仅要看其说得多么好听，作了多少宣讲，发了多少文件，制订了多少计划，而且要看其能否虚实结合、学用相长，做出群众认可的实绩。坐而论道、凌空蹈虚甚至夸夸其谈是行不通的，只有“干”字当头、“实”字托底，言行一致、知行合一，才能让人信服。

习近平同志指出：“没有远大理想，不是合格共产党员；离开现实工作而空谈远大理想，也不是合格的共产党员。”这句话深刻揭示了理想信念与现实工作的辩证关系。

实践是实现理想的根本途径。理想既是一个思想问题，更是一个实践问题。理想必须通过实践才能转变为现实，而艰苦奋斗是实践活动中最重要的品质，是不可或缺的条件。任何一种理想的实现，都需要付出辛勤的劳动和艰苦的实践。忘记了远大理想，不是合格的共产党员；有理想但不付诸行动，同样不是合格的共产党员。做一名合格的共产党员，就应当将远大理想内化为精神动力，外化为具体行动。

共产主义信仰不是空的，而是党员干部工作、生活的“精神原动力”，只有落在实处，才能体现出强大的生命力，才能在一步一步实践中得到印证和巩固。

党员干部要把信仰共产主义与社会主义初级阶段的奋斗目标结合起来。党在现阶段的各项路线方针政策，无一不是为了实现共产主义理想而采取的具体步骤和措施。既要坚定走中国特色社会主义道路的信念，也要胸怀共产主义的崇高理想，矢志不移地贯彻执行党在社会主义初级阶段的基本路线和基本纲领，做好当前每一项工作。没有党员干部踏踏实实的工作，再美好的理想也会落空。落实和落空一字之差，却反映了一个共产党员的精神状态，所以，共产党员要自觉增强改革创新、艰苦奋斗的精神，增强主动担当、积极作为的勇气，牢记初心，坚定信念，脚踏实地为崇高理想而奋斗。

党员干部要把信仰共产主义与本职工作、个人思想改造结合起来，在本职岗位上创先争优。有的党员妄自菲薄，认为自己作用太小，可有可无，于是朝看水东流，暮看日西坠。其实一个人的作用再小，也不会小到忽略不计。如果把我们党的事业比作一条滔滔东流的大河，每个党员干部就是大河中的一滴水。也许你有机会跃上一朵浪花，在阳光照耀下反射出瞬间绚丽的光彩；对于许多普通党员来说，或许只能默默地随着大河流淌向东。但是，只要党员干部真正投身到党的改革开放的事业中来，踏踏实实做好现在的工作，一步一个脚印地前进，自身的价值就能得到肯定，生命就能得到升华，就能在实现社会理想的过程中，实现自己的人生理想和社会价值。

信仰要体现在扎扎实实的工作中，具体而又实在，容不得半点虚假，搞不得半点做作，只有这样，信仰才能焕发出厚重的实在感。信仰不是“丰功伟绩”，信仰体现在平时的行为、平凡的行为、细小的行为上。作为一名党员干部，必须始终坚持全心全意为人民服务的根本宗旨，吃苦在前、享受在后，勤奋工作、廉洁奉公，为理想而奋不顾身去拼搏、去奋斗、去献出自己的全部精力乃至生命，用血汗告诉世人什么是坚定的信仰，用成绩告诉世人什么是忠诚的信仰。

信仰是一个宏大的主题，是一部厚重的理论，实实在在体现在每个党员干部的一言一行中。理想信念的坚守是一个认识过程，也是一个实践过程。信仰之花，需要用行动去浇灌；信念之志，需要用行动去践行。共产党人一旦认定了自己的信仰，就要坚定地去践行，让经过实践砥砺的信仰放射出灿烂的光芒。

二

社会主义是干出来的

理想属于观念的、精神的现象，必须转化为现实的物质力量。实践是精神变为物质的根本途径，是理想变为现实的必由之路。中国特色社会主义共同理想形成于中国社会主义的历史实践，也只有付诸实践才能变为人们期待的社会现实。

坚持共产党人的理想信念，必须积极投身中国特色社会主义建设事业。社会主义是共产主义的初级阶段，而我国又处在社会主义初级阶段，党在社会主义初级阶段的基本纲领就是建设中国特色社会主义。党员干部保持坚定的理想信念，最集中、最具体、最直接的体现，就是在胸怀共产主义远大理想的同时，坚定不移地走中国特色社会主义道路。“社会主义是干出来的”，党员干部要把对共产主义理想的坚定性，体现在为实现党在社会主义初级阶段的基本路线和基本纲领而努力奋斗上，体现在完成党的各项工作任务、推进中国特色社会主义事业的伟大实践中，始终做中国特色社会主义事业的推进者、建设者。

实干精神是马克思主义政党先进性的重要体现。辩证唯物主义认识论认为，认识来自实践，又作用于实践，认识世界的目的在于改造世界。马克思主义天然具有注重实干的实践品格，不仅致力于科学“解释世界”，而且致力于积极“改变世界”。列宁指出：“马克思主义的原则绝不在于背诵词句的多少，不在于必须永远遵守‘正统的’公式，而在于促进广泛的工人运动，促进群众的组织和主动性。”马克思主义找到了改变世界的现实力量和科学途径，指导、鼓舞千千万万的马克思主义者投入到轰轰烈烈的共产主义运动实践中，社会主义社会这一人类历史的崭新社会形态得以从理论变为现实。

实干精神是我们党 90 多年来得以跨过一道又一道沟坎、取得一个又一个胜利的重要法宝。我们党领导人民所取得的伟大实践成就是“干”出来的。我们党坚持以马克思主义为指导，善于把远大目标、奋斗纲领同脚踏实地、埋头苦干紧密结合起来，以不怕牺牲、敢于斗争的实干精神推进革命，将星星之火燃成燎原之势；以自力更生、艰苦奋斗的实干精神开展建设，使国家在一穷二白的基础上持续走向繁荣富强；以“不争论”“杀出一条血路”的实干精神进行改革，开拓出中国特色社会主义的广阔前景。我们党的重大理论创新成果也是“干”出来的。我们党坚持把马克思主义基本原理同中国具体实际结合起来，不断以发展着的理论指导新的实践，结合新的实践进行新的理论创造，产生了毛泽东思想和中国特色社会主义理论体系重大成果，不断把马克思主义推向发展新境界。我们党的崇高威望更是“干”出来的。人民之所以选择我们党、拥护我们党，关键就在于我们党能够团结带领人民群众一步一个脚印地把党的路线方针政策落实好，让人民群众获得实实在在的利益与福祉。

实干精神是我们党一以贯之的政治要求和宝贵财富。历经革命、建设和改革，事业是干出来的已经成了我们党和全体中国人民的深刻认知和宝贵共识。毛泽东同志曾针对学风上的主观主义指出，“对于马克思主义的理论，要能够精通它、应用它，精通的目的全在于应用”，强调共产党员一定要有“认真实干”的精神，“一件事不做则已，做则必做到底，做到最后胜利”。面对改革开放中出现的问题与争议，邓小平同志特别指出，“深圳发展这么快，是靠实干干出来的”，“不干，半点马克思主义也没有。”为加快改革发展，江泽民同志强调“落实，落实，再落实，因为这是做好一切工作的关键环节”。胡锦涛同志要求全党务必大兴求真务实之风。

党的十八大以来，习近平同志更是反复强调“空谈误国、实干兴邦”，从进行具有许多新的历史特点的伟大斗争出发，不断丰富实干精神的内涵与意义，将其升华为治国理政的重要思想与理念。他指出：“全面建成小康社会要靠实干，基本实现现代化要靠实干，实现中华民族伟大复兴要靠实干。”2017年新年贺词中的一句“撸起袖子加油干”更是对辛勤劳动、不懈奋斗的激昂宣示。党的十九大之后，习近平同志仍然强调“幸福都是奋斗出来的”，“社会主义是干出来的，新时代也是干出来的”。可见，崇尚实干是中国共产党人始终恪守的政治品格，并作为优秀政治基因一代代传承下来。

“空谈误国，实干兴邦”，就是要把宏伟目标和现实目标结合起来，把远大理想和实际行动结合起来，兴的是全面建成小康社会之“邦”，兴的是中华民族伟大复兴之“邦”，体现了中国共产党为中国人民谋幸福、为中华民族谋复兴的使命意识和责任担当。这就要求中国共产党团结带领全国人民脚踏实地地干、雷厉风行地干、掷地有声地干，干在每一天，干好每件事，在“干”中担当起无愧于这个时代的历史重任。

中国特色社会主义是前无古人的伟大事业，是在实践中不断探索前进的伟大事业。中国特色社会主义事业取得的辉煌成就不是从天上掉下来的，也不是别人恩赐施舍的，而是来自亿万人民的实践和创造，是全党全国各族人民用勤劳、智慧、勇气干出来的。

社会主义初级阶段的最大国情、最大实际迫切要求大兴勤政务实、真抓实干之风。在一个脱胎于半殖民地半封建社会的国度里解放和发展社会生产力，是一件异常宏大、异常艰巨的事情，它既需要广大建设者具备强大政治定力，更需要时时处处发扬功成不必在我的实干精神。即便经过四十多年改革开放和社会主义现代化建设，我国综合国力得到质的跃升，人民生活显著改善，正在走向国际舞台的中央，正在接近实现中华民族伟大复兴的中国梦，但社会主义初级阶段这个最大的实际和最大国情没有根本改变，“两个一百年”的奋斗目标依然在路上，建设一个各方面都相当发达的社会主义现代化强国的宏伟目标依然在前方。站在新的历史起点上，我们还需要坚定不移地贯彻党在新时期的基本路线，以实干苦干的实际行动，把握难得的历史机遇，把几代人为之奋斗的中国特色社会主义同心推向新的发展阶段。

社会主义事业，是迄今为止人类历史上最为壮丽的日出，代表着人类社会的发展趋势和未来前景，但“罗马不是一天建成的”，社会主义的大厦从蓝图绘就到具体实施，是一项极其宏大的社会系统工程，需要几代人、十几代人乃至几十代人接力奋斗。习近平同志指出，长征永远在路上，一代人有一代人的长征，我们这代人就是要走好属于我们这代人的长征。社会主义建设就是一场伟大的“长征”，有开端，有阶段，但是没有终结，需要我们一代一代接力以进、永续推动。

社会主义是干出来的，要明确“为什么要干”的问题。“功崇惟志，业广惟勤。”全面建成小康社会、“两个一百年”的奋斗目标和伟大复兴中国梦的实现，都不可能唾手可得，都离不开中华儿女筚路蓝缕、胼手胝足的锲而不舍、真抓实干。中国共产党的发展历史充分证明，“干”是党和国家各项事业蓬勃发展、人民群众福祉不断提高的重要法宝。而中国共产党人就是一批具有“实干”政治品格和政治精神的人，“是用特殊材料制成的人”，这一“特殊”就是特别能吃苦、特别能战斗、特别能攻坚、特别能奉献。

社会主义是干出来的，要明确“怎样去干”的问题。干，要“认准了就干”。事物的矛盾和问题在初期都比较小，也比较容易解决，如果错过关键时期，就可能使小矛盾变成大矛盾，小问题变成大问题，所以党员干部必须以时不我待的紧迫感、危机感，把党和国家的各项工作部署不折不扣地落实到位，将问题解决在萌芽状态。干，要“埋头苦干”。埋头苦干，就要塌下心来、扑下身子，在工作中绝不耍嘴皮子，不说空话大话，不贪图虚名，力戒形式主义和虚假之风，勤奋务实，迎难而上。干，要“创造性地干”。面对工作中的新问题、新情况，不要急躁冲动，也不要墨守成规，要多动脑、勤思考，要敢于“跳出来”，冲破思想观念上的障碍，突破固化利益的藩篱，用创造性的思维想问题，用创造性的方法解决问题。

社会主义是干出来的，要明确“干得如何”的问题。干部干工作，就必须“干出点成绩来”，绝不能成为“思想上的巨人，行动上的矮子”，也不能只追求“显政绩”。那如何检验干部干得如何？这把尺子就掌握在历史实践和人民群众手中。实践是检验真理的唯一标准，干部的工作成绩应该在实践中反映出来，也应该经得住历史实践的检验，所以不要追求眼前利益、短期利益，而是要把眼光放长远些，追求长远利益；“金杯银杯不如老百姓的口碑”，人民群众的满意度也是检验干部工作的重要标准，要坚持人民群众的利益高于一切，把实现好、维护好和发展好最广大人民群众的根本利益作为一切工作的出发点和落脚点，把“人民群众的满意”作为工作的根本和命脉。

对党员干部来说，实干绝不是应景的口号、简单的行动，而是由一整套包括信仰、责任、担当、奉献等元素在内的价值体系，具体表现为苦干的毅力、担当的勇气、踏实的作风、成事的能力等。当今是一个船到中流浪更急、人到半山路更陡的时候，是一个愈进愈难、愈进愈险而又不进则退、非进不可的时候，尤其需要坚定追逐梦想的信念，增强创新创造的能力，砥砺苦干实干的精神，才能战胜前进路上的一切风险和挑战，成就一番伟大事业。党员干部必须带头发扬实干精神，做老实人、说老实话，出实策、鼓实劲、办实事，不图虚名，不务虚功，以身作则带领群众把各项工作落到实处。

三

不干，半点马克思主义都没有

实践是检验理想信念的试金石，也是坚定理想信念最生动的课堂。邓小平同志强调，任何事情都是人干的。不干，半点马克思主义也没有。信仰不只是纸面上的文字，不只是口头上的声音，而是要用实实在在的行动，去实现一个又一个具体的目标。

任何伟大事业，都始于理想、成于实干。共产党员既要树立共产主义的远大理想，坚定信念，以高尚的思想道德要求和鞭策自己，更要脚踏实地为实现党在现阶段的基本纲领和最高理想而不懈努力，扎扎实实做好每项具体工作。在纪念张思德的时候，毛泽东曾说过一句很朴实的话："做好本职工作就是为人民服务。"习近平同志指出，共产党员要志存高远，胸怀共产主义远大目标，并把这种远大理想落实到脚踏实地、扎扎实实做好当前的本职工作上，始终保持良好的精神状态，敢于面对矛盾和问题，矢志不渝地为中国特色社会主义事业不懈奋斗，努力成为坚定理想信念的先锋模范。

近年来，随着从严治党的推进，规矩多了，要求严了，盯得紧了，一些党员干部便把纪律规矩当成了从政风险，遂有了这样的逻辑：多做事，难保"万一"出事；为防"万一"，宁可万事不做，名之曰"不做一万，以防万一”。于是，一些地方一些党员干部信奉“只要不出事，宁愿不做事”，把不干事当成“本事”，许多本职工作该做的事也不做了；一些人平时做敲钟和尚，遇事当甩手掌柜，在职不为，敷衍了事，消极怠工，说到底，还是没有解开“讲规矩就难有作为”这个心结，把自己不作为错误地归咎于正风反腐，生怕出事担责任，于是就不干事了。

不作为者奉行平庸主义，时间一长，就会明显成为同事的拖累、单位的包袱和阻碍事业发展的痼疾。他们平日里牢骚满腹、冷言冷语，关键时缩手缩脚、错失良机，面对群众时也多是“打太极”、麻木不仁，直接损害了群众利益，损害了党和政府的形象，危害不容小觑。

其实，讲规矩与干事情并不矛盾。纪律规矩是要求、是边界，更是防止权力任性的制度性保护。按纪律要求办事何谈风险？反倒是不守纪律不讲规矩，不仅有风险而且很危险。正风肃纪是治党必需、社会共识，从哪个角度看都构不成不作为的“理由”。无论是八项规定、各项禁令，还是廉洁自律准则、纪律处分条例，什么事能干，什么事不能干，要求清晰明确，一看就懂，没有难以拿捏把握、容易失足误闯的模糊地带。把纪律规矩当成风险，当作不敢干事的借口，如果不是一种误读与臆想，便是对纪律规矩的消极抵抗。那些曾经破底线、踩红线的人，那些习惯不按规矩出牌的人，倒是应该好好想一想，如何适应在纪律规矩下干事。

确实，如今的规矩和制度确实是多了、严了，但纪律和规矩，只是为干部干事创业、权力健康运行划定了清晰边界。在这个边界之内，是完全可以自由施展拳脚的。纪律规矩虽然严了，可不是什么束缚和桎梏，而是一种来自组织的制度性保护。有些事需要事前请示、事后汇报，组织上就会给予及时提醒和指正。一些落马者，正是因为不讲规矩、不守纪律，得不到组织的及时提醒，以致在错误的道路上越走越远。想问题、做决策、办事情，只有把纪律规矩摆在第一位，以党章和《廉洁自律准则》《纪律处分条例》为遵循，才能远离违纪违法的困扰，真正实现名节不污、安全无虞。

公允地讲，当干部确实不容易。中国历来有“当官要为民做主”的传统，上上下下、里里外外、家家户户，凡事都习惯找“包大人”。工作压力大、工资收入低、各种规矩多，都是困扰各级干部尤其是基层干部的现实问题。公职人员有其正当利益诉求，但如果把干不干、干多少，取决于“好处”有多少、“意思”有多大，这样的“动力机制”，跟“腐败润滑剂”有什么两样？诚然，铁规禁令使约束更严、标准更高，但如果因为怕打碎碗就不洗碗，人为地把“干净”与“干事”对立起来，不正违背了转作风、治积弊、促实干的初衷？

在其位就要谋其政。为官一任，就要保一方平安，富一方百姓。党员干部不能滥用权力、以权谋私，但也需避免不善用权、使权力旁落等不负责任的行为。群众赋予党员干部权力，党员干部就应用好权力为民造福，这是党员干部的责任和义务。

为官避事平生耻。不作为也是作风问题，庸政、懒政同样是渎职。习近平同志之所以一再强调“三严三实”，提倡堂堂正正做人、老老实实干事、清清白白为官，正是为了正本清源，引导干部争做既干净又干事的党员干部。遵守规矩不是无所作为，干净是为了更好地干事，把握了这里面的辩证法，当干部才能走正道，做事才会有实绩。

俄国寓言大师克雷洛夫有一句名言：“现实是此岸，理想是彼岸，中间隔着湍急的河流，行动则是架在河上的桥梁。”只说空话，不干，或干的不是实事，干不到实处，再好的决策、措施、办法，也是“镜中花、水中月”。如果只是纸上谈兵而不真抓实干，再宏伟的蓝图都会落空，再美好的梦想也不可能成真。党员干部应当既是梦想家又是实干家，既要胸怀理想又要脚踏实地，把自己的事情做扎实，把改革发展稳定的任务落实好，一步一个脚印地朝着梦想奋进。

信仰信念并不是虚无缥缈的，是有标准、可检验的。理想信念是否坚定，最终要以是否忠诚履职、创造一流业绩来评判、来检验。2012年12月，习近平在广东考察工作时强调："面向未来，全面建成小康社会要靠实干，基本实现现代化要靠实干，实现中华民族伟大复兴要靠实干。"

要埋头苦干。面对发展任务繁重的现实情况，无论压力多大，必须下更大的决心，比别人吃更多的苦、流更多的汗，付出十倍、百倍的艰辛与努力。不能怕苦而不为、畏难而不干、见险而躲避，一味地怨天尤人、敷衍塞责、应付差事。要咬定目标使劲干，多干一点就多干一点，不轻言放弃，认准就干下去，艰苦奋斗，从小事做起，从现在做起，培养自身的好习惯，时刻以实干事、干实事的工作态度做好每一件事情。

要真抓实干。习近平同志指出："党和国家事业发展，离不开全党脚踏实地、真抓实干。"所谓实干，主要指干的措施，实事求是、联系实际、脚踏实地，而不能脱离实际、夸夸其谈、咋咋呼呼，更不能光说不练、假模假式、弄虚作假。实干的要义在于一个"干"字，实实在在地干，干实实在在之事。成绩是干出来的，而不是空谈得来的。把嘴上说的、纸上写的、会上定的，都付诸行动，一件件事情做好，一项项任务落实、一个个问题解决，才能有工作的新进展、局面的新变化、事业的新成效。

要科学巧干。习近平同志指出："干部干部，干是当头的，既要想干愿干积极干，又要能干会干善于干。"所谓"能干会干善于干"，实际上就是指"干"要讲科学、循规律、有创新。巧干不等于偷懒和投机取巧，而是要讲究"干"的思路、"干"的角度、"干"的技巧，增强工作的针对性，提高工作效率，用改革的思路、创新的办法去破解难题、化解矛盾，达到事半功倍的效果。要用心、用情、用智、用力去做事，讲究做事的方法和艺术，坚持要事急干，急事早办，注意轻重缓急，扭住中心办大事，突出重点办要事，解决热点办难事。

实现理想靠的是双手，不是口号。坚守对马克思主义信仰的政治灵魂，最根本的就是要做好本职工作，于平凡之中建功业。埋头实干是党员干部“真”信仰的最终归宿。面对新时代新任务，党员干部须常思身上沉甸甸的使命，把职业当事业，把责任当己任，把实干担当落实到工作中、体现在行动上，在本职岗位上勤勤恳恳、兢兢业业，干出党员干部应有的样子。

四

在主动担当中履职尽责

实干与担当，犹如一对孪生兄弟。离开实干，再漂亮的口号也是空中楼阁，再有分量的担当也难以落地生根；没有担当，遇到问题绕着走、碰到矛盾躲着走，也当然不可能有真正意义上的实干。“为官避事平生耻”，要实干就要敢于担当。

孔子说：“听其言观其行。”一个党员干部的信仰是否纯正，不能只体现在嘴巴上，也不能只体现在笔记本里，只有在自己的事业中有负责担当的底气，才不会前怕狼后怕虎、畏首畏尾，不敢去硬碰硬，不敢去较真。因此，往肩上压担子往往能更好地体现出一个干部的信仰，也能更简单地加固他的信仰。

敢于担当作为民族精神的重要内容，深深植根于中华民族优秀文化传统。《周易》的“天行健，君子以自强不息”，诸葛亮的“鞠躬尽瘁，死而后已”，张载的“为天地立心，为生民立命，为往圣继绝学，为万世开太平”，文天祥的“人生自古谁无死，留取丹心照汗青”，林则徐的“苟利国家生死以，岂因祸福避趋之”，孙中山的“勇往直前，以浩气赴事功，置死生于度外”等，古人先贤的嘉言懿行，都生动诠释了中华民族敢于责任担当的内在禀赋。

担当，有不同领域、不同层次、不同形式：“一人做事一人当”，是普通百姓对担当率直快意的表达；“天下兴亡，匹夫有责”，是仁人志士丹心报国的担当誓言；“穷且益坚，不坠青云之志”，是有志者身处困境自我担当意念的袒露。人生需要担当，有担当的人生才能尽显大气与豪迈；家庭需要担当，有担当的家庭才能拥有和谐与融洽；一个单位需要有担当的成员，有担当方能成就“经世之事业”；一个社会需要有担当的脊梁，有担当方能谋取天下的福祉。

是否具有担当精神，是否能够忠诚履责、尽心尽责、勇于担责，体现着党员干部的胸怀、勇气、格局。面对矛盾、问题和困难，是畏首畏尾，裹足不前，退避三舍，还是担起责任，勇于攻坚，化难为夷，集中体现了一个人道德境界的高低，也决定着一个人最终是否有所作为。人在事上练，刀在石上磨，那些崇尚奋斗、苦干实干者，也必将练就担当的宽肩膀，不断提升个人的视野、能力与境界。

敢于担当是党员干部的职责要求。权力就是责任，责任就是担当。有多大的担当才能干多大的事业，尽多大的责任才会有多大的成就。担当精神体现着党员干部的党性和觉悟，体现着党员干部的胸襟和勇气，也决定着党员干部职责的履行、作用的发挥、贡献的大小。对党员干部来说，责任无处不在，担当义不容辞，必须做到守土有责、守土尽责，遇到事情就要担责、负责，出了问题还要追责、问责。对职责范围的工作不认真负责，就不是一个称职的党员干部，就没有资格做领导工作。党的宗旨是为人民服务，党的干部就应当先之劳之、以身作则，就应当敢于负责、敢于担当。

习近平同志指出：“是否具有担当精神，是否能够忠诚履责、尽心尽责、勇于担责，是检验每一个领导干部身上是否真正体现了共产党人先进性和纯洁性的重要方面。”在实现“两个一百年”奋斗目标和中华民族伟大复兴中国梦的征程中，每一名党员干部都应勇于迎接挑战、敢于承担责任，推动党和国家事业不断向前发展。

敢于担当是全面建成小康社会，实现“两个一百年”奋斗目标的迫切需要。我们党提出，到建党一百年时建成经济更加发展、民主更加健全、科教更加进步、文化更加繁荣、社会更加和谐、人民生活更加殷实的小康社会，然后再奋斗三十年，到新中国成立一百年时，基本实现现代化，把我国建成社会主义现代化强国。这是时代赋予我们的光荣使命，任务艰巨而紧迫。当前，国内外环境发生广泛而深刻的变化，我国发展面临一系列突出矛盾和挑战，呈现出短期矛盾和长期矛盾叠加、结构性因素和周期性因素并存等特点。比如，发展中不平衡、不协调、不可持续的问题依然突出；城乡区域发展差距和居民收入分配差距依然较大；一些领域消极腐败现象易发多发，反腐败斗争形势依然严峻等。解决这些突出矛盾和问题，迫切需要我们以直面困难的勇气、履职尽责的意识、敢于担当的精神，乘势而为，迎难而上，深化改革，锐意创新，扎扎实实地做好经济社会发展各项工作，确保全面建成小康社会宏伟目标如期实现。

应该看到，当前党的干部队伍总的是好的，大多数党员干部锐意进取、改革创新，攻坚克难、屡创佳绩，为改革开放和现代化建设作出了突出贡献。但毋庸讳言，也有一些党员干部担当精神差，在履职尽责上存在着这样那样的问题。有的不敢负责，在其位不谋其政，习惯于混日子、保官帽，对职责范围内该定的事因怕担责而不敢拍板，该出面解决的事因怕冒风险而畏首畏尾、推诿扯皮、敷衍塞责，遇到矛盾问题绕道走；有的认为自己职权有限、能力有限，无力担当；有的当老好人，信奉多栽花、少栽刺的庸俗哲学，搞无原则的一团和气，怕惹麻烦、怕“丢选票”，对错误行为不抵制、不批评，任何得罪人的事情都不干；有的明哲保身，不求有功、但求无过，平平安安占位子、庸庸碌碌混日子；还有的干部借口党纪党规要求严了、紧箍咒紧了，为自己不担当、不作为找理由，该抓的事不抓，该管的事不管。

如果这种不敢担当、不愿担当、不会担当的“老好人”“官油子”“墙头草”多了，党和人民的事业，还怎么向前推进？发展的关键期，又如何攻坚克难？正是从这个意义上讲，敢于担当，是今天党员干部必须具备的基本素质，也是衡量是否是好党员、好干部的重要标准。

是否敢于担当是一名共产党人是否忠诚的试金石。不担当，半点儿忠诚都没有。一个党员干部如果没有担当，不能尽职履责，本职工作都干不好，就算是浑身上下戴满了党徽，手抄党章千遍万遍，又哪里真正是对党的忠诚呢？

在工作上的担当，就是想干事、能干事、干成事，涉及愿望、能力、效果等诸多因素，但最重要的，是要带着责任感做事。责任感可以驱使人们时刻思考应承担什么责任、如何履行责任、是否尽到责任。以责任感做事，做事就有了压力和动力，就有了积极性和主动性，就有了扎实作风和务实精神。把高标准履职尽责作为基本要求，无论身处何种岗位、担任何种职务，都要坚持原则、忠于职守，做到守土有责、守土负责、守土尽责，充分发挥表率作用。

理想高于天，责任重如山。党员干部要始终保持不懈进取的精神状态，永不满足、永不懈怠，始终以爬坡赶队的压力感、责任感、危机感抓好各项工作落实；要始终保持真抓实干的实践标准，把精力向任务上集中、向目标上聚焦、向为民上转变，干负责任的事，负责任地干事，一件一件抓落实，一项一项来推进，保证各项工作稳中有进，确保经得起群众和历史的检验。

五

艰苦奋斗精神永远不能丢

伟大事业源于伟大梦想，成于不懈奋斗。一个人如果能够锲而不舍地为理想而奋斗，人生就有方向、有追求、有干劲；共产党人锲而不舍地为理想而奋斗，就能保持蓬勃朝气、昂扬锐气、浩然正气，让人生的价值闪光。

马克思曾在一封信中写道："我至今始终确信，凡是真正坚强的人，即使遇到失败，也总是能从中汲取新的力量。"《莱茵报》被普鲁士政府查封后，马克思辗转四国却多次被驱逐，被"长期的艰苦工作以及多年贫困所造成的极坏的健康状况"折磨，即使这样，马克思也从未气馁，而是"像匹马一样地工作着"，"在其生命的途程中每走一步都得经过战斗"。中国共产党人既是坚定的理想主义者，也是脚踏实地的实干主义者。踏上伟大征程、投身伟大事业，需要我们共产党人点燃火一般的激情，弘扬不懈奋斗的精神，一代接着一代干，不断开创中国特色社会主义的新境界。

一部人类社会发展史，就是一部从野蛮走向文明的奋斗史。中国近现代史，就其主流和本质来说，是一代又一代仁人志士和人民群众为救亡图存而英勇奋斗、艰苦探索的历史；是全国各族人民在中国共产党领导下，经过新民主主义革命赢得民族独立和人民解放，经过社会主义革命、建设和改革把一个极度贫弱的旧中国逐步建设成为一个初步繁荣昌盛、充满生机活力的社会主义国家的历史。历史和实践都表明，一部中国共产党的发展史，就是在苦难中觉醒、在逆境中奋发、在奋斗中自强的历史。伟大奋斗精神是我们党和国家最闪亮的精神标识，也是中国从来没有像今天这样走近世界舞台中央的精神密钥。

艰苦奋斗精神蕴含知行合一的品质，具有鲜明的实践导向。这种实践导向，既体现马克思主义的鲜明立场、彰显共产党人改造世界的实践品格，又是中华民族的优良传统。在中国特色社会主义新时代，新征程和新使命更加呼唤知行合一的奋斗精神。在新时代弘扬伟大艰苦奋斗精神，要求我们不驰于空想、不骛于虚声，一步一个脚印，踏踏实实干好工作。

改造世界的实践活动绝不是轻而易举的，总会遇到各种风险挑战。只有迎难而上、顽强拼搏，才能战胜困难、取得成功。从这一角度看，艰苦奋斗精神蕴含驰而不息的拼搏精神。在新时代，面对国内外形势深刻变化和改革发展的艰巨任务，尤其需要弘扬不懈拼搏、顽强奋斗的精神。奋斗总会付出各种代价和牺牲，奋斗精神蕴含无私奉献的牺牲精神，正是这种牺牲精神让艰苦奋斗精神倍显伟大和珍贵。在革命战争年代，无数革命先辈为了人民解放献出了宝贵的生命；在和平建设与改革发展时期，虽然环境改变了，但无私奉献的牺牲精神并没有过时；特别是在新时代，实现中华民族伟大复兴的中国梦，必须弘扬无私奉献的牺牲精神。

艰苦奋斗精神既有重要历史意义，又有重要当代价值。习近平同志强调，中国人民自古就明白，世界上没有坐享其成的好事，要幸福就要奋斗。从古老的神话传说，到漫长的历史记载，都凸显着要幸福就要奋斗的民族传统。艰苦奋斗精神已深深融入中华民族的血液，成为民族精神的基因。

从革命战争年代的翻雪山、过草地，到深化改革开放的啃硬骨头、涉深水区，都充分表明能吃苦、肯吃苦、艰苦奋斗是我们党永远都不能丢的光荣传统和优良作风。因为经历了艰难曲折的抗争、探索、奋斗，我们党格外珍惜来之不易的历史经验，把艰苦奋斗提高到政治本色和精神支柱的高度。提倡艰苦奋斗，绝不仅仅是为了重温历史，而是当前形势和环境、任务和挑战提出的要求。我们所推崇的艰苦奋斗，不是抑制人们正当的物质追求和精神享受，而是一种勤俭节约、艰苦朴素的传统美德，一种自力更生、不等不靠的自主精神。艰苦奋斗才有出路，自强不息方有前途。中国这么大的体量，不能指望依靠别人来实现自己的梦想，不能拄着别人的拐棍走路，必须坚持走自力更生的道路，扎扎实实做好我们自己正在做的事情。

值得注意的是，面对我们党作出的中国特色社会主义进入新时代这一重大判断，面对业已取得的辉煌成就和伟大胜利，有一些同志盲目乐观的情绪在潜滋暗长，误以为实现我们党擘画的宏伟蓝图是轻而易举的事情；有一些同志甚至罔顾我国现阶段的基本国情和当地实际，制定一些不切实际的发展目标；还有一些同志则产生了骄傲自满和贪图享受的思想，不愿意艰苦创业、再创辉煌等。

历史是最好的教科书，也是最好的清醒剂。在全面总结历史经验和深刻把握时代要求的基础上，面对我国社会主要矛盾的重大变化，中国特色社会主义进入新时代，我国社会主要矛盾已经转化为人民日益增长的美好生活需要和不平衡不充分的发展之间的矛盾。但是，我国社会主要矛盾的变化，并没有改变我们对我国社会主义所处历史阶段的判断，我国仍处于并将长期处于社会主义初级阶段的基本国情没有变，我国是世界最大发展中国家的国际地位没有变。

社会主义初级阶段，是逐步摆脱不发达状态，基本实现社会主义现代化的历史阶段。这个阶段至少需要上百年的时间，是我国发展不可逾越的历史阶段。

还要看到，尽管我国经济总量目前已经稳居世界第二位，经济实力、科技实力、国防实力、综合国力进入世界前列，我国国际地位实现了前所未有的提升，但是目前我国人均GDP与发达国家相比还有较大差距；我国依旧面临着发达国家在经济、科技、军事等方面占优势的压力，仍然是世界最大的发展中国家。这个现实，始终是我们想问题、作决策、干事情的基本依据。

展望未来，我们有信心答好如期全面建成小康社会、基本实现现代化、全面建成社会主义现代化强国，进而实现中华民族伟大复兴中国梦这份时代考卷。我们始终有这样的雄心壮志，但是，这些宏伟奋斗目标，绝不是轻轻松松、敲锣打鼓就能实现的。我们必须始终牢记“空谈误国，实干兴邦”的道理，一切从社会主义初级阶段这个最大国情出发，通过脚踏实地的持续奋斗，一步步把美好蓝图变为活生生的现实。

在新时代弘扬艰苦奋斗精神，不是叫人们去重复过去的穷日子，而是要把传统和现实结合起来，坚持艰苦奋斗的思想境界和精神追求。具体讲，艰苦奋斗至少包含这样几个相关联的含义：一是思想上，要敢于牺牲，乐于奉献。党员干部应毫无保留地把自己的力量、知识和才能倾注到工作上去，把远大理想和最终实现全体人民共同富裕的远大目标结合起来，把个人价值的实现和全面建设小康社会的大业紧密联系起来。二是观念上，要解放思想，敢为人先。艰苦奋斗，核心是奋斗，包含着开拓、创新。三是工作上，要不怕艰苦，勇于拼搏。无论条件如何艰苦或恶劣，也无论前进路上有多少困难和险阻，决不退却，勇往直前。四是精神上，要意志坚定，毅力顽强。五是生活上，要艰苦朴素，克勤克俭。只有保持艰苦朴素、克勤克俭的情操和美德，才能抵制腐朽没落思想和生活方式的侵蚀，不失艰苦奋斗之志。

奋斗是一个过程，不可能一蹴而就。1939 年 5 月 30 日，毛泽东同志在延安庆贺模范青年大会上指出："什么是模范青年？就是要有永久奋斗这一条，没有这一条，什么都是空的"。奋斗是艰辛的，没有艰辛就不是真正的奋斗；奋斗是长期的，一代人有一代人的历史使命，伟大事业需要几代人、十几代人甚至几十代人持续奋斗；奋斗是曲折的，要奋斗就会有牺牲，需要我们始终发扬大无畏精神和无私奉献精神。

历史只会眷顾坚定者、奋进者、搏击者，而不会等待犹豫者、懈怠者、畏难者。习近平同志指出，社会主义是干出来的，新时代也是干出来的。前进道路上，有需要攻克的"娄山关""腊子口"，也有各种苦难和曲折；有发展中的问题，也有发展起来后的烦恼；有长久以来两种制度的全球较量，也有世界变局中的风险挑战甚至阻力障碍。面对千载难逢的大好机遇和前所未有的严峻挑战，我们只有既胸怀民族复兴的伟大梦想、奋进搏击的豪迈气概，又秉持实事求是的科学态度、如履薄冰的敬畏精神，摒弃一切不切实际的幻想，脚踏实地再出发，才能一步一个脚印走好新时代的长征路，并在这个历史征程中深深留下我们这代人顽强拼搏的奋斗足迹。

党员干部要始终为着实现共产主义远大理想和目标，自觉锤炼坚定意志，持之以恒修养高尚品格，实事求是探索光明大道，脚踏实地谋正事干成事，在党和人民提供的政治舞台上，一心一意为崇高的理想拼搏奋斗，努力让自己的人生壮丽多姿。

六

用笃行实干成就伟大中国梦

理想信念是国家发展与民族振兴的不竭动力源泉，中国特色社会主义共同理想是中华民族在近现代挽救国家危亡的历史征程中形成的共同理想，“中国梦”是这一共同理想在新阶段的最新体现。中国梦是中华民族、中国人民共同理想信念的一种形象的表达，是一种为群众易于接受的表述。实现中华民族伟大复兴中国梦，实现国家富强、民族振兴、人民幸福，是中华民族近代以来最伟大的梦想。

习近平同志要求共产党员“把理想信念时时处处体现为行动的力量，树立起让人看得见、感受得到的理想信念标杆”，“脚踏实地为实现党在现阶段的基本纲领而不懈努力，扎扎实实做好每一项工作，取得‘接力赛’中我们这一棒的优异成绩”。这就要求广大党员发挥先锋模范作用，坚持把个人梦想与国家、民族全体人民的梦想结合起来，把坚定理想信念同对美好生活的追求紧密联系起来，把行动落实在实现“两个一百年”奋斗目标和中华民族伟大复兴的中国梦上。

“道虽迩，不行不至；事虽小，不为不成”，实干是最质朴的方法论。回溯历史，从千疮百孔、一穷二白到建立独立完整的工业体系，从面临“开除球籍”的危险到跻身世界第二大经济体，从“唤起工农千百万、同心干”“不干，半点马克思主义也没有”到“空谈误国，实干兴邦”，新中国树起了一座座“干”字丰碑。社会主义现代化建设的新成就正是这样干出来的，社会主义中国就是在这样的实干中呈现出历史性新面貌。实践表明，任何伟大的事业，都始于梦想而成于实干。

人间万事出艰辛。把一个拥有 14 亿人口规模的发展中大国带入现代化、实现民族复兴，这在人类发展史上还从来没有过。实现中华民族伟大复兴，是一项光荣而艰巨的事业，需要每一个人付出艰苦努力，用实干托起中国梦。习近平同志指出：“实现中国梦，创造全体人民更加美好的生活，任重而道远，需要我们每个人继续付出辛勤劳动和艰苦努力。”

通往理想的道路从来没有坦途。越是接近梦想，前进的路就越是艰辛，越是面临挑战。当前国际形势正经历复杂深刻的演变，单边主义、贸易保护主义抬头，不确定性增强，大国博弈暗流涌动，国家发展面临着来自多方面的矛盾、问题和挑战。实现中国梦的征程注定不可能平坦笔直、一帆风顺。这就需要我们每一个人在为中国梦欢呼振奋的同时，要保持足够的清醒，力戒浮躁，防止急功近利，避免急于求成，认识到只有实干，梦想才能变成现实，做好长期奋斗的思想准备。这就要求党员干部胸怀梦想、立足当下，求真务实、尽心竭力、艰苦奋斗，从本职工作做起，从一点一滴做起，从力所能及的事情做起，一步一个脚印地描绘蓝图，一步一个脚印地实现梦想。

革命先驱李大钊说过，“历史的道路，不全是坦平的，有时走到艰难险阻的境界，这是全靠雄健的精神才能够冲过去的”。今天，走在新时代的长征路上，决胜全面小康、向着社会主义现代化强国进发，哪一道难题的解决是容易的？哪一个矛盾的克服是轻松的？实现伟大梦想，没有平坦的大道可走，依然需要我们不忘初心、赓续精神，善作善成、一往无前。

中华民族伟大复兴，绝不是轻轻松松、敲锣打鼓就能实现的。伟大梦想不是等得来、喊得来的，而是拼出来、干出来的。

实干成就中国梦，就是要实实在在地干。中华民族伟大复兴，内涵相当丰富，体现在经济、政治、文化、社会、生态、国家统一、外交国防等许多方面。实现了民族伟大复兴的中国，反映在综合国力上，不仅是经济强国，经济总量大幅提升，经济实力显著增强，而且是科技、文化强国，创新能力世界领先，"知识领土"不断扩大，国民素质极大提高，文化软实力、民族凝聚力进一步增强；反映在百姓生活上，不仅物质财富更加丰富，环境更加友好，人民生活更加舒适方便，而且法制更加健全，社会更加和谐稳定，人民群众行使当家作主权利更有保障；反映在国际地位上，能够对推动国际合作、维护世界和平发挥更多建设性作用。目前我们的发展水平与这样的目标还有较大差距，目标也不会因为我们的殷切期盼就自动向我们走来。实现民族复兴的宏伟目标，要啃不少硬骨头，攻克许多难关，破解许多难题，需要我们实实在在地干。

实干成就中国梦，就是要干实实在在的事。实干，作为工作态度，是指要老老实实、踏踏实实、实实在在地干，不投机取巧，不懒惰懈怠，不脱离实际，不半途而废；作为工作方法，是指干正事，干实事，干该干的事，不玩虚的，不来假的，不搞空的，不装样子，不摆架子，不回避矛盾，不胡乱折腾。实干作为人类实践活动，其方法论要求是尊重科学，按客观规律办事，根据事物的内部联系和本质规律去推动事物的发展。实干的认识论基础，是以实事求是的科学态度正视发展中存在的问题，坚持从我国经济社会发展中存在的创新不足、生产粗放、环境破坏严重、能源资源短缺、城乡和区域发展不平衡的实际出发，查找原因，分析矛盾，聚焦难题，切实找到解决问题的办法。坚持这样做了，才能做到科学发展、和谐发展，最终成就民族伟大复兴的中国梦。

实干靠众人，成就靠大家。中国梦作为一个大目标，由许多小目标组成；作为一项大事业，由许多小事情托起。小目标不实现，达不到大目标；小事做不好，成不了大事业。这若干小目标、小事情、具体工作，要靠我们大家来完成。中国梦能够实现，实践基础就在每个人的工作岗位上。党员干部发挥先锋模范作用，工人多出优质产品，农民多打粮食，科技人员多出科研成果，汇集起来，就是一股巨大的物质力量。人心齐，泰山移，只要全国人民都能胸怀民族复兴这个大目标，劲往一处使，释放正能量，中国梦实现的步伐就会大大加快。

共产党人最反对空谈、强调实干、注重落实。如果只是纸上谈兵而不真抓实干，再宏伟的蓝图都会落空，再美好的梦想也不可能成真。我们每一个人既是梦想家又是实干家，既要胸怀理想又要脚踏实地，把自己的事情做扎实，把改革发展稳定的任务落实好，一步一个脚印地朝着梦想奋进。

梦在前方，路在脚下。今天，我们的目标既定、任务既明，关键在于落实，在于每个人都进行扎扎实实的努力。处在伟大变革、实干奋进的时代，任何夸夸其谈、心浮气躁的作风都与人民的利益和期待相左，都将为人民所唾弃；任何不劳而获、奢侈浪费的行为都与时代的趋向和要求相悖，都将为时代所淘汰。党员干部积极发挥自己的聪明才智，在各自的岗位上勤奋工作、努力奉献，就是对实现中国梦的最好实践。

习近平同志在 2019 年新年贺词中说："我们都在努力奔跑，我们都是追梦人。"奋进在"愈进愈难、愈进愈险而又不进则退、非进不可"的新征途，让我们不断砥砺拼劲、干劲，用实干拥抱伟大梦想。

"一心向着自己目标前进的人，整个世界都会给他让路。"当今，中国号巨轮劈波斩浪、向梦想进发，既有春和景明的机遇，也有暗流汹涌的挑战。只有信念坚定的党员干部越来越多，我们才会有轻舟必过万重山的坚强自信，才会有直挂云帆济沧海的动力源泉，才会离那个激动人心的梦想越来越近，使中华民族伟大复兴展现更加光明灿烂的前景。

案例 6

黄大年：把祖国需要作为毕生追求

黄大年（1958.08.28—2017.01.08），男，汉族，广西南宁人，中共党员，国际知名战略科学家，中国著名地球物理学家，国家“千人计划”专家。曾任吉林大学地球探测科学与技术学院教授、博士生导师。

黄大年有着深厚的家国情怀，对党、对祖国无限热爱，无论是在读书求学、国外工作还是归国任教期间，秉持科技报国理想，始终把祖国富强和民族振兴，作为矢志不渝的追求目标。

1982 年 1 月大学毕业时，他在毕业纪念册上给同学留言：“振兴中华，乃我辈之责！”1988 年 1 月，在留校任教期间，他向党组织提出入党申请，在入党志愿书中写道：“人的生命相对历史的长河不过是短暂的一现，随波逐流只能是枉自一生，若能做一朵小小的浪花奔腾，呼啸加入献身者的滚滚洪流中推动历史向前发展，我觉得这才是一生中最值得骄傲和自豪的事情。”

1992 年，黄大年同志获“中英友好奖学金项目”资助，受学校选派出国学习。1996 年从英国利兹大学地球科学系取得博士学位后回国，1997 年又经批准赴英国开展科学研究。在国外工作的 18 年里，他拥有了优厚的生活和工作条件，但始终没有忘记祖国，始终密切关注祖国科技事业的发展。无论是参加学术会议还是讲学，他召之即来。他曾说：“对我而言，我从未和祖国分开过，只要祖国需要，我必全力以赴”。

2008 年，我国开始实施“海外高层次人才引进计划”（简称国家“千人计划”）。当时，黄大年在英国剑桥 ARKeX 地球物理公司任研发部主任、博士生导师，带领着一支包括外国院士在内的 300 人团队，长期被同行作为跟踪和赶超的主要对象，主持研发的许多成果都处于世界领先地位，多数产品已应用于世界多个国家的石油公司，他也成为航空地球物理研究领域享誉世界的科学家。生活上，黄大年已成为少数跻身英国精英阶层的华人之一，收入丰厚，家庭生活十分优越。2009 年 4 月，接到吉林大学邀请他回国工作的邮件之后，他毅然放弃国外优越的科研环境和安逸生活，以最短时间辞去国外一切职务，说服妻子卖掉经营多年的诊所，留下还在读书的女儿，自费购买了昂贵的科研仪器，在 2009 年圣诞夜那天回到祖国，回到吉林大学，成为吉林省引进的第一位、也是东北地区第一位国家“千人计划”专家。

说起回国的原因，黄大年毫不犹豫地说：“很简单，就是情结问题，就是惦记养育我成长的这片土地，我们国家从一个大国向一个强国迈进的过程中，需要很多很多我这样的人回来参与建设。”“回国的选择，我没有后悔过。我是国家培养出来的，我的归宿在中国。”他办公室里挂着习近平等党和国家领导人与国家“千人计划”专家的合影，他说：“我的办公室只挂这张照片，每天都能看到国家领导人鼓励和关注的目光，激励我们为实现强国梦想拼尽全力。”

2016 年 11 月 28 日晚，黄大年从北京去成都开会，因为急着赶航班，没顾得上吃晚饭，喝了一杯冰可乐就上了飞机。飞行过程中，他因腹部痉挛昏迷，但他却一直死死地抱着笔记本电脑。他醒来第一件事就是赶紧摸了摸怀中的电脑，然后长舒了一口气，对空乘人员说：“我要是不行了，请把我的电脑交给国家，里面的研究资料很重要。”

黄大年立志科技报国，始终把敬业拼搏和鞠躬尽瘁作为默默坚守的道德境界，以敢为人先的精神带领科技团队勇于创新、顽强攻关，为党的事业、吉林振兴奋斗至生命最后一息。早在 20 世纪 90 年代，美英等国家已使用航空重力梯度仪进行军事防御和资源勘探，而我国这方面的研究主要停留在理论上，没有研发整套装备的能力。回国后，他组建国内首家也是唯一一家移动平台探测技术研发中心，把航空重力梯度仪作为一个重要的科研方向。作为首席科学家，他承担了国家“863 计划”“高精度航空重力测量技术项目”和国土资源部“深部探测关键仪器装备研制与实验项目”，带领由院士、大学校长、研究所长等 400 多名高级别研究人员组成的团队协同攻关，在科学技术上弯道超车。

黄大年以一股“疯魔劲”全身心地投入科研事业，夜以继日地忘我工作，不知疲倦地求索挑战。他惜时不惜命，平均每年出差 130 余天，数十次地往返于各个科研机构，最多的一年出差 160 余天，几乎没有休过完整的寒暑假和节假日。他白天开会、洽谈、辅导学生，晚上经常通宵达旦地工作。为不耽误白天的工作，节省有效时间，他出差经常选择最晚一班飞机往返。黄大年办公室所在的地质宫大楼每晚 10 点关大门，可这条“禁令”却对黄大年不起作用。他经常在办公室里工作到凌晨两三点钟才离开。有时候出差回来，还要直接赶回办公室，准备第二天的工作。

黄大年为节省时间，中午饭经常吃苞米代替，但他只吃烤苞米，因为吃煮苞米会滴水，会耽误时间、影响工作。黄大年之所以这么忙，是因为他着急，他急科研的进展，急人才的培养，急我们追赶发达国家的脚步。他三次累倒在工作岗位上，曾吃着救心丸参加重大项目评审验收答辩。有人称他“拼命黄郎”，说他是个“疯子”，他却说“中国要由大国变成强国，需要有一批‘科研疯子’”。黄大年正是怀着这样强烈的忧患意识和紧迫感，恨不能一分钟掰成八瓣儿用，把自己的生命发挥到极限。有同事说“你这是拿命在做科研啊！”他却在微信朋友圈里这样说：“我是活一天赚一天，哪天倒下，就地掩埋……”2016 年教师节，在外出差的黄大年在微信朋友圈发文感叹：可怜老妻一再孤独守家，周末、节日加平时，空守还空守。回国 6 年多，妻子“从灿烂到忧郁”“从微笑到焦虑”。他总是安慰妻子说，“再有一年就忙完了”，但他却一年比一年更忙。

就这样，黄大年只争朝夕、争分夺秒地带领团队辛勤奉献、顽强攻关。在国外严格禁运和技术封锁的情况下，短期内就迅速获得一系列重大突破，创造出了多项“中国第一”，为我国“巡天探地潜海”填补了多项技术空白。他研发的多种重力梯度仪原理样机进入国际前沿水平，实现了跨代研究的设计目标，用五年时间就完成了西方发达国家 20 多年走过的路；以他的团队研制出的我国第一台万米科学钻“地壳一号”，配备自主研制的综合地球物理数据分析一体化软件系统为标志，我国深部探测能力达到国际一流水平，局部处于国际领先地位，让国际学界惊叹中国正式进入“深地时代”。有外国媒体报道说，“黄大年的回国，让某国当年的航母演习整个舰队后退 100 海里。”

黄大年始终把为国家培养人才、建强团队作为重要任务，他常说，“中国正努力从科技大国向科技强国迈进，而这段并不平坦的进程需要几代人去完成。”身为在国内国际有影响的科学家，他虽然工作繁忙，却把大量时间花在学生身上，回国不久就主动担任吉林大学“李四光本科实验班”的班主任。他经常出差，却从不放松对学生的严格要求，出差前安排学习任务、研究项目，出差过程中还要召开视频会议，帮学生分析研究遇到的难点；查看批阅学生通过邮件发来的学习笔记和读书报告。在他最后生病住院治疗期间，在病房中他一边艰难地举着输液的手，一边为学生答疑。他以德育人，激励学生要树立远大理想和家国抱负，叮嘱学生们“一定要出去，出去了要回来；一定要出息，出息了要报国”。他目光高远，为学生和团队成员创造接触世界最前沿科技和先进设备的条件，他给本科班学生每人买了一台笔记本电脑，他主动为团队成员提供与院士等国内外顶级专家交流的机会，鼓励学生出国开阔视野，先后支持资助同事和学生 26 人次参加国际学术会议。黄大年身体力行、殚精竭虑地履行为师之责，取得了累累硕果。他指导的 44 名研究生中，有 1 人获得了国家地球物理学会颁发的刘光鼎地球物理青年科学技术奖，1 人获教育部博士学术新人奖，3 人获吉林大学研究生优异成绩最高奖“李四光奖”，1 人获吉林省自然科学学术成果二等奖，8 人获国家奖学金。

长年的超负荷工作，使黄大年的身体不堪重负。2017 年 1 月 8 日，终因病情危急，医治无效病逝。黄大年把自己一生奉献给了祖国，把生命最绚丽的部分奉献给了所钟情的事业。黄大年用有限的生命，诠释了为党和人民事业无限奋斗的伟大精神，树立了当代科学家的时代丰碑。

2017 年 5 月，习近平总书记对黄大年先进事迹作出重要指示，号召要以黄大年同志为榜样，学习他心有大我、至诚报国的爱国情怀，学习他教书育人、敢为人先的敬业精神，学习他淡泊名利、甘于奉献的高尚情操，把爱国之情、报国之志融入祖国改革发展的伟大事业之中、融入人民创造历史的伟大奋斗之中，从自己做起，从本职岗位做起，为实现“两个一百年”奋斗目标、实现中华民族伟大复兴的中国梦贡献智慧和力量。